NEW 아이스 브레이크 모음집

NEW 아이스 브레이크 모음집

초판 1쇄 인쇄 / 2006년 8월 20일
개정증보판 2쇄 인쇄 / 2022년 11월 20일

등 록 / 2001. 5. 2(제4-423)
등 록 된 곳 / 서울시 마포구 잔다리로7길 31 교육관 5층 503호
발 행 처 / 소그룹하우스
편 저 / 이상화
영 업 부 / 070-7578-2957
표지디자인 / 디자인집(02-521-1474)
내지디자인 / 이가은
총 판 / 국제제자훈련원(02-3489-4300)
값 25,000원
ⓒ도서출판 소그룹하우스 2006
ISBN 978-89-91586-15-4

한국소그룹목회연구원 (홈페이지 : www.smallgroup.co.kr)
한국소그룹목회연구원은 한국 교회가 건강한 소그룹을 통하여
건강하고 균형 잡힌 교회를 이룰 수 있도록 돕는 소그룹 사역 전문기관입니다.

소그룹하우스
소그룹하우스는 건강한 소그룹을 통해 건강한 교회를 이루고자 하는 모든 교회들이 필요로 하는
소그룹 소프트웨어와 자료들을 공급하기 위해 설립되었습니다.

이 책의 저작권은 한국소그룹목회연구원/소그룹하우스에 있습니다.
본서의 전부 혹은 일부는 서면인가 없이 복사(프린트, 제록스, 마스터, 사진 및 기타 인쇄)할 수
없습니다.

NEW 아이스 브레이크 모음집

소그룹하우스

| 퀴즈 |

이렇게 표시하세요.

☐ 예 ☐ 아니오   당신의 소그룹이 충분히 친밀한 단계에 이르지 못했다고 느낍니까?

☐ 예 ☐ 아니오   소그룹 모임에서 의미 있는 토론을 한 후 끝마무리을 위한 무엇인가가 필요합니까?

☐ 예 ☐ 아니오   하루 일과를 마친 후 집에 들어가기가 힘들거나, 당신이 사랑하는 누군가와 당신 삶의 가장 중요한 것들에 대하여 가슴을 연 대화를 시작하기가 어렵습니까?

☐ 예 ☐ 아니오   필요하다고 생각하는 말만 하고 곧바로 대화를 끝내는 것이 왠지 어색하다고 생각됩니까?

☐ 예 ☐ 아니오   새로운 소그룹 모임에 참석하는 것이나 "우리의 영적인 문제들을 위해 어떻게 기도할까요?"라는 물음에 즉각 대답하는 것이 어색하게 느껴집니까?

☐ 예 ☐ 아니오   당신의 삶의 중요한 사건에 대하여 편안하게 이야기하려면 언제나 잠시 동안 뜸을 들이게 됩니까?

☐ 예 ☐ 아니오   당신의 소그룹 모임에서는 무겁고 진지한 이야기를 너무 갑작스럽고 퉁명스럽게 시작해서 당황스럽지는 않습니까?

☐ 예 ☐ 아니오　당신의 소그룹 모임은 기도 제목을 나누고 서로를 위해 기도해 주는 시간 없이 그냥 끝마치지 않습니까?

☐ 예 ☐ 아니오　서로에 대해 약속하는 시간이 당신의 소그룹에 긍정적으로 기여하도록 만들고 싶습니까?

만일 당신이 위의 질문 가운데 어느 하나라도 "예"라고 대답했다면,
이 책은 당신과 당신의 소그룹에 굉장한 도움을 줄 것입니다.

| 발간인 서문 |

많은 교회에서 소그룹 사역에 대한 중요성과 실제사역들이 발전하고 있습니다. 다양한 성경공부 모임은 물론이고 강조점을 달리하는 다양한 소그룹 형태들과, 새가족 모임, 헌신과 사역을 위한 특성화 소그룹 등 셀 수 없는 종류의 소그룹운동이 일어나고 있습니다.

영적 공동체인 교회에서 소그룹 사역의 중요성은 하나님의 자녀들이 그리스도 안에서 의미 있는 관계성을 발견하도록 돕는 최적의 구조입니다. 또한 소그룹은 서로 협력하는 공동체, 소속감을 주는 영적가족, 그리고 그리스도 안에서 함께 성장하도록 돕는 영적 안전망이 될 수 있습니다. 소그룹을 통해 건강한 교회 공동체가 세워지는 것은 결코 우연한 사건이 아닙니다. 실제로 건강한 소그룹은 건강한 교회를 세우는 기초입니다.

"건강한 소그룹, 건강한 교회"라는 표어로 한국소그룹목회연구원이 사역을 시작한 지 20년을 훌쩍 넘겼습니다. 그동안 지속적으로 세미나를 열었고, 찾아가는 세니마를 통해 교회 안에 건강한 소그룹이 건강하게 세워져야 교회가 건강해질 수 있다는 신념으로 건강한 소그룹을 이룰 수 있는 전략적인 방법에 대하여 소개해 드렸습니다.

이제 실제적인 사역의 열매들이 곳곳에서 나타나는 것을 보고 있습니다. 개척을 기피하는 어려운 시대임에도 불구하고 많은 목사님들이 소그룹 사역철학을 가지고 개척목회를 시작하는 것도 보았습니다. 소그룹사역에 집중하여 개척을 시작한 교회가 개척 1년여 만에 50-80명으로 성장하고, 소그룹을 통한 치유와 회복의 역사가 일어나는 기쁜 소식도 듣습니다. 성도들은 주일날 오후에 진행되는 소그룹 모임이 너무나 따뜻하고, 은혜가 넘쳐서 주일이 오기만을 손꼽아 기다리게 되었다고도 합니다. 얼마나 감격스럽고 얼마나 보람이 되는 일인지 모르겠습니다.

　그동안의 사역을 통해서 전통적인 교회에서도 교단과 교파에 상관없이, 또 세대에 상관없이 소그룹 리더들이 세미나에 참석하여 동기를 부여 받고, 건강한 소그룹 원리에 입각하여 소그룹을 운영하는 교회가 많이 생겨나게 되었습니다. 이 교회들을 서로 네트워크 시켜주고 서로서로 정보를 교환할 수 있도록 조정자가 되는 한편 스스로 해결할 수 없는 부분에 대해서는 전문적인 컨설팅으로 도움을 드리면서 서로 성숙의 기쁨을 경험하고 있습니다.

　세미나와 소그룹학위과정에서 강의를 하면서 늘 강조하는 것이 있습니다. 역동적이고 활기 넘치는 소그룹 성경공부는 '마음열기(ICE-BREAKERS), 본문연구(BIBLE STUDY), 보살핌(HEART-WARMERS)'이라는 세 가지의 큰 축이 있다는 것입니다. 한국소그룹목회연구원은 이 세 가지가 그룹의 생명주기에 맞추어 적절히 구사될 수 있도록 필요한 원리와 인도 스킬(Skill)을 계속해서 임상을 통해서 개발해 왔습니다. 본서는 세 가지 큰 축에서 마음열기(ICE-BREAKERS)의 집합체입니다.

　본서는 처음 '아이스 브레이크 백과사전'를 출간한 이후 '아이스 브레이크 모음집'으로 발전하는 과정을 나오게된 결과물입니다. 긴 시간의 임상을 거친 본서에 수록된 마음열기(ICE-BREAKERS) 자료들은 소그룹 구성원들이 효과적인 마음열기로 시작하고 따뜻한 보살핌(마침활동)으로 모임을 마무리하는데 최선의 도움을 드리기 위해 검증한 자료들입니다. 이 자료들을 통해서 소그룹 멤버들이 서로를 믿고 사랑하는 공동체로 발전하게 되었으면 하는 바람 간절합니다.

　이 책은 다양한 크리스천 소그룹을 위하여 특별히 만들어진, '마음열기'와 '보살핌' 모음집입니다. 마음열기와 보살핌은 여러분의 소그룹을 진실하고 열정적이며 성장하는 모임으로 만들기 위해 고안된 유용한 활동들로 가득 찬 보물 상자입니다. 그래서 지금 섬기고 있는 소그룹이 소그룹을 위해 특별히 집필된 교재를 사용하지 않을지라도 모임을 더욱 따뜻하고 상호공감이 있는 공동체로 세우기 원한다면 본서에 수록된 마음열기와 보살핌 자료들을 상황에 맞게 적절하게 선택하여 적용만 하면 됩니다.

　이 책을 통하여 소그룹을 진행하는데 역동성(Dynamic)이 더 많이 개발되기를 바라며 도움이 될 수 있기를 기대합니다. 또한 이 책의 원리를 습득하여 교회마다 독창적인 많은 마음열기와 보살핌의 자료들이 창작되기를 바랍니다. 소그룹 인도자들이 자신이 직접 인도하고 있는 소그룹에 적합한 아이스 브레이크 자료들을 만들어낼 수 있는 단계까지 이르게 된다면 한국 교회가 운용하고 있는 소그룹이 한 차원 더 성숙할 수 있게 되리라 생각합니다. 아울러 소그룹 사역과 관련하여 좀 더 진전된 생각을 나누어 주실 분들은 언제든지 본 연구원(webmaster@smallgroup.co.kr)으로 말씀해 주시면 감사하겠습니다.

2018.09.07
한국소그룹목회연구원 대표 이 상 화 목사

이상화 목사 (서현교회 담임/ 한국소그룹목회연구원 대표)

교회의 연합과 새로움, 그리고 사회를 향한 온전한 섬김을 위해 설립된 한국기독교목회자협의회(한목협)와 (사)교회갱신협의회 사무총장으로 교회 갱신과 교회 연합, 그리고 사회를 향한 교회의 온전한 섬김 운동의 현장에서 20년을 넘게 섬겨왔다. 2012년 5월부터 매주 토요일 방송되는(지역방송국은 다름) FEBC극동방송의 시사 프로그램인「교계전망대」를 진행하면서 한국 기독교 각 영역의 전문가들과 함께 한국 교회가 나아가야 할 바람직한 방향성과 대안을 모색해 오고 있다. 총신대학교에서(B.A., M.Div., Th.M., Ph.D.cand.)공부했고, 조직신학을 전공으로 웨스트민스터신학대학원대학교에서 박사학위(Ph.D)를 취득했으며, 캐나다 토론토 대학교에서 Visiting Scholar로 연구활동을 했다. 안양대학교 교수로 섬겼고, 웨스터민스터신학대학원대학교 소그룹목회학위과정 교수로서 프로그램코디네이터로 소그룹의 학제적 연구와 임상연구 및 소그룹목회컨설팅을 계속해 왔다. 또한《월간 크리스채너티투데이 한국판》초대 편집인을 역임하기도 했다. 2010년 도심 속 남산에서 청년들을 중심으로 한 드림의교회를 개척하여 7년여 간 섬겼고, '건강한 소그룹과 건강한 교회'를 모토로 역동적인 소그룹 목회를 돕기 위해 자료개발과 리더훈련, 그리고 소그룹 성경공부 교재를 발간하는 한국소그룹목회연구원의 대표로 섬기고 있다. 지금은 아름다운 사역의 전승이 있는 마포구 서교동 서현교회 담임목사로 섬기고 있다. 저서로는『건강한 소그룹 사역 어떻게 할 것인가』「대표기도, 이렇게 준비하라」『2028 한국 교회 출구 전략』『한 권으로 배우는 기독교교리』등 다수가 있으며, 이 외에 열린 질문으로 구성된 다수의「소그룹 성경공부 교재 시리즈」(한국소그룹목회연구원)등이 있다.

| 이 책에 담긴 내용 |

■ 퀴즈/ 4 ■ 서문/ 6

제 1 부
어떻게 사용할 것인가?

■ '마음열기'와 '보살핌'이란 무엇인가?/16
■ 이 책을 어떻게 사용할 것인가? /19
■ 알아두면 유익한 요령들 /24
■ 성공적인 소그룹을 위한 핵심 점검 /26
■ 소그룹 공동체 언약 /28

제 2 부
마음열기

■ 100일 후에 죽는다면 /32
■ 가상의 시간 /33
■ 가정의 특징 /35
■ 가족들간의 관계 /37
■ 가족의 추억 /38
■ 감정 계기판 /39
■ 걱정 근심 /40
■ 건강 점검 /42

■ 과거로 돌아간다면? /44
■ 과거, 현재, 미래 /45
■ 관계 개선 /47
■ 관계성적표 /48
■ 괴상한 질문들 /50
■ 교회 빙고 /51
■ 국가에 대한 마음 /52
■ 귓속말 /53
■ 그곳에 참가할 사람이 누구일까? /54
■ 그룹 나누기 /56
■ 그룹에 대한 느낌은? /59
■ 그리운 할아버지와 할머니 /60
■ 극복하는 기술 /61
■ 기독교 설문조사 /62
■ 기억, 니은, 디귿 /64
■ 나 자신을 어떻게 볼 것인가? /66
■ 나눔을 위한 20가지 질문(1) /68
■ 나눔을 위한 20가지 질문(2) /70
■ 나눔을 위한 20가지 질문(3) /72
■ 나눔을 위한 20가지 질문(4) /74
■ 나눔을 위한 20가지 질문(5) /76
■ 나는 누구일까요? /78
■ 나는 어떤 향기를? /81
■ 나는 이렇습니다 /82
■ 나를 나타내는 Code /83
■ 나보다 나를 더 잘 아는 사람이 있다면... /84
■ 나의 가능성을 인정한 사람 /85
■ 나의 가족들 /86

- 나의 기념관 /88
- 나의 기질 /89
- 나의 관심사 /90
- 나의 역할 /91
- 나의 인간관계 /92
- 나의 증권시장 /93
- 나의 첫 경험 /94
- 나이가 들수록(1) /95
- 나이가 들수록(2) /97
- 날씨 어때요? /99
- 내 인생의 최고 대상 /101
- 내가 꿈꾸는 생활 /102
- 내가 다니는 학교는... /103
- 내가 붙잡은 인생의 말씀은? /105
- 내가 실패하지 않을 것을 전제한다면 /106
- 내가 원하는 관계 /107
- 내가 좋아하는 물건 /109
- 내가 하는 일은 /110
- 내게 행복을 주는 사람 /112
- 네 가지 기질 /114
- 능력있는 사람들 /115
- 달콤한 열매 /117
- 당신의 한 주는(날씨와 커피) /118
- 당신은 누구십니까? /119
- 당신이 더해 준 풍미는... /120
- 당신을 위한 선물 /122
- 닮은꼴 찾기 /123
- 대신 대답해주기 /124
- 도로 표지판 /126
- 돈과 나 /127
- 돈과 성공 /120
- 동작 빙고 /131
- 듣기 테스트 /132
- 로마서 일람표 /136
- 리더 뽑기 /138
- 마법의 보물상자 /140
- 매듭 풀기 /141
- 멋진 우리집 /142
- 몇 시입니까? /145
- 몸으로 표현하기 /146
- 무엇을 할까요? /147
- 무인도 GoGo /151
- 문답 코너(1) /152
- 문답 코너(2) /155
- 문제 순위 매기기 /158
- 믿음의 기초들(1) /160
- 믿음의 기초들(2) /162
- 바겐세일 /164
- 배우고 싶은 것 /166
- 불안 /168
- 별명 붙이기 /170
- 사랑 지수 /171
- 살아가는 스타일 /173
- 상승기와 침체기 /175
- 서로 /176
- 서커스 아래에서 /178
- 성경 설문지 /179
- 성도는 세상의 OOO이다 /182
- 성장리포트 /183
- 소방훈련 /185
- 소중한 시간 /186
- 소품을 이용한 마음열기 /188
- 소품을 통해 나를 보여주는 마음열기 /192
- 숨겨진 재능 /193
- 스며들기 /194
- 스트레스 해소법 /196
- 시간과 나 /198
- 신앙의 여정 /200
- 실직 /202
- 아는 것이 힘이다! /204

- 아버지란 누구인가? /207
- 야외 활동 /208
- 어떤 조미료가 되겠습니까? /210
- 어린 시절에 /211
- 영감 /213
- 영성 일람표 /214
- 영적인 여정 /216
- 오늘 어땠어요? /218
- 오늘은... /219
- 요즘 나의 생활 /221
- 요즘 저의 생활에 대해 말씀드리자면 /223
- 우리 가족 건강도 테스트 /225
- 우리 가족을 소개합니다 /228
- 우선 순위 정하기 /230
- 우정 /232
- 음료수 /234
- 이름 맞추기 /235
- 이상과 현실 /237
- 이상적인 그룹 알아보기 /238
- 이상적인 직업 /240
- 이상적인 학교 /242
- 이정표 /244
- 예수님을 닮은 당신 /245
- 인간 빙고 /247
- 인생 지도 /248
- 인생 차트 /249
- 인생의 한 단면 /250
- 자기 광고 /252
- 자기 긍정 /254
- 장난감 /255
- 재능과 취미 /256
- 존 웨슬리의 질문 /258
- 좋은 사장(상관)과 선생님 /259
- 좋은 직원과 학생들 /261
- 주식 투자 /262
- 주제 선택하기 /264
- 중요한 사람들 /266
- 지금 내게 필요한 것 /268
- 지금 필요한 말 /270
- 직장과 학교에서의 만족도 271
- 진실게임 /273
- 진실된 자랑 /274
- 총 합계 /276
- 최고의 선택 /278
- 최고의 직업 /279
- 추억의 앨범 /282
- 추억의 오솔길 /283
- 축구로 나를 소개합니다 /285
- 칭찬합시다 /286
- 퀘이커 교도들의 네 가지 질문 /287
- 크리스마스의 추억(1) /288
- 크리스마스의 추억(2) /289
- 토크쇼 : 어린 시절 우리집 식사 시간 /290
- 특별한 처방전 /292
- 팔복 지수 /294
- 표정 그리기 /296
- 표정 읽기 /298
- 하루가 25시간이라면 /299
- 학창시절의 추억 /301
- 한달 완성 속성반 /302
- 활동을 통한 마음열기(1) /303
- 활동을 통한 마음열기(2) /305
- 활동을 통한 마음열기(3) /307
- 함께라서 참 좋습니다 /309
- 후회와 근심 /310

제 3 부
보살핌

- 감사의 조건 /312
- 건배! /314
- 구호를 외쳐라 /315
- 그룹 기후 /317
- 그룹 문제 처방 /319
- 그룹 언약서 /321
- 그룹 평가 /323

- 그리스도의 몸 /325
- 그림 그리기 /327
- 그분께 나아가 구하라! /328
- 기도 만들기 /331
- 기도 제목을 나눕시다(1) /333
- 기도 제목을 나눕시다(2) /335
- 기도 제목을 나눕시다(3) /337
- 기도문을 작성합시다 /340
- 기도하는 방법들 /342
- 기뻐하기 위해 /346
- 기쁨을 찾아봅시다! /349
- 나와 동행하신 하나님은? /350
- 내가 꿈꾸는 생활 /351
- 내가 붙잡은 인생의 말씀은? /352
- 내가 실패하지 않을 것을 전제한다면... /353
- 내가 알고 있는 당신은... /354
- 누구일까요? /356
- 다른 사람 돕기 /357
- 닮고 싶은 점 /359
- 당신은 예수님을 닮은 사람입니다 /360
- 당신을 보면 떠오르는 것들(1) /362
- 당신을 보면 떠오르는 것들(2) /367
- 당신을 위한 선물 /372
- 당신이 새라면 /373
- 당신이 영화라면 /375
- 당신이 항해 중에 있다면 /377
- 닮은꼴 찾기 /379
- 돌림편지 /380
- 돌보는 사역 /382
- 돌아보기 /384
- 듣고 싶은 말들 /385
- 따스한 용서 /386
- 마음의 물병 /388
- 마지막 결의와 언약 /389
- 만약~이라면 /391
- 사랑나누기 /394
- 성경 속 인물들 /398
- 성도는 세상의 000이다 /401
- 성령의 열매 402
- 소그룹 모임 평가 404
- 소망을 가지세요 /406
- 새해 소원 /409
- 약속의 말씀 /410
- 영생의 소망 /412
- 영적 처방 /414
- 우리 그룹은... /415
- 우리 소그룹은 /417
- 이별 챙기기 /419
- 일곱 가지 결심 /420
- 일상의 축복 /422
- 적합한 사람 /423
- 좋은 성품 /425
- 주기도문 /427
- 진정한 고백 /428
- 찬양하라! /431
- 책임감 /433
- 축복하기 /438
- 하나님과 돈 /440
- 하나님께서 돌보신다 /442
- 하나님의 눈으로 나를 보기 /444
- 하나님의 뜻 /446
- 하나님의 위로 /449
- 함께라서 참 좋습니다 /451
- 행복 만들기 /452
- 환호하기 /454
- C. E. O. /458
- 아이콘별 찾아보기 /461

NEW ICE BREAK

· 제 1 부 ·

어떻게
사용할 것인가?

'마음열기'와 '보살핌'이란 무엇인가?

1. '마음열기'란?

즐거운 시작을 위하여
마음열기는 모임을 시작하는 데 도움을 줍니다. 마음열기는 곧바로 그 날의 주제에 대한 연구나 토론으로 들어가기 전에 모든 사람들이 모임을 준비할 수 있도록 도와줍니다. 마음열기는 사람들이 서로에 대해 더 깊이 알 수 있도록 도와주는 재미있고 흥미로운 방법입니다. 마음열기는 누구나 아무런 두려움 없이 활기차게 이야기할 수 있도록 분위기를 돋우어 주는 시간입니다. 마음열기는 사람들이 지난 한 주간 힘들었던 일들을 잊어버리고 소그룹 안에서 신나는 대화를 시작할 수 있도록 도와줍니다.

다양한 관계의 방으로 가득 찬 집
여러분이 맺고 있는 관계의 영역을 여러 개의 방으로 이루어진 집과 같다고 상상해 보십시오. 우리들 대부분은 그 관계의 영역 가운데 단지 몇 개의 방만 방문할 것입니다. 정보를 나누고, 날씨에 대하여 이야기하고, 무엇을 구입할 것인지 토론하는 등…. 그러나 소그룹 안에서 이루어지는 관계는 그보다 더 많은 것을 제공합니다. 건강한 소그룹은 각 구성원들이 그리스도인의 교제의 자리에서 더 많은 것들을 함께 나눌 수 있도록 허락합니다. 소그룹은 여러 가지 방들의 문을 활짝 열어 줍니다. 즐거움, 책임감, 기도, 고백, 격려, 약속, 추억담 그리고 서로의 꿈을 나누는 공동체가 되도록 합니다.

자신을 솔직히 드러내는 모임

마음열기는 이 과정을 시작하는 것입니다. 마음열기는 우리가 언제나 숨겨 놓았던 부분들을 나눌 수 있도록 기회를 만들어 줍니다. 그리고 이제까지 닫혀 있던 문들을 활짝 열어줍니다. 마음열기는 여러분의 소그룹을 서로에 대한 경계심과 방패를 내려놓고 자기 자신을 솔직히 드러내는 모임으로 만들어 주는 중요한 과정의 시작입니다.

소그룹 모임이 진행되는 동안 어떤 특별한 일들이 단계적으로 일어나야 합니다. 그룹이 한 자리에 모이는 시간부터 그들이 흩어지는 시간까지 어떤 놀라운 일들이 일어나야 합니다. 기도로 모임을 마칠 때는 서로가 편안함과 신뢰감을 느낄 수 있어야 합니다. 물론 이 과정은 우연히 일어나는 것이 아닙니다.

꿈을 나누는 공동체

마음열기는 서로의 마음을 한데 모아 큰 공을 굴려 가는 과정을 시작할 수 있도록 합니다. 성경연구와 토론은 이 운동력과 추진력을 지속시켜서 그날의 성경본문과 주제에 대한 개인적인 반응을 이끌어 낼 수 있도록 해야 합니다. 매번 모임의 기도 시간은 공동체 세우기의 절정이 되어야 합니다. 이 시간은 하나님의 인도하심 속에서 그들의 관심사를 나누고 하나님께 대한 감사를 표현하며 서로를 위해 기도하는 소그룹의 특별한 시간입니다. 만일 그룹 모임이 진행되는 동안 신뢰를 쌓는 과정을 거쳐왔다면 이 시간은 힘있는 영적 체험이 될 것입니다.

2. '보살핌'이란?

뜨거운 마무리를 위하여

잘 시작하는 것이 중요하다면 잘 마치는 것 또한 중요합니다. 보살핌은 구성원들이 그들의 모임을 함께 평가하면서 마무리하는 활동입니다.

영적 체험과 감동

보살핌은 영적인 활동입니다. 대부분의 사람들은 낯선 모임 속에 들어와서 곧바로 자신들의 영적인 삶에 대해 마음을 열고 이야기하기 어렵습니다. 물론 소그룹은 기도로 시작할 수 있겠지만 그것만으로 마음을 열게 하기는 어렵습니다. 모임이 가장 솔직하고 가장 정직해질 수 있는 시간은 끝마칠 때의 기도 시간입니다.

감사와 응답

이 책은 그리스도인들이 소그룹 모임을 기도로 마칠 수 있는 여러 가지 방법들을 담고 있습니다. 서로에게 약속하는 연습, 활동 계획들, 그리고 성구 나눔 등도 역시 효과적인 마무리 활동입니다. 각 소그룹은 자신에게 가장 적합한 보살핌의 도구들을 선택해야 합니다. 한 권의 책에 모든 소그룹 모임의 진행 과정을 다 포함시킬 수는 없습니다. 왜냐하면 우리 주위에는 서로 다른 수많은 종류의 소그룹들이 있으며 그 안에서는 연구와 토론을 위해 다양한 프로그램들이 진행되기 때문입니다. 그러나 한 권의 책에 어느 소그룹에서나 사용할 수 있는 마음열기와 보살핌의 프로그램들을 모아 놓을 수는 있습니다.

기도 요청과 나눔

성경연구와 토론만으로는 소그룹이 서로를 신뢰하고 친밀감을 느끼는 곳으로 만들어지는 것을 보장할 수는 없습니다. 아무런 거리낌없이 자신에 대해 솔직하게 내어놓을 수 있는 그리스도인 공동체를 세우는 일은 놀랄 만한 체험이지만 매우 민감한 접근이 필요합니다. 적절한 마음열기와 보살핌을 활용할 때 소그룹은 기도하고, 함께 울고 웃으며, 고백하고, 격려하며, 성경을 자신들의 삶에 적용하는 특별한 교제의 장이 될 것입니다.

이 책을 어떻게 사용할 것인가?

모든 소그룹 모임은 마음열기로 시작해서 보살핌으로 마쳐야 합니다. 각 소그룹의 성격에 적합한 마음열기와 보살핌을 적용하는 것은 성숙한 모임을 만드는 데 매우 중요한 일입니다.

그러면 여러분의 소그룹 모임을 위해 어떤 프로그램을 어떻게 활용할 수 있을까요? 적절한 마음열기와 보살핌을 선택하는 것은 아주 쉬운 일입니다. 아래의 아이콘들 가운데서 여러분의 모임에 해당하는 아이콘을 선택하십시오. 여러분은 그 아이콘을 각 페이지의 상단에서 발견할 수 있을 것입니다.

마음열기와 보살핌 가운데 무엇이 필요하십니까?
각 페이지 상단의 첫 번째 아이콘은 이 활동이 마음열기인지 보살핌인지를 말해줍니다.

마음열기

보살핌

얼마나 오랫동안 지속된 모임입니까?

각 페이지 상단의 두 번째 아이콘은 이 활동이 얼마나 오랫동안 지속된 그룹에 적합한지를 나타내 주는 것들입니다. 새로 결성된 그룹, 성장기의 그룹, 성숙한 그룹이나 모임을 끝내기로 결정한 그룹 등 어떤 그룹의 활동으로 적당한지를 말해주는 것입니다.

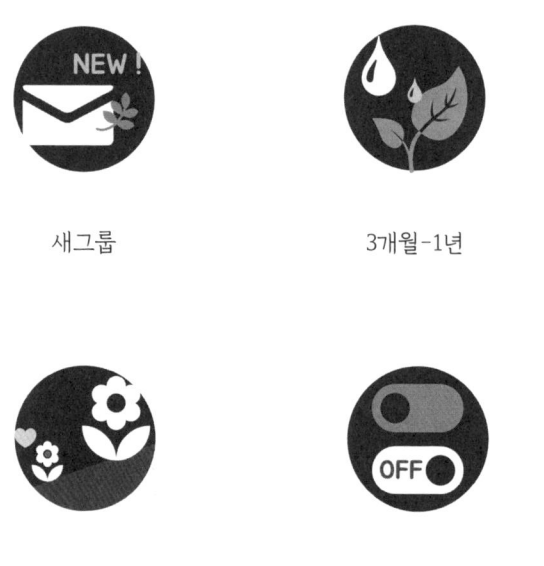

새그룹   3개월-1년

성숙그룹   모임을 마치기로 결정한 그룹

일반적으로 새롭게 결성된 소그룹 모임을 위한 마음열기와 보살핌은 성숙한 그룹을 위한 것들보다 나눔의 수준이 낮고 위험도가 적은 것이어야 합니다. 모임을 해체하기로 결정한 소그룹들은 그들의 모임을 적절히 끝낼 수 있도록 특별한 도움을 주는 활동이 필요합니다.

어떤 종류의 소그룹입니까?

마음열기와 보살핌의 유형을 선택할 때 여러분은 소그룹이 무엇을 위한 모임인지를 고려해야 합니다. 아래의 아이콘들은 마음열기나 보살핌이 어떤 종류의 소그룹을 위한 것인지를 말해줍니다.

새가족모임   제자훈련그룹   협력그룹

오늘 모임의 주제가 무엇입니까?

소그룹 모임이 모든 사람들을 위해 보다 의미 있는 시간이 될 수 있도록 그날의 토론 주제에 맞추어 마음열기와 보살핌의 주제를 선택할 수 있습니다. 아래의 아이콘들은 마음열기와 보살핌의 주제를 보여 주는 것입니다. 몇 가지 마음열기와 보살핌들은 두 가지 이상의 아이콘들로 구성되어 있습니다.

스트레스와 시간 관리   관계 중심   일반 정보

추억	가족	믿음의 기초
돈과 성공	감정	자기 인식

보살핌들은 아래와 같이 다른 주제들을 가질 수 있습니다.

책임	자아 긍정	기도 유형
성경의 약속	타인 긍정	모임에 대한 감사

소그룹의 분위기는 어떻습니까?

때때로 여러분의 소그룹은 그 모임의 독특한 분위기에 맞는 어떤 특별한 형태의 마음열기나 보살핌을 필요로 할 때가 있습니다. 이 아이콘들은 여러분에게 꼭 필요한 활동들을 발견할 수 있도록 도와줄 것입니다.

　　　즐겁게　　　　　　　진지하게　　　　　　　질문나눔

어떤 마음열기나 보살핌에는 각 영역 가운데 여러 개의 아이콘들이 동시에 표시되어 있기도 합니다. 이것은 그 활동이 또 다른 방법으로 활용될 수 있다는 것을 말해줍니다.

당신이 효과적으로 마음열기와 보살핌 프로그램을 활용할 수 있도록 ???쪽에 아이콘만 모아 놓았습니다. 절취해서 사용하시면 많은 도움이 될 것입니다.

알아두면 유익한 요령들

여기에 여러분이 이 책을 가장 잘 활용할 수 있도록 도움을 주는 몇가지 도움말이 있습니다.

1. 소그룹 구성원들에게 마음열기와 보살핌의 시간에 그들의 느낌을 자연스럽게 표현할 수 있도록 해주면 편안함을 느끼게 될 것입니다.

2. 인도자는 마음열기나 보살핌의 시간을 얼마나 사용할 수 있는지에 대하여 언급해야 합니다. 예를 들면, "여러분 각자가 자기의 생각을 말할 수 있는 시간은 3분입니다."라고 미리 시간을 알려줍니다.

3. 이야기를 하고 싶지 않은 사람은 언제든지 "통과"라고 말할 수 있습니다.

4. 인도자는 마음열기나 보살핌을 소그룹의 특별한 필요에 따라 바꿀 수 있습니다. 창조적인 인도자가 되십시오!

5. 같은 마음열기나 보살핌을 두 번 이상 활용하는 것도 괜찮습니다.

6. 모임의 초기에 실시한 마음열기 프로그램을 모임이 끝나는 단계에서 다시 한 번 실시하는 것도 좋습니다. 그러면 소그룹 모임의 과정을 통해 구성원들의 관계와 서로에 대한 감정이 어떻게 변화되었는

지를 확인할 수 있을 것입니다.

7. 몇 가지 마음열기나 보살핌은 모임을 갖는 내내 활용할 수도 있습니다.

8. 몇몇 마음열기와 보살핌들은 서로 연결될 수 있습니다. 몇몇 마음열기는 특정한 보살핌에 포함시켜 활용할 수 있습니다.

9. 몇몇 마음열기의 페이지 위에 있는 아이콘을 보십시오. 그것은 마음열기 활동으로부터 보살핌 활동으로 이어갈 수 있다는 특별한 제안입니다. 예를 들면, 마음열기가 시간 관리에 관한 것이라면 아이콘은 그 모임을 마칠 때에 각 사람의 삶에서 시간 관리에 대한 기도 제목을 나누고 함께 기도할 수 있다는 것을 말해줍니다.

10. 협력 그룹, 회복 그룹, 비밀을 보장해야 하는 그룹이나 다른 민감한 주제들을 다루는 그룹에서 마음열기와 보살핌을 활용할 때에는 특별한 배려가 필요합니다. 몇 가지 마음열기와 보살핌에서는 어떤 사람들에게는 편안하게 대답하기에는 부담감과 어려움을 느낄 수 있는 가족, 인간관계, 과거의 경험 등에 대한 질문도 할 수 있습니다.

11. 마음열기와 보살핌을 다양하게 활용하십시오. 이러한 활동들은 그룹원들이 서로 다른 감정과 기억들, 그들의 꿈과 생각들을 표현할 수 있도록 도와줄 것입니다.

12. 때때로 소그룹 인도자는 실험용 흰쥐가 될 필요가 있습니다. 이 말은 소그룹의 인도자가 마음열기나 보살핌을 나눌 때, 가장 먼저 자신의 이야기를 솔직하게 나누어야 한다는 것입니다.

성공적인 소그룹을 위한 핵심 점검

예 / 아니오

☐ 당신은 소그룹이 모일 때마다 적절한 마음열기 프로그램을 활용합니까?

☐ 당신은 소그룹 모임을 마무리할 때 신중하게 선택된 보살핌 프로그램을 활용합니까?

☐ 당신은 다음과 같은 성경공부의 원리를 활용합니까?

- 당신이 던지는 질문들은 개인적인 삶을 잘 드러낼 수 있도록 관계의 성숙 단계를 배려한 질문입니까?
- 당신은 토론할 때 "예, 아니오"의 대답만을 요구하는 질문을 던집니까? 아니면 사람들이 자신의 삶의 경험에 따라 자유롭게 대답할 수 있는 열린 질문을 던집니까?
- 당신이 던지는 질문들은 사람들이 성경을 얼마나 알고 있는지에 관계없이 부끄러움을 느끼지 않고 언제나 여러 가지 답을 선택하여 대답할 수 있도록 배려하고 있습니까?
- 그룹에 속한 모든 사람들이 자신에 대하여 충분히 터놓고 이야기할 수 있도록 4인조 소그룹으로 나누어 진행합니까?

☐ 당신의 모임은 성경공부와 그룹 세우기, 선교를 포함한 균형 잡힌 소그룹입니까?

☐ 당신은 30쪽에 나오는 것과 같은 공동체 언약을 활용합니까?

☐ 당신의 그룹 구성원들은 불필요한 판단을 내리거나 해결사가 되어 주려는 행동을 피하고 있습니까?

소그룹 공동체 언약

소그룹 공동체 언약은 모든 소그룹을 위해서 매우 가치 있는 활동입니다. 소그룹 공동체 언약은 모든 구성원들로 하여금 이 모임의 목적이 무엇인가에 대해 같은 생각을 가질 수 있도록 도와줍니다.

소그룹이 처음 모임을 갖기 시작할 때나 기존의 언약이 만기 되었을 때, 소그룹은 아래의 질문에 대하여 서로의 의견을 모을 수 있도록 잠시 시간을 내어야 합니다. 공동체 언약은 모든 사람들이 의사결정에 참여하는 과정을 거쳐야만 합니다.

만일 모든 사람들이 이 토론에 참여하고 공동체 언약에 서명한다면, 무시당한다고 느끼는 사람이 아무도 없을 것이고, 모든 사람들이 공동체가 나아갈 방향성을 결정하는데 기여했다고 느끼게 될 것입니다.

1. 우리 모임의 목적은 :

2. 우리 모임이 달성하려는 목표는 :

3. 우리는 (　　)주 동안 모일 것이며 그 이후에는 모임을 지속할 것인지 다시 결정할 것이다. 만일 우리가 모임을 지속하기로 결정한다면, 이 언약을 다시 검토할 것이다.

4. 우리는 _____(매주, 격주로, 한 달에 한 번) 만날 것이다.

5. 우리의 모임은 _____시에 모일 것이며 정시에 시작해서 정시에 끝나도록 노력할 것이다.

6. 우리는 _____에서 또는 각 가정마다 돌아가면서 모일 것이다.

7. 우리는 다음의 세부사항들을 준비할 것이다.
   ☐ 아기 돌보기 ☐ 다과 준비 ☐ 소그룹 교재

8. 우리는 모임을 위하여 아래의 규칙들을 준수할 것이다.
   ☐ 우선 순위 : 이 모임을 갖는 동안 우리는 모임에 참여하는 일에 우선 순위를 둔다.
   ☐ 참여 : 모든 사람은 그들 자신의 의견을 말할 수 있고 모든 질문들이 존중되어야 한다.
   ☐ 비밀 유지 : 모임에서 이야기된 내용을 다른 모임이나 외부에서 공개할 수 없다.
   ☐ 빈자리 : 참가 인원의 규모와 모임의 공간이 허용하는 한, 소그룹의 문은 새로운 사람이 참여할 수 있도록 항상 열어 놓는다.
   ☐ 협력 : 모든 사람들에게 다른 사람의 도움이 필요할 때면 언제든지 서로에게 연락할 수 있는 권리가 주어진다.
   ☐ 사역 계획 : 우리가 수행할 수 있는 사역을 선택하고 그것을 완수할 것을 동의한다.

NEW ICE BREAK

· 제 2 부 ·

마음열기

100일 후에 죽는다면...

이 마음열기는 당신에게 다소 두려움을 갖게 할 수도 있습니다. 당신이 원하지 않았던 불치병을 갖게 되었다고 가정해 보십시오. 당신의 주치의가 당신이 100일밖에 살 수 없다는 나쁜 소식을 알려주었습니다. 아~!!!

이제 무엇을 하죠? 당신은 어떻게 하시겠습니까? 당신이 이런 두려운 상황에 처했다고 가정하고 아래의 질문들에 대답해 보십시오. 그리고 당신의 대답을 그룹원들과 나누십시오.

1. 당신이 100일 안에 하고 싶은 것은 어떤 것들입니까?

2. 당신이 100일 안에 고치거나 향상시키고 싶은 관계는 어떤 것입니까?

3. 남아 있는 100일 동안 당신의 삶은 어떤 변화가 있겠습니까?

4. 당신의 장례에 관해 하고 싶은 말이 있다면?

5. 당신이 100일 후에 죽을 것이라는 예측이 하나님을 향한 당신의 신앙에 어떤 영향을 미쳤습니까?

가상의 시간

여기 네 가지 서로 다른 가상의 상황이 있습니다. 한 가지를 골라 그 상황에 대한 당신의 반응을 사람들에게 이야기합니다. 당신의 반응을 이야기하기 전에 한 사람으로 하여금 당신이 선택한 상황에 어떻게 반응할 것인지 추측해 보도록 합니다.

1. 벨 소리가 울릴 때 당신은 TV 앞의 소파에 앉아서 꾸벅꾸벅 졸고있었습니다. 당신이 문을 열었을 때 그곳에는 백화점 경품 시상팀이 서 있었습니다. 그들은 당신에게 꽃다발과 상패와 함께 상금 5억 원짜리 수표를 건네주었습니다. **당신은 이 돈을 가지고 무엇을 하겠습니까?**

2. 당신은 짙은 안개 속을 걷고 있었습니다. 당신은 맑게 개인 밝은 초원을 향해 걸어가다가 하얀 옷을 입고 홀로 서 있는 한 사람을 보았습니다. 당신은 직감적으로 그가 하나님께서 보내신 천사라는 것을 알았습니다. 그가 당신에게 다가와서 말했습니다. "하나님께서 그대를 향한 그분의 꿈을 말씀하시기 위해 나를 보내셨소." **그가 무엇이라고 말하겠습니까?**

3. 당신은 웅장한 성가대에 둘러 싸여 있습니다. 그곳에는 밝게 빛나고 장엄한 짐승들과 위엄 있는 사람들이 흰 예복을 입고 서 있었습니다. 아름다운 선율에 힘있는 음성이 당신 앞에 울려 퍼집니다. 당

신은 보좌에 앉으신 경외스러운 형상을 올려다 보았습니다. 당신은 지금 천국에 와있는 것입니다! 그 음성이 당신에게 이렇게 말씀하십니다."잘하였도다, 착하고 충성된 종아! 내가 너를 얼마나 자랑스러워하는지 들어 보거라!" **그분은 뭐라고 말씀하실까요?**

4. 당신은 시상식 준비가 완비된 큰 홀에 앉아있습니다. 몇 사람들이 저명한 시상의 후보로 거론되었습니다. 수상자가 발표되자 군중들이 우레와 같은 박수와 환호를 보냅니다. 당신은 할 말을 잃었습니다. 당신이 바로 수상자입니다! **당신은 무슨 상을 받았을까요? 진행자는 당신의 수상 이유를 무엇이라고 설명할까요? 당신은 수상 소감을 발표하는 자리에서 뭐라고 말할까요?**

가정의 특징

가족은 우리가 어떤 사람인지를 결정하는 중요한 요인입니다. 그룹원들이 당신의 가족에 관하여 많이 알수록 당신에 대해서 더 많은 것을 알게 될 것입니다.

당신의 가족에 관한 다음의 문장을 완성하십시오. 그리고 그룹원들과 그것을 함께 나누십시오.

1. 나는 부모님이 나를 _____(이)라고 생각하고 있다고 느끼고 있습니다.
   - ☐ 문제아
   - ☐ 피해자
   - ☐ 장성한 성인
   - ☐ 그들의 만족과 기쁨
   - ☐ 탁월한 사람
   - ☐ 그들의 대를 이을 사람
   - ☐ 가문의 이름을 높여 주는 사람
   - ☐ 안정감을 주는 작은 모포가 필요한 아이
   - ☐ 기타
   - ☐ 무력한 아이
   - ☐ 부모와 떨어지지 못하는 아이
   - ☐ 부담
   - ☐ 실망시킨 사람
   - ☐ 모습을 잘 나타내지 않는 사람
   - ☐ 명문 가족

2. 나의 자녀들이 나를 _____라고(로) 생각하고 있다고 느낍니다.(또는 나의 부모가_____)
   - ☐ 역할 모델
   - ☐ 완전 바보
   - ☐ 그들의 적
   - ☐ 친구
   - ☐ 봉(잘 속는 사람)
   - ☐ 돈 주머니
   - ☐ 큰 후원자
   - ☐ 신과 같은 존재
   - ☐ 머슴
   - ☐ 운전기사
   - ☐ 사랑의 근원
   - ☐ 기타

3. 나의 부모님은 내가 _____이(가) 되기를 기대하고 있다고 생각합니다.
   - ☐ 대통령
   - ☐ 의사
   - ☐ 크게 출세한 사람
   - ☐ 행정관료
   - ☐ 완전히 순종적인 사람
   - ☐ 그들과 꼭같은 사람
   - ☐ 아인슈타인 같은 사람
   - ☐ 완전한 사람
   - ☐ 인기 있는 사람
   - ☐ 왕(왕비) 같은 사람
   - ☐ 독립적인 사람
   - ☐ 자급자족할 수 있는 사람
   - ☐ 부모의 실패를 보상해 주는 사람
   - ☐ 자기를 행복하게 해주는 사람
   - ☐ 기타

가족들간의 관계

 소그룹에서 당신의 가족관계에 관해 이야기하는 것은 모임에 참여한 모든 사람들이 서로를 이해할 수 있도록 도와주는 좋은 방법입니다. 아래의 빈 공간에 당신의 현재 가족이나 어린 시절의 가족들 한 사람마다 원을 그리고 그 원 안에 각 사람의 이름을 적어 넣습니다.

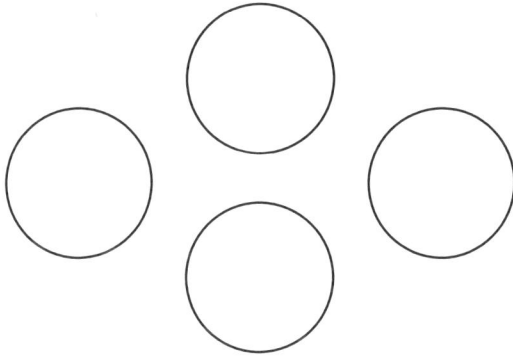

1. 그런 다음 당신의 가족들 가운데(또는 어린 시절의 가족들 가운데) 서로 돌보아 주는 관계에 있는 사람들을 실선으로 연결해 보십시오.
2. 가족들 가운데 서로 용납하지 않는 관계에 있는 사람들을 점선으로 연결해 보십시오.
3. 사이 좋게 지내지 못한 관계의 사람들을 화살표로 표시해 보십시오.
4. 당신과 가족 가운데 당신이 정말로 존경했던 사람을 물결선으로 연결해 보십시오.

가족의 추억

우리는 모두 가족에 대한 즐겁고 유쾌한 추억을 가지고 있습니다. 이 추억들은 가족들이 모두 모이는 명절이면, 때때로 화제거리로 등장하곤 합니다. 이제 아래에 제시된 것들 가운데 한두 가지를 골라 당신의그룹에서 추억을 나누십시오. 그룹원들이 당신과 당신의 가족에 대해 잘 알 수 있는 재미있는 시간이 될 것입니다.

1. 크리스마스 때에 가장 재미있었던 추억은…
2. 휴가 중에 가장 재미있었던 일은….
3. 식사 시간에 있었던 재미있었던 일은….
4. 부모님이 지금도 모르는 재미있었던 일은….
5. 가족이 외출했을 때 있었던 재미있었던 일은….
6. 형제나 자매에게 말하지 않은 재미있었던 일은….
7. 명절에 모두 모였을 때 재미있었던 일은….
8. 할아버지, 할머니 댁에서 재미있었던 일은….
9. 부모님이 말해주신 나의 재미있었던 어린 시절 추억은….
10. 많은 사람들이 모인 가운데 가족 모두가 당황했던 추억은….
11. 나에 관해 가족들이 재미있어 하는 추억은….

감정 계기판

당신의 기분은 지금 어떻습니까? 감정 계기판에서 당신의 수치를 점검해 보십시오. 아래의 그림을 사용하여 당신의 감정이 어떤 상태인지 표시해 보십시오. 당신의 사랑과 열정의 연료탱크가 가득 채워져 있습니까 아니면 텅 비어 있습니까? 당신의 의욕은 시속 몇 킬로미터로 달리고 있습니다. 당신의 스트레스 수준은 어느 정도입니까? 좌절과 우정은 현재 어떤 상태입니까? 당신의 변속 기어는 지금 몇 단계에 놓여져 있습니까?

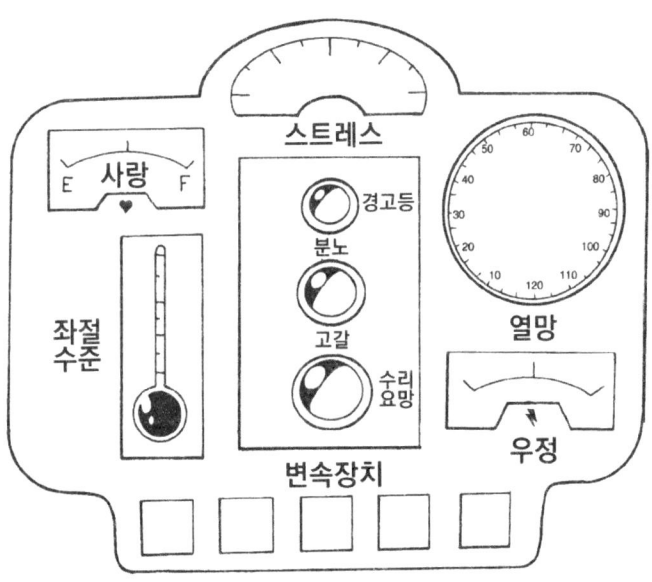

걱정 근심

 소그룹은 당신의 무거운 걱정거리들을 당신을 보살펴주는 사람들과 함께 이야기하고 나눌 수 있는 멋진 모임입니다. 다음 페이지의 사분면은 당신이 통제할 수 있는 걱정들과 통제할 수 없는 걱정들을 구분할 수 있도록 도와줍니다.

 여기에 우리의 삶에서 걱정과 근심을 일으키는 원인이 될 수 있는 일들이 부분적으로 열거되어 있습니다.

재정	결혼생활의 갈등	자녀 문제
직장 문제	세금	세계의 사건들
건강	이사	증권
정치 문제	청구서	외로움

 지금 현재 당신이 직면해 있는 걱정거리들에 대하여 생각해 보십시오. 아래의 사분면의 적당한 위치에 당신의 걱정거리들을 적어 보십시오. 어떤 걱정거리들은 매우 심각하고 어떤 것은 덜 심각할 것입니다. 또 어떤 것들은 통제가 가능하고 어떤 것은 불가능한 것들도 있을 것입니다.

	통제 가능	통제 불가능
큰 걱정		
작은 걱정		

당신의 걱정거리들을 적어 보고 사람들에게 당신이 각 위치에 어떤 걱정거리들을 적었는지 말해 보십시오.

보살핌에 나오는 평안의 기도로 모임을 마치면 좋은 연결이 될 것입니다. 이 기도를 통하여 당신이 통제할 수 없는 일에 대한 걱정은 떨쳐버리고, 심각한 걱정과 덜 심각한 걱정거리를 구분하여 통제할 수 있는 일에만 집중할 수 있도록 그리고 마음의 평정과 해결방법을 발견할 수 있도록 하나님께 요청하는 것입니다.

건강 점검

당신은 얼마나 건강하십니까? 또 건강을 유지하기 위해 무엇을 하십니까? 건강해지기 위해 해야 하는 것은 무엇입니까? 건강은 우리의 삶의 질과 하나님을 섬기는 데에 직접적으로 영향을 미치기 때문에 매우 중요합니다. 이 마음열기는 건강과 관련된 목표들을 의논할 수 있고 당신의 그룹이 실천하겠다고 한다면, 필요한 것을 서로에게 설명해 줄 수도 있기 때문에 매우 유익할 것입니다. 아래의 질문에 대답하시고 그것을 그룹원들과 나누십시오. 그런 후에 더 건강하게 되기 위한 방법들을 나누십시오.

1. 지난 24시간 동안, 나는 다음과 같이 섭취했습니다.

	야채	과일	고기	곡류/빵	유제품	물	인스턴트 식품
섭취 횟수							

2. 지난 한 주 동안 나의 수면 습관을 가장 잘 설명하고 있는 것은 :
□ 숙면 - 나는 기분 좋게 일어나서 나갈 준비를 했습니다.
□ 보통 - 잘 자고 잘 일어납니다.
□ 부족 - 잠을 잘 못 자거나 수면이 부족합니다.

3. 지난 한 달 동안 나의 운동 습관을 가장 잘 설명하고 있는 것은 :
□ 충분 - 나는 한 주에 네 번 이상 운동했습니다.
□ 양호 - 나는 한 주에 두세 번 운동했습니다.
□ 보통 - 나는 한 주에 한두 번 운동했습니다.
□ 형편 없음 - 한 달 내내 거의 하지 않았습니다.

4. 0에서 10까지의 범위 안에서 최근의 스트레스 지수를 표시하자면 :

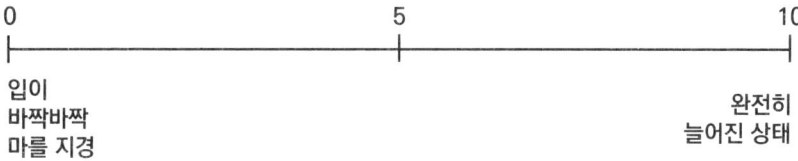

5. 최근에 나는 이런 것을 먹습니다 :
　　□ 카페인이 든 음료　　　□ 담배
　　□ 내가 먹지 말아야 할 음식들　□ 술
　　□ 기타

6. 건강해지기 위해 내가 해야 할 일 :

과거로 돌아간다면?

과거의 실수를 바로잡을 수 있는 타임머신이 개발되었습니다. 만일 타임머신을 타고 과거로 돌아갈 수 있다면 언제로 돌아가고 싶은지, 그리고 어떤 실수를 바로 잡고 싶은지, 또 그 이유는 무엇인지 함께 나누어 보십시오.

내가 돌아가고 싶은 때는_____이고,
바로잡고 싶은 실수는_____입니다.
왜냐하면_____때문입니다.

과거, 현재, 미래

　소그룹은 자신을 솔직하게 드러내기에 좋은 곳입니다. 자신을 솔직하게 드러내는 좋은 방법의 한 가지는 당신의 과거와 현재와 미래에 대하여 자유롭게 이야기하는 것입니다. 이 마음열기는 소그룹 참가자들이 그들의 삶을 쉽게 이야기할 수 있도록 하는 것입니다.

　1. 과거 : 만일 내가 다시 어린 시절로 돌아 갈 수 있다면 나는＿＿＿에 시간을 좀 더 할애할 것이다.
　□ 명작과 고전을 좀 더 읽는 일　　□ 기도
　□ 놀기　　□ 가족과 함께 지내기
　□ 지역사회 봉사활동 참여　　□ 교회 활동 참여
　□ 가던 걸음을 멈추고 꽃향기를 맡기　　□ 친구들 사랑하기
　□ ＿＿에 관한 대화　　□ 기타

　2. 현재 : ＿＿＿＿＿이(가) 있다면 세상은 더 좋아질 것이다.
　□ 낙원　　□ 가족 소풍
　□ 마을 잔치　　□ 축제와 서커스
　□ 좋은 친구들과의 주말 회식　　□ 영적 부흥
　□ 언제나 찾아 갈 수 있는 가족 병원　　□ 집 앞의 구멍가게
　□ 따뜻한 밥과 찌개가 있는 저녁 밥상　　□ 기타
　□ 온 가족이 모여 함께 드리는 가정 예배
　□ 크리스마스 카드와 작은 선물

3. 미래 : 내가 나이를 먹더라도 여전히 할 수 있기를 바라는 일은...
□ 사랑하기 □ 자동차 운전
□ 화초 가꾸기 □ 외모 가꾸기
□ 아이들과 놀아주기 □ 도보 산책
□ 사람들을 웃기는 일 □ 축구나 농구
□ 낭만적인 데이트 □ 최신 유행음악 즐기기
□ 농담 □ 일정한 수입을 버는 일
□ 창조적인 사고 □ 기타

관계 개선

　우리는 모두 누군가와 관계를 맺고 있고, 그 관계를 발전시켜야 한다는 필요를 느끼고 있습니다. 우리는 다른 사람들과 함께 관계 개선에 관한 대화를 나눔으로써 다른 사람을 대하는 자세를 증진시킬 수있게 될 것입니다. 그렇지 않고 다른 사람들과 떨어져서 초연하게 지낸다면 필요한 관계 개선은 결코 이루어지지 않을 것입니다.

　아래의 목록을 사용하여 당신이 관계를 맺고 있는 사람들의 이름을 기록하십시오. 그리고 나서 가장 먼저 관계를 개선해야 할 사람이 누구인지 그리고 관계를 개선하기 위해 어떤 계획을 세울 것인지를 결정하십시오. 그룹원들과 당신의 계획을 함께 나누십시오.

나의 배우자	나의 부모	나의 자녀
나의 직속상관	나의 동업자	나의 친구
나의 교우	나의 형제	나의 친척
나의 애인	기타 : _____	

　1. 나와 관계 개선이 필요한 사람은 _____입니다.
　2. 나는 이 사람과 관계를 개선하기 위해 _____계획을 세웠습니다.

　당신의 개인 기도 시간에 더 좋은 관계를 맺기 위해 필요한 일들을 당신이 잘 해낼 수 있게 도와주시기를 하나님께 기도드릴 수 있습니다.

관계 성적표

우리는 모두 누군가와 관계를 맺고 있고 그 관계를 발전시켜야 합니다. 다음은 나와 관련된 사람들과의 관계 지수를 나타낸 것입니다. 자신이 해당되는 위치에 표시를 해 주세요.

1. 친구
1) 교회 친구와의 관계 지수
   매우나쁨 0 1 2 3 4 5 6 7 8 9 10 매우좋음

2) 학교 친구와의 관계 지수
   매우나쁨 0 1 2 3 4 5 6 7 8 9 10 매우좋음

3) 직장 친구와의 관계 지수
   매우나쁨 0 1 2 3 4 5 6 7 8 9 10 매우좋음

질문 : 어떤 친구와의 관계 지수가 가장 높고, 낮은가요?

   어떤 친구가 더 힘이 되나요?

2. 가정
1) 아버지와의 관계 지수
   매우나쁨 0 1 2 3 4 5 6 7 8 9 10 매우좋음

2) 어머니와의 관계 지수
매우나쁨　0　1　2　3　4　5　6　7　8　9　10　**매우좋음**

3) 형제와의 관계 지수
매우나쁨　0　1　2　3　4　5　6　7　8　9　10　**매우좋음**

4) 부부간의 관계 지수
매우나쁨　0　1　2　3　4　5　6　7　8　9　10　**매우좋음**

5) 자녀와의 관계 지수
매우나쁨　0　1　2　3　4　5　6　7　8　9　10　**매우좋음**

질문 : 가정에서 나의 관계 지수가 가장 높은 사람은?
　　　 가정에서 나의 관계 지수가 가장 낮은 사람은?

　　　 관계 지수가 높은 사람은 무엇 때문에 그런가요?

　　　 관계 지수가 낮은 사람은 무엇 때문에 그런가요?

괴상한 질문들

여기에 당신이 잘 들어보지 못한 이상한 질문들이 있습니다. 아래의 질문들은 당신이 자신을 표현하는 새로운 방법들을 통해, 그룹원들이 당신을 더 잘 이해할 수 있도록 도와줄 것입니다. 아래의 질문들 가운데 몇 개를 선택해 그 답을 그룹원들과 나누십시오.

1. 당신이 좋아하는 노래를 색채로 표현한다면?

2. 당신의 가정이 풍기는 향기는?

3. 당신이 요즘 풍기는 분위기는?

4. 당신의 신체적 건강을 음향으로 표현한다면?

5. 당신의 직업이나 학교의 만족도를 나타내는 곡조는?

6. 당신의 일을 표현하는 맛은?

7. 당신 삶의 희망이 주는 감촉은?

8. 당신의 영적인 생활을 설명할 수 있는 소음(좋지 못할 경우)이나 다른 음향은?

9. 당신의 예술적 감각을 표현할 수 있는 지수는?

10. 당신의 낭만적인 생활을 색깔로 표현한다면?

교회 빙고

소그룹 인도자가 "시작"하고 외치면서 '교회 빙고' 게임을 시작합니다. 네모 칸에 쓰인 각각의 일들을 해본 적이 있는 사람이 누구인지 찾습니다. 그 사람은 해당되는 칸에 표시하되 가로나 세로, 또는 대각선으로 한 줄을 제일 먼저 표시하는 사람이 이기는 것이며, 이 때 그 사람은 "빙고"를 외치면 됩니다. 단, 한 사람이 오직 한 번만 빙고를 외칠 수 있습니다.

예배 때 특송을 한 적이 있다.	지난 주 예배에 늦지 않았다.	올 해 목사님의 점심을 준비한 적이 있다.	지난 주 예배 때 잠깐 졸았다.	주일학교 교사로 봉사한다.	12사도의 이름을 안다.
성경 66권의 제목을 안다.	교회에서 봉사한다.	올 해 안내를 해본 적이 있다.	성가대원이다.	지난 번 교회 수련회에 갔었다.	교회의 개척 초기부터 교인이었다.
구역 모임에 참석한다.	이스라엘의 12지파 이름을 안다.	소그룹을 인도한다.	교회의 유아실에서 봉사하기도 한다.	지난 6개월간 주일 예배에 결석하지 않았다.	지난 주 주보에 이름이 적혀 있다.
지난 1년간 전도한 사람이 있다.	성경을 꾸준히 본다.	매주일 똑같은 자리에 앉는다.	다른 교단에서 이전해 왔다.	성경에 있는 이름을 가졌다.	그리스도인 표시 악세사리를 가지고 다닌다.
성경을 세 구절 이상 외우고 있다.	교회에서 결혼했다. (할 것이다)	주일에 걸어서 교회에 온다.	수련회에서 교사로 봉사한다.	예배 때 주보에 낙서하기도 한다.	주일학교에 관심갖고 돕는다.
목사님을 흉내낼 수 있다.	교인들을 위해 기도한다.	교회 청소를 가끔 한다.	집에서 교인들과 예배를 드리기도 한다.	늘 부르는 찬양이 세 가지 이상 있다.	교회 제직이다.

국가에 대한 마음

국기를 보면 당신의 마음은 어떻습니까? 현재 국가에 대한 당신의 느낌은 어떤지 표시하고 당신의 어린 시절부터 연령대별로 느낀 마음의 변화는 어떠했는지 표현해 보십시오.

나는 국기를 보고 나라를 생각하면,

별 생각없다   감격스럽다
속상하다   화가 난다
부끄럽다   안타깝다
소망이 넘친다

- 10대 전후 : _____
- 20대 전후 : _____
- 30대 전후 : _____
- 40대 전후 : _____
- 50대 전후 : _____
- 60대 전후 : _____

귓속말

　이것은 재미있는 귓속말 게임입니다. 이 게임은 대화의 기술이나 잡담, 소문 같은 것에 대한 교훈을 얻을 때 활용할 수 있습니다.
　이 게임은 먼저 한 사람이 아래에 기록된 질문 가운데 하나를 선택해서 그 질문에 대한 대답을 짧은 문장으로 생각합니다. 그런 후 그 사람이 자신의 오른쪽에 있는 사람에게 귓속말로 자기의 대답을 전달합니다. 그 말을 들은 사람은 다시 자신의 오른쪽 사람에게 똑같이 전달합니다. 계속 이런 식으로 해서 모든 그룹원들이 귓속말 대답을 들은 후, 마지막 사람이 자신이 들은 것을 모두 들을 수 있게 말합니다. 이제 제일 처음 속삭인 사람의 말과 마지막 사람의 말을 비교합니다.

1. 내가 가장 당황했던 때는...
2. 생리적 현상을 참느라고 가장 괴로웠던 때는...
3. 내가 데이트를 하면서 가장 재미있었던 일은...
4. 내가 먹어본 최악의 식사는...
5. 내가 경찰서에 가본 때는...
6. 내가 갔던 최고의 휴가는...
7. 내가 가장 은혜받았던 집회는....
8. 내가 잘 말하는 우스운 이야기는...
9. 나의 별명과 그 이유는...

그곳에 참가할 사람이 누구일까?

다음 활동에 참여하기 위해서 당신이 함께 하고 싶은 가족이나 친구의 이름을 써 넣으십시오. 당신은 왜 그 사람을 선택하려고 합니까?

1. 낚시 _____
   아름답고 평화로운 오후, 물가에서 감미롭게 대화하며 잡았다 놓쳐버린 그 큰 잉어를 자랑하는 일.

2. 쇼핑 _____
   친구와 함께 여기저기 돌아다니며 판매대에 전시된 상품을 구경하고 좋은 물건을 골라 사는 것은 아주 재미있는 일입니다. 그날은 아주 많이 돌아다녀야 하기 때문에 당신은 편한 신발을 신고나와야 할 것입니다.

3. 함께 눈물 흘려주기 _____
   당신이 큰 상심 가운데 있을 때에는 보듬어 주고 위로해 줄 동료가 필요합니다.

4. 무인도에 가기 _____
   이와 같은 모험을 하기 위해서는 영리하고 수완이 뛰어난 사람, 매우 열정이 있는 사람, 모험을 함께 하기 편안한 사람이 필요할 것입니다.

5. 기도 _____
   깊은 믿음과 신뢰를 바탕으로 어떤 사람과 함께 나누는 활동.

6. 제주도 똥돼지 먹기 _____
   당신은 누구에게 새롭고 이상한 음식을 먹게 하고 싶습니까? 제주도 똥돼지가 아니라면 강원도 옻닭이나, 오리고기, 토끼고기를 먹여 보십시오.

7. 내 고민 말하기 _____
   이와 같은 일을 하기 위해서는 인정 많고 동정심 있고 이해심이 깊은 사람을 만나야 할 것입니다. 당신은 섣부른 판단을 하지 않고 열심히 들어줄 사람이 필요합니다.

8. 놀이공원에 가기 _____
   바이킹을 타러 가는 것은 정말 재미있는 일입니다. 당신은 재미있고, 천진난만한 어린아이 같은 사람과 함께 가고 싶을 것입니다.

9. 하나님에 관하여 이야기하기 _____
   깊은 영적인 진리에 대해 이야기할 때 당신은 하나님에 관하여 용의주도하고 긍정적인 이해를 하고 있는 사람과 대화하고 싶을 것입니다.

만일 당신의 그룹이 서로를 매우 잘 알게 되었다면 어떤 활동에 적합하리라고 생각되는 구성원들의 이름을 그 활동 옆에 있는 빈칸에 적어주십시오. 당신 그룹에 있는 사람이 한 사람도 빠지지 않도록 하십시오. 그리고 당신이 왜 그 사람을 그 활동에 적합한 사람이라고 생각했는지 함께 나누어 보십시오.

그룹 나누기

그룹을 나누는 방법 : 규모가 큰 그룹을 더 작은 그룹으로 나누는 것은 신중하고도 재미있어야 합니다. 그룹을 나누기 위해 아래의 제안들과 질문들을 활용해 보십시오.

1. 이름표는 그룹을 나누는 좋은 방법입니다. 파랑, 초록 등의 서로 다른 색깔의 이름표를 사용하십시오. 또 스마일 표시나 별 표시 등의 서로 다른 상징들로 나눌 수도 있습니다.

2. 그룹원들이 출생한 계절별로 그룹을 나누십시오(봄, 여름, 가을, 겨울 팀으로).

3. 그룹원들이 다음 휴가를 어느 곳으로 가고 싶어하는지에 따라 그룹을 나누십시오(산, 바다, 계곡 등).

4. 몇 가지 취미 생활을 제시한 후 그룹원들이 좋아하는 종목끼리 모이게 합니다(운동, 독서, 음악 감상 등).

5. 아래의 질문들을 활용해서 그룹을 두 개, 네 개, 여덟 개 등으로 나눌 수 있습니다.

당신은 _____와(과) _____ 중에서 무엇이 더 좋습니까?

독서	영화감상
정리하기	그냥 두기
오페라	콘서트
수동적	능동적
실내 활동	실외 활동
양식	한식
이성 친구	동성 친구
전원 생활	도시 생활

6. 그룹원들이 신고 있는 신발에 따라 그룹을 나누십시오.(끈이 있는 신발과 끈이 없는 신발)

7. 그룹원들이 좋아하는 음악의 장르에 따라 그룹을 나누십시오.(복음성가, 재즈, 트롯, 록, 랩송, 클래식 등)

8. 종이를 미리 준비하고, 종이를 선택하는 제비뽑기로 그룹을 나누십시오.

그룹을 나눈 후의 활동 : 그룹을 나눈 후에 다음과 같은 지령에 따라 생각을 나눕니다. 작은 그룹(팀)이 주어진 주제에 대해서 서로 이야기 하고, 다시 모여서 서로의 이야기들을 나눕니다. 창조적인 대답을 찾는 과정에 열중하면서 재미와 소속감을 가질 수 있습니다.

1. 작은 그룹(팀)으로 나눈다. 온전한 크리스천을 묘사하는 신문 광고

를 쓰게 하라. 다 쓴 후에 모여서 서로의 광고문을 나누게 하라.

2. 조원들을 그룹(팀)으로 나눈다. 4분 정도 시간을 준 후에 사람들과 친해지거나 영향을 줄 수 있는 다섯 가지 방법을 말하게 한다. 전체 조원들과 다시 모여서 서로 나눈다.

3. 작은 그룹(팀)으로 나눈다. 각각의 팀들은 좋은 조원이 되기 위한 10가지 방법을 생각하여 적는다. 5분 정도의 시간을 준 후, 각 팀들은 자신들이 생각한 항목들을 전체 조원들과 나눈다.

4. 조원들을 두세 팀으로 나누고 '성공하는 사람들의 7가지 습관'이라고 생각되는 것들을 적게 한다. 시간은 딱 5분만 준다. 다 적은 후에 각 팀은 자신들이 기록한 것들을 전체 그룹과 나누게 한다.

그룹에 대한 느낌은?

당신은 현재 속해 있는 그룹에 대해 어떻게 생각하십니까? 아래의 보기들 가운데 그룹에 임하는 자신의 모습을 가장 잘 묘사한 것을 고른 후 함께 나누어 보십시오.

말라버린 화초 : 나는 이 그룹에서 다시 소생하고 싶습니다.

법정 증인 : 나는 반대 심문을 당하는 기분입니다.

경직된 동상 : 나의 진정한 모습을 사람들이 싫어할까봐 걱정됩니다.

모래성 : 우리 모임이 안정되어 나갈지 걱정입니다.

거북이 : 나는 안심될 때까지 꼭꼭 숨을 것입니다.

어릿광대 : 나는 내 느낌을 드러내지 않고 즐겁게 참여할 것입니다.

해적 : 나는 여기에서 보배를 찾고 싶습니다.

취재 헬기 : 나는 무슨 일이 벌어지나 멀리서 구경하겠습니다.

기타 :_____

그리운 할아버지와 할머니

대가족제도였던 옛날에는 가족들이 한 동네에 모여 살면서 많은 시간을 함께 보내곤 했습니다. 그러나 핵가족화 된 오늘날의 가족제도에서 우리들 대부분은 할아버지, 할머니와 함께 지내는 경우가 적습니다. 아래의 질문에 돌아가면서 대답해 보십시오. 만약 당신이 할아버지, 할머니가 없거나 그분들에 대한 이야기를 전해듣지 못했다면, 다른 친척 할아버지나 할머니의 이야기를 해도 좋습니다.

1. 당신에게 할아버지나 할머니와 닮은 신체적인 특징이나 성격적인 특성이 있다면, 그것은 무엇입니까?

2. 할아버지와 할머니의 주변 사람들은 그분들을 어떻게 말씀하셨습니까?

3. 당신이 가지고 있는 할아버지와 할머니의 추억 가운데 가장 좋은 것은 어떤 것입니까?

4. 할아버지와 할머니의 어떤 점을 특히 좋아했습니까?

5. 할아버지, 할머니가 하신 말씀이나 행동 가운데 인상에 남아 있는 것은 어떤 것입니까?

6. 할아버지, 할머니에 대한 이야기 한 가지를 그룹원들에게 들려 주십시오.

극복하는 기술

우리는 하고 싶지 않은 일을 해야만 하는 경우가 있습니다. 당신은 원하지 않지만, 꼭 해야 하는 일은 무엇입니까? 당신의 다이어리에 기록된 원치 않는 일들이나 계획, 마감 시간, 의무들과 약속들은 무엇입니까?(동료와의 대립, 집안 청소, 치과 치료, 다이어트, 카드 대금 납부 등) 당신은 이런 일들을 피하기 위해 어떻게 합니까? 그리고 회피한 결과는 어땠습니까? 당신은 이런 일들을 어떻게 극복합니까? 이런 일들을 성공적이고 확실하게 처리하기 위해 당신이 해줄 수 있는 조언이나 좋은 방법들은 무엇입니까? 아래의 표를 채우고 그룹원들과 답을 나누십시오.

하고 싶지 않은데 해야만 하는 일	이런 일을 회피했을 때 발생한 상황	이런 일을 해내기 위한 좋은 방법들

어려운 일들을 처리할 수 있는 방법들을 서로에게 알려주는 시간을 가지십시오. 또한 이런 일들에 직면한 사람들을 위해 서로 기도하는 시간을 가지십시오.

기독교 설문조사

영적 생활에 대한 아래의 질문들에 대하여 함께 나누어 보시고 자유롭게 이야기를 나누어 보십시오. 적당한 답이 없을 때는 자신의 생각을 말해도 좋습니다.

a. 내가 보는 성경은...
- □ 이해하기 어렵다
- □ 너무 고리타분하다.
- □ 의식을 끌어 올려 주는 책이다.
- □ 약속들로 가득 차 있다.
- □ 적용하기 어렵다.
- □ 생명을 주는 비밀이 담겨 있다.
- □ 폭력적인 내용으로 가득 차 있다.
- □ 분량이 너무 많다.
- □ 우리 문화와는 너무나 동떨어져 있다.

b. 내가 보기에 기독교인들은...
- □ 이 땅의 소금이다.
- □ 위선자들이다.
- □ 너무 보수적이다.
- □ 다른 사람들과 똑같은 사람들이다.
- □ 세상을 변화시키는 사람들이다.
- □ 하나님의 사람들이다.
- □ 더 사랑하는 사람들이다.
- □ 근사한 사람들이다.
- □ 광신도들이다.

c. 내가 느끼는 소그룹은...
- □ 너무나 감정에 예민하다.
- □ 성경적이다.

☐ 그저 유행일 뿐이다. ☐ 위험하다.
☐ 영적인 감동을 준다. ☐ 하나님이 바라시는 모임이다.
☐ 남의 일을 캐기 좋아하는 곳이다. ☐ 시간을 너무 낭비한다.

d. 십자가에 대해 생각할 때 내가 느끼는 것은...
☐ 지나친 도덕적 결벽증 ☐ 영적인 감동
☐ 겸손 ☐ 소망
☐ 안도감 ☐ 회의
☐ 의심 ☐ 분노
☐ 감사 ☐ 아무 느낌도 없다.

기역, 니은, 디귿

당신은 성격이나 행동 면에서 많은 특성을 가지고 있으며 당신의 그룹은 그것들을 알고 싶어합니다. 여기에 당신을 묘사하는 다양한 표현이 있습니다. 'ㄱ(기역)', 'ㅎ(히읗)'까지의 다양한 자음으로 시작하는 단어들을 보고 당신을 잘 묘사한 단어들을 선택해도 좋고 없을 경우에는 각 자음에 해당하는 단어를 적절히 만들어도 좋습니다. 그룹원들과 함께 각자 선택한 것을 순서대로 나누십시오.

ㄱ _____ (고지식, 고리타분, 근면, 긍정적, 개방적, 거칠다...)

ㄴ _____ (낙천적, 냉정하다, 날카롭다...)

ㄷ _____ (동정심이 많다, 대식가다, 대범하다...)

ㄹ _____ (로맨틱하다...)

ㅁ _____ (명랑, 모험심이 많다, 미래지향적, 민감, 목소리가 크다...)

ㅂ _____ (밝다, 방정맞다, 부드럽다...)

ㅅ _____ (소극적, 소탈, 소심, 사랑스럽다, 수줍다, 시기심이 많다...)

ㅇ _____ (용맹, 유머러스, 예쁘다, 예민, 온화, 열정적, 영적...)

ㅈ _____ (적극적, 질투심이 많다, 지성적, 조용, 진실되다...)

ㅊ _____ (총명하다, 참을성이 있다, 천재적이다, 창의적이다...)

ㅋ _____ (쾌활하다, 카리스마가 있다...)

ㅌ _____ (태만하다, 통이 크다, 퉁퉁거린다...)

ㅍ _____ (평범하다, 풋풋하다, 포근하다...)

ㅎ _____ (활동적, 활발, 헌신적, 행복, 학문적, 화를 잘낸다, 현명...)

나 자신을 어떻게 볼 것인가?

나는 _____보다는 _____와(과) 같은 사람이다.

1. 곡예사_____어릿광대

2. 단거리 선수_____장거리 선수

3. 텔레비전 _____라디오

4. 현미경_____망원경

5. 선발투수 _____마무리 투수

6. 배용준 _____ 안성기

7. 그림 _____ 사진

8. 촛불_____전구

9. 놀이공원 _____ 도서관

10. 공격수 _____ 수비수

11. 오이피클 _____ 스니커즈 초코바

12. 전문사전 _____ 백과사전

13. 경기 참가 _____ 경기 관람

14. 골프공 _____ 비치볼

15. 호텔 _____ 사무실

16. 곰 _____ 호랑이

17. 전기 코드 _____ 건전지

18. 서울 _____ 강원도 치악산

19. 한강대교 _____ 63빌딩

20. 단풍나무 _____ 소나무

21. 힙합 _____ 발라드

나눔을 위한 20가지 질문(1)

소그룹의 역할 분담을 위한 아래의 질문들 가운데 한두 가지를 선택하십시오. 먼저 물음을 읽고 각 사람들이 모두 잠깐 동안 대답을 합니다. 여러분의 소그룹 모임이 진행되는 동안 이 활동을 여러 번 다시 활용할 수 있으며 그때마다 어떤 물음을 나누었는지 체크 표시를 해두면 됩니다.

☐ 1. 당신이 가장 좋아하는 음식은 무엇입니까? 가장 좋아하지 않는 음식은 무엇입니까? 당신이 먹어 본 것 가운데 최고의 요리는 무엇이었습니까?

☐ 2. 이번 주간 당신에게 최고로 좋았던 일은 무엇입니까? 최악의 일은 무엇이었습니까?

☐ 3. 집에서 당신이 가장 좋아하는 곳은 어디입니까? 그 이유는?

☐ 4. 집에서 당신이 즐겁게 할 수 있는 일이 한 가지 있다면 무엇입니까?

☐ 5. 당신이 십대 때에 즐기던 취미는 무엇이었습니까?

☐ 6. 당신의 별명은 무엇입니까? 언제 어디에서 그 별명을 얻게 되었습니까?

☐ 7. 당신의 첫 번째 직업은 무엇입니까?

☐ 8. 당신이 경험해 본 최고의 태풍이나 천재지변은 무엇이었습니까?

☐ 9. 교회 생활 가운데 가장 재미있었던 일은 무엇입니까?

☐ 10. 비 오는 날 당신이 가장 좋아하는 일은 무엇입니까?

- ☐ 11. 당신이 가장 아끼는 소유물은 무엇입니까?
- ☐ 12. 당신이 가장 좋아하는 옷은 무엇입니까?
- ☐ 13. 당신이 먹어 보았거나 만들어 본 음식 가운데 가장 형편없는 실패작은 무엇이었습니까?
- ☐ 14. 당신이 처음 미팅이나 맞선에 나갔던 때를 이야기해 보십시오. 그 때 무슨 일이 있었습니까?
- ☐ 15. 당신이 이사를 하거나 집안 장식을 하면서 가장 마음에 안 들게 실패했던 때는 언제입니까?
- ☐ 16. 당신이 가장 꺼림칙하고 두렵게 느끼는 이웃은 누구입니까?
- ☐ 17. 당신이 사는 동네에서 마음에 드는 것은 무엇입니까?
- ☐ 18. 만일 당신이 동물이 된다면 어떤 것이 되고 싶습니까? 그 이유는?
- ☐ 19. 당신이 십대 때에 친구들과 자주 가던 곳은 어디입니까?
- ☐ 20. 당신이 처음 돈을 벌어서 구입한 것은 무엇입니까?

TIP!
나눔을 위한 20가지 질문 시리즈는 (1~4) 리더자가
소그룹 상황에 맞추어, 선택하여 사용하시면 됩니다.

나눔을 위한 20가지 질문(2)

소그룹의 역할 분담을 위한 아래의 질문들 가운데 한두 가지를 선택하십시오. 먼저 물음을 읽고 각 사람들이 모두 잠깐 동안 대답을 합니다. 여러분의 소그룹 모임이 진행되는 동안 이 활동을 여러 번 다시 활용할 수 있으며 그때마다 어떤 물음을 나누었는지 체크 표시를 해두면 됩니다.

☐ 1. 세월은 기다려 주지 않는다는 것을 실감했던 때를 이야기해 주십시오.
☐ 2. 당신이 처음으로 어떤 경쟁에서 승자가 되었던 때는 언제입니까? 그 때 기분은 어땠습니까?
☐ 3. TV나 만화에 나오는 캐릭터 가운데 자신을 닮았다고 생각되는 것은 무엇입니까? 왜 그렇게 생각하십니까?
☐ 4. 당신이 동참했던 가장 거칠고 짖궂은 장난은 무엇입니까?
☐ 5. 당신이 어머니와 가장 닮은 점은 무엇입니까?
☐ 6. 당신은 자신의 이름을 좋아하십니까? 만일 다른 이름을 선택할 수 있다면 무엇을 택하겠습니까?
☐ 7. 만일 당신이 원하는 직업을 무엇이든 가질 수 있다면 지금부터 5년 동안 어떤 직업을 갖고 싶습니까?
☐ 8. 지금까지 당신이 들어 본 최고의 충고는 무엇입니까?
☐ 9. 가정을 가정답게 만들어 주는 것은 무엇이라고 생각합니까?
☐ 10. 당신이 하루 동안 투명인간이 된다면 무엇을 하고 싶습니까?

- ☐ 11. 당신이 만나 본 사람 가운데 가장 유명한 사람은 누구였습니까? 어떻게 그 사람을 만날 수 있었습니까?
- ☐ 12. 당신이 고등학교 때 가장 좋아했던 사람은 누구였습니까?
- ☐ 13. 당신이 첫 키스를 경험할 때의 상황을 설명해 주십시오.
- ☐ 14. 당신은 이미 죽은 사람 가운데 한 사람을 살릴 능력을 지니고 있습니다. 누구를 살리겠습니까? 그 이유는?
- ☐ 15. 당신의 별명은 무엇입니까? 어떻게 그 별명을 얻게 되었습니까?
- ☐ 16. 당신이 성취한 것 가운데 가장 큰 일은 무엇입니까?
- ☐ 17. 당신은 가장 완벽한 나이가 몇 살이라고 생각합니까? 그 이유는?
- ☐ 18. 당신이 만나 본 사람 가운데 가장 잊을 수 없는 개성을 가진 사람에 대하여 묘사해 보십시오.
- ☐ 19. 당신의 삶 속에서 어떤 사건이 생각나게 해주는 노래는 무엇입니까?
- ☐ 20. 당신이 가본 곳 가운데 다시는 가고 싶지 않은 곳은 어디입니까?

나눔을 위한 20가지 질문(3)

나눔을 위한 아래의 질문들은 여러 달 동안 함께 성경공부를 해 온 그룹을 위한 질문입니다. 돌아가면서 아래 질문에 대답하고 여러분의 답변에 대하여 토론하십시오. 당신의 소그룹 모임이 진행되는 동안 이 활동을 여러 번 다시 활용할 수 있으며, 그때마다 어떤 질문을 나누었는지 체크 표시를 해두면 됩니다.

☐ 1. 자신을 가장 잘 묘사할 수 있는 것은 무엇입니까?
☐ 2. 이 그룹에서 받은 한 가지 축복이 있다면 무엇입니까?
☐ 3. 최근에 당신은 다른 사람에게 도움이 되었던 일이 있습니까? 당신은 무엇을 했습니까?
☐ 4. 만일 당신이 마술을 할 줄 알아서 당신의 직업과 결혼과 교회와 가족을 완전하게 만족시킬 수 있다면 그것들이 지금과 어떻게 달라지게 될까요? 당신이 그러한 변화가 이루어지도록하기 위하여 이번 주에 할 수 있는 한 가지 일은 무엇입니까?
☐ 5. 기독교인으로서 당신의 삶이 더욱 의미 있고 풍성하기 위해서 당신이 할 수 있는 일은 무엇입니까?
☐ 6. 만약 당신이 과거의 인생 중에서 한 해를 다시 살 수 있다면 어떤 해를 선택하겠습니까? 왜 그 때를 다시 살려고 합니까?
☐ 7. 당신이 소그룹에서 불만스럽게 생각한 것 한 가지를 말해 보십시오.
☐ 8. 만약 죽는 방법을 선택할 수 있다면 어떻게 죽고 싶습니까? 또

죽고 싶지 않다면, 그 방법은 무엇입니까?
- [ ] 9. 만약 당신을 향료로 묘사한다면 당신은 무슨 향료일까요?
- [ ] 10. 삶의 무게가 너무 무겁게 느껴질 때 당신은 어디에 가서 무엇을 합니까? 그 이유는?
- [ ] 11. 당신의 인생에서 가장 감사한 일은 무엇입니까?
- [ ] 12. 당신을 가장 난처하게 했던 순간은 언제였습니까?
- [ ] 13. 당신의 할머니와 할아버지에 대한 기억을 나누십시오.
- [ ] 14. 친구에게 있는 어떤 특징을 가장 소중하게 생각하십니까?
- [ ] 15. 당신은 사람들이 일반적으로 보는 당신의 모습과 어떻게 다릅니까?
- [ ] 16. 만약 당신이 결코 실패하지 않는다면, 성취하고 싶은 일 두 가지는 무엇입니까?
- [ ] 17. 당신이 예수님에 관하여 처음 들었던 때는 언제입니까? 당신의 반응은 어떠했습니까?
- [ ] 18. 하나님께서 당신에게 구체적인 의미가 된 것은 언제였습니까?
- [ ] 19. 당신의 아버지에 대해 당신이 좋아하는 것과 싫어하는 것 세 가지를 말해 보십시오.
- [ ] 20. 당신의 어머니에 대해 당신이 좋아하는 것과 싫어하는 것 세 가지를 말해 보십시오.

나눔을 위한 20가지 질문(4)

소그룹의 역할 분담을 위한 아래의 질문들 가운데 한두 가지를 선택하십시오. 먼저 물음을 읽고 각 사람들이 모두 잠깐 동안 대답을 합니다. 여러분의 소그룹 모임이 진행되는 동안 이 활동을 여러 번 다시 활용할 수 있으며 그때마다 어떤 물음을 나누었는지 체크 표시를 해두면 됩니다.

☐ 1. 당신은 할아버지, 할머니, 외할아버지, 외할머니 중 어느 분의 어떤 점을 닮았습니까?
☐ 2. 당신은 인생을 열심히 살아야겠다는 생각이 드는 격려를 들은 적이 있습니까? 누구에게서 어떤 말을 들었습니까?
☐ 3. 당신은 학창시절에 친구들과 잘 어울리는 편이었습니까? 어울리지 못하는 편이었습니까?
☐ 4. 당신은 매일 밤 대략 10시경에 무엇을 하십니까?
☐ 5. 당신이 오늘밤 위급한 상황에 처한다면, 당신이 가장 먼저 전화를 할 사람은 누구입니까?
☐ 6. 당신의 지난 일주일 중 제일 좋았던 요일은 언제입니까?
☐ 7. 당신은 어떤 상황에서 운 적이 있습니까?
☐ 8. 당신의 어렸을 적 꿈은 무엇이었습니까?
☐ 9. 당신이 어렸을 때 살던 집의 특이한 점들은 어떤 것입니까?
☐ 10. 당신이 태극기를 볼 때, 당신의 감정적인 반응은 어떻습니까?
☐ 11. 횡단보도에서 신호등이 막 바뀌려고 할 때, 당신은 달려서 건너

갑니까, 아니면 천천히 서서 다음 신호를 기다립니까?
- [ ] 12. 성장기에 남들과 달리 독특하게 행동했던 것을 하나만 이야기 한다면 무엇입니까?
- [ ] 13. 당신이 지금까지 한 일들 가운데 가장 만족스럽게 느끼는 일은 무엇입니까?
- [ ] 14. 자신을 한 단어로 설명한다면 무엇입니까?
- [ ] 15. 당신에게 가장 인상적으로 기억되는 성경인물은 누구입니까? 그 이유는 무엇입니까?
- [ ] 16. 당신이 가장 좋아한 담임 선생님은 누구였으며, 이유는 무엇입니까?
- [ ] 17. 당신은 스트레스를 받거나 좌절감이 느껴질 때, 어떻게 합니까?
- [ ] 18. 당신의 생애를 가장 잘 대변해 주는 영화나 TV 드라마, 책은 무엇입니까?
- [ ] 19. 당신이 어렸을 때, 가장 좋았던 여름 추억은 어떤 것입니까?
- [ ] 20. 당신이 소그룹 모임을 통해서 얻고 싶은 것과 하고 싶은 것은 무엇입니까?

나눔을 위한 20가지 질문(5)

소그룹의 역할 분담을 위한 아래의 질문들 가운데 한두 가지를 선택하십시오. 먼저 물음을 읽고 각 사람들이 모두 잠깐 동안 대답을 합니다. 여러분의 소그룹 모임이 진행되는 동안 이 활동을 여러 번 다시 활용할 수 있으며 그때마다 어떤 물음을 나누었는지 체크 표시를 해두면 됩니다.

☐ 1. 당신에게 돈이 갑자기 필요해서 부업을 해야한다면, 어디에서 무슨 일을 하겠습니까?

☐ 2. 당신의 삶 속에 믿음의 씨앗을 심어준 사람은 누구입니까? 그 사람을 한 단어로 묘사해 보십시오.

☐ 3. 당신에게 힘을 주고 격려하는 것이 한 가지 있다면?

☐ 4. 당신은 이번 주에 어떠한 유혹(시험)을 받으셨나요?

☐ 5. 당신의 숨겨진 일면을 가장 잘 볼 수 있는 상황은 어떤 것입니까?

☐ 6. 당신이 일주일 동안 누군가의 입장이 되어 살 수 있다면, 누구의 입장이 되고 싶으며 그 사람을 선택한 이유는 무엇입니까?

☐ 7. 당신이 현재 가지고 있지 않은 한 가지 예술적 재능을 갖게 된다면 어떤 재능을 원하십니까?

☐ 8. 지금 당신의 생애에 관한 전기를 쓰고 있다고 상상해 보십시오. 전기의 제목은 무엇이 될 것이며 현재의 삶에는 어떤 소제목을 붙일 수 있을까요?

- ☐ 9. 당신이 역사적인 한 인물을 저녁 식사에 초대할 수 있다면 누구를 초대할 것이며, 그 이유는 무엇입니까?
- ☐ 10. 당신이 한 주 동안 누군가를 지켜주고 보호해 줄 수 있다면 누구를 보호해 주겠습니까?
- ☐ 11. 당신이 매일매일 하는 것 가운데 잠자는 시간을 제외하고 가장 많은 시간을 할애하는 것은 무엇입니까?
- ☐ 12. 당신이 원하는 것은 무엇이든 할 수 있고 돈도 문제가 되지 않는다면, 한 주 동안 당신은 무엇을 해보고 싶습니까?
- ☐ 13. 당신이 석 달 동안 동떨어진 오두막에서 혼자 생활한다면 무엇을 가지고 가겠습니까? (단, 성경 외에 단 하나의 비디오와 단 한 권의 책을 가지고 갈 수 있고 딱 한 사람을 데리고 갈 수 있습니다.)
- ☐ 14. 당신은 여가시간을 주로 어떻게 보내십니까?
- ☐ 15. 작년에 있었던 일들 가운데 가장 기억에 남는 일이 있다면 무엇입니까?
- ☐ 16. 당신이 오늘 하나님을 마주하게 된다면 그분께 가장 원하는 것이나 말하고 싶은 것은 무엇입니까?
- ☐ 17. 당신이 세계의 어딘가에 섬김을 실천하기 위해 간다면 어디를 가고 싶으며 그곳을 가고 싶은 이유는 무엇입니까?
- ☐ 18. 당신이 이번 주에 만난 사람 가운데(가족 포함) 자신에게 가장 좋은 인상을 남긴 사람은 누구인가요? 그 이유는 무엇입니까?
- ☐ 19. 당신의 신앙 성숙을 위해 현재 계획하고 있는 것은 무엇입니까?
- ☐ 20. 재벌들은 문어발식 경영을 함으로써 기업이 부실화 되었습니다. 당신의 삶에 있는 문어발은 무엇입니까?

나는 누구일까요?

   아래의 목록을 살펴보고 자신에게 해당하는 항목 다섯 가지를 골라서 표시를 해 보십시오. 모두가 표시하고 나면 각자 가지고 있는 교재를 펼쳐서 가운데에 쌓아 놓습니다. 쌓아 놓은 교재 가운데 다른 사람의 책을 돌아가면서 한 권씩 집어듭니다. 돌아가면서 자신이 집어든 책에 표시된 다섯 가지 항목을 읽어 주면 그것이 누구의 교재인지 맞추어 봅니다.

나는 누구일까요?
- ☐ 칭찬을 받으면 얼굴이 빨개진다.
- ☐ 나무나 화초와 이야기를 한다.
- ☐ 미팅에 자주 나간다.
- ☐ 잠깐이라도 시간이 나면 잠을 잔다.
- ☐ 찜질방에 가는 것을 좋아한다.
- ☐ 낯선 사람에게 망설임 없이 길을 묻는다.
- ☐ 샤워할 때 노래를 부른다.
- ☐ 혼자 여행하기를 즐긴다.
- ☐ 지퍼가 열린 사람에게 그 사실을 알려 준다.
- ☐ 신문의 경제면을 꼼꼼히 읽는다.
- ☐ 국을 훌훌 소리내어 마신다.
- ☐ 어려울 때를 대비해서 저축을 한다.
- ☐ 음악을 들을 때 볼륨을 최대로 한다.
- ☐ 자신의 나이를 속인다.
- ☐ 춤추기를 좋아한다.

☐ 심판에게 큰 소리로 항의한다.
☐ 영화를 보면서 눈물을 흘린다.
☐ 자신의 자동차를 직접 정비한다.
☐ 꽃향기를 맡기 위해 걸음을 멈춘다.
☐ 테니스를 즐긴다.
☐ 낮잠을 자면서 꿈을 꾼다.
☐ 공포영화를 보면서 눈을 감는다.
☐ 성에 관한 이야기가 나오면 대화를 피한다.
☐ 수박을 주먹으로 깨뜨린다.
☐ 신문에 개인적인 광고를 낸 적이 있다.
☐ 자녀에 대한 걱정거리가 있다.
☐ 첫 데이트라도 마음에 들면 손을 잡는다.
☐ 매일 아침 해야 할 일의 목록을 만든다.
☐ 간이 화장실은 이용하지 않는다.
☐ 게임할 때 속임수를 쓴다.
☐ 천둥번개 치는 것을 좋아한다.
☐ 휴가는 집에서 보낸다.
☐ 연애소설을 즐겨 읽는다.
☐ 편지를 주고받는 친구가 있다.
☐ 낱말 맞추기 퍼즐을 좋아한다.
☐ 곰인형을 끌어안고 잔다.
☐ 쉽게 사랑에 빠진다.
☐ 수술을 받은 적이 한 번도 없다.
☐ 고소공포증이 있다.
☐ 죽은 후 화장해 달라고 유언할 것이다.
☐ 번지점프를 즐긴다.
☐ 친구에게 건강이 안 좋아 보인다고 말한다.
☐ 무술(태권도, 유도, 검도 등) 유단자이다.
☐ 재미있는 이야기를 잘한다.
☐ 연속극을 열심히 본다.
☐ 학교에서 징계를 받은 적이 있다.

☐ 어두운 곳에서는 두려움이 생긴다.
☐ 신문을 들면 1면보다 만화를 먼저 본다.
☐ 일찍 잠자리에 든다.
☐ 축하카드나 연하장을 빼놓지 않고 보낸다.
☐ 기타를 칠 줄 안다.
☐ 식사보다 후식을 먼저 먹는다.

나는 어떤 향기를?

모든 사람에게는 스스로 말하지 않아도 그 사람만이 풍기는 이미지와 분위기가 있습니다. 이 분위기를 향기로 표현한다면 나는 사람들에게 어떤 향기를 풍기는 사람일 것 같은지 함께 나누어 보십시오.

☐ 아카시아 : 상쾌한 사람입니다.
☐ 허브 : 마음을 편하게 하는 사람입니다.
☐ 민트 : 어느 관계에서나 깔끔한 사람입니다.
☐ 커피향 : 모두에게 사랑받는 사람입니다.
☐ 계피향 : 호불호가 갈리는 사람입니다.
☐ 기타 : _____

나는 이렇습니다

그룹원들이 당신 잘 알 수 있는 기회를 드립니다. 아래의 대칭되는 설명 가운데 당신을 가장 잘 설명한 단어를 선택하시고 그것을 나누십시오.

1. 다소 충동적이다 / 계획적이다
2. 예민하다 / 둔감하다
3. 자신감이 있다 / 자신감이 부족하다
4. 겸손하다 / 자랑을 좋아한다
5. 성숙하다 / 미숙하다
6. 보수적이다 / 개혁적이다
7. 긍정적이다 / 비판적이다
8. 자발적이다 / 수동적이다
9. 터놓고 지내는 편 / 거리감을 두는 편
10. 정이 많다 / 쌀쌀맞다
11. 눈물이 많다 / 눈물이 적다
12. 친절하다 / 무뚝뚝하다
13. 융통성이 있다 / 원칙주의자다
14. 부지런한다 / 게으르다
15. 솔직하고 직선적이다 / 그렇지 않다
16. 야망이 크다 / 자신에 만족한다
17. 경쟁심이 많다 / 그렇지 않다
18. 화를 잘 낸다 / 화를 잘 참는다
19. 낙천적이다 / 비관적이다

나를 나타내는 Code

자신의 성격을 나타낼 수 있는 여러 가지 지표들이 아래 상자에 있습니다. 자신을 나타내는 지표들을 선정해 보시고 자신은 어떤 사람인지 함께 나누어 보십시오.(여러 개를 선택하셔도 무방합니다.)

성격지표	나를 나타내는 Code
외향적, 내향적, 현실적, 이상적, 사교적, 우발적(충동적), 감성적, 낙천적, 용감함, 외로움, 장난스런, 진지한, 책임감 강한, 온화한, 게으른	

나보다 나를 더 잘 아는 사람이 있다면...

 일반적으로 '나' 자신에 대해 가장 많이 알고 있는 사람은 바로 자기 자신입니다.
 그러나 때로는 나조차도 나에 대해 잘 모르는 것 같은 느낌이 들 때가 있습니다. 이런 느낌이 들 때 '나보다 나를 더 잘 아는 사람'을 찾아 나서고 싶은 것은 당연합니다. 나에 대해서 잘 모르겠다고 느껴질 때, 그래서 나보다 나에 대해 더 잘 아는 사람을 찾아가고 싶을 때는 언제이고, 이럴 때 혹시 찾아가는 사람이 있다면 누구인지 함께 나누어 보십시오.

**나에 대해서 잘 모르겠다고 느껴질 때는_____이고,
내가 찾아가는 사람은_____이다.**

나의 가능성을 인정한 사람

  자기를 이기는 사람이야말로 자기의 인생을 살리는 사람이라는 말이 있습니다. 아래의 질문을 보고 자신이 고쳐야 할 인생의 습관들이 무엇인지 함께 나누어 보십시오.

  1. 오늘 내가 한 일은 원래의 계획과 얼마나 일치했는가?

  2. 인생을 허비하게 하는 나쁜 습관은 무엇인가?

  3. 지난 한 주 내가 저지른 실수는 무엇인가?

나의 가족들

당신이 결혼하기 전의 가족들은 어떤 사람들입니까? 지금 현재의 가족들은 어떤 사람들입니까? 소그룹의 동료들이 당신의 가족들에 대하여 이해할 수 있도록 소개하는 시간을 가집시다. 영화 제목이나, 동화나 동요, 만화 가운데 당신의 가족들의 모습을 가장 잘 묘사해 주는 것을 선택합니다. 그룹원들에게 당신이 무엇을 선택했는지 소개하고 자신의 선택에 대하여 자유롭게 이야기해 보십시오.

1. 우리 가족이 영화에 출연한다면, _____이(가) 될 것이다.
   - ☐ 서편제
   - ☐ 람보
   - ☐ 스타워즈
   - ☐ 나 홀로 집에
   - ☐ 로미오와 줄리엣
   - ☐ 미워도 다시 한 번
   - ☐ 아빠의 청춘
   - ☐ 알라딘
   - ☐ 8월의 크리스마스
   - ☐ 인생은 아름다워
   - ☐ 시네마 천국

2. 우리 가족의 모습을 동화 속에서 찾는다면, _____에서 찾을 수 있다.
   - ☐ 헨젤과 그레텔
   - ☐ 콩쥐팥쥐
   - ☐ 벌거벗은 임금님
   - ☐ 제크와 콩나무
   - ☐ 잠자는 숲속의 미녀
   - ☐ 흥부와 놀부

3. 우리 가족에게 어울리는 노래는 _____이다.
□ 클레멘타인　　□ 엄마가 섬 그늘에
□ 아빠 엄마 좋아　□ 내 동생 곱슬머리
□ 곰 세 마리　　□ 향수(넓은 벌 동쪽 끝으로)
□ 꽃밭에서　　　□ 아빠와 크레파스

4. 우리 가족의 모습을 담고 있는 드라마(만화)는 _____이다.
□ 순풍산부인과　　□ 전원일기
□ 캔디　　　　　　□ 코스비 가족
□ 개구리 왕눈이　　□ 대추나무 사랑 걸렸네
□ 태조 왕건　　　　□ 짱구는 못 말려
□ 허준　　　　　　□ 엄마 찾아 삼 만리

나의 기념관

축하합니다! 막대한 기금을 운영하는 선한 양심을 가진 시민들의 위원회에서 당신의 기념관을 건립하기로 결정했습니다. 그 기념관 건물은 이미 완공되었고, 이제 당신이 전시할 자료들을 제공해야할 단계입니다.

기념관에는 다음과 같은 전시 코너가 마련되어 있습니다.

가문의 전통과 유산
어린 시절
학창 시절
청년 시절과 사랑
업적
영적인 삶
미래(공사중)

당신의 기념관의 각 방에 전시될 삶의 흔적들에 대하여 생각해 보십시오. " 미래"라고 이름 붙여진 방에 당신이 훗날 전시하고자 하는 것은 무엇입니까? 한 사람씩 돌아가면서 각자 자신의 기념관에 무엇을 전시할 것인지, 그 이유는 무엇인지 이야기합시다.

나의 기질

아래의 네 가지 기질 가운데 여러분의 기질 유형은 어느 것과 비슷합니까? 네 가지 기질에 대한 설명을 읽고, 자신에 대하여 묘사하고 있다고 생각하는 것 두 가지를 선택하십시오.

빈칸을 채워 문장을 완성하십시오.

나는 대체적으로 _____유형이고 _____유형도 조금 가지고 있다.

쾌활형 : 사람 중심. 따뜻하고 외향적이며 사회적임. 훌륭한 응원단장, 외판원. 파티와 쇼핑을 즐기고, 사람들과 함께 하는 일은 무엇이든 좋아한다.

의지형 : 과제 중심. 의지가 강하고 타고난 리더형. 도전을 즐기고 책임감이 강함. 일을 잘 벌이고, 승부를 좋아하며 기회를 놓치지 않는다.

우울형 : 감정 중심. 예민하고 내성적이며 창조적이고 예술적이다. 평화와 고요를 사랑하고, 꿈꾸기를 즐긴다. 자신을 시로 표현할 줄 아는 작가.

냉정형 : 조직 중심. 믿음직스럽고 지조 있고 조직적인 사람. 일을 잘마무리 짓고 수완이 뛰어나다. 깔끔하게 정돈된 방과 깨끗한 자동차를 좋아하며 서로 대립해 있는 사람들 사이를 중재한다.

나의 관심사

하루 중 자신이 가장 많이 시간을 보내는 곳이 바로 내가 가장 가치를 두고 무게중심을 두는 곳입니다. 쉬는 시간에 가장 많이 이용하는 사이트, 앱(App), 접하는 정보 등은 어떤 종류가 있습니까? 함께 나누어 보십시오.

- 자주 이용하는 사이트 :

- 자주 이용하는 앱(App) :

- 자주 찾아보는 정보 :

- 하루에 (   )분씩 접속합니다.

나의 역할

사람들은 저마다의 삶 속에서 여러 가지 역할들을 가지고 책임을 다해 살아가고자 합니다. 여러분은 어떤 역할들을 감당하고 있나요? 아래의 여러 역할 중에서 자신의 삶 속에서 맡고 있는 모든 역할들을 체크해 보십시오. 그리고 이후에 필요하다면 새로운 추가 질문도 함께 나누어 보십시오.

나의 역할은 _____ 이다.

☐아버지   ☐어머니
☐자가용 운전자   ☐소그룹멤버
☐남편   ☐납세자
☐직장인   ☐아내
☐교회의 등록교인   ☐며느리(사위)
☐친목회회원   ☐시부모
☐애완동물의 주인   ☐학생
☐장인(장모)   ☐고용주
☐자원봉사자   ☐기타:

1. 이 역할들 가운데 가장 즐거운 것은 무엇입니까?
2. 가장 도전을 주는 것은?
3. 가장 좌절감을 일으키는 것은?

나의 인간관계

사람들과의 관계를 어떻게 이끌어 가십니까? 가족, 직장동료, 친구들, 교회성도들 등 관계의 영역 가운데서 한 가지를 선택하신 후 그 영역 속에서 자신의 행동을 가장 잘 묘사하는 것을 선택한 후 함께 나누어 보십시오.

☐가족 ☐친구 ☐교회 공동체 ☐직장(학교) ☐기타:

☐산타클로스 : 나는 언제나 주기만 하는 사람
☐귀여운 아기 곰 인형 : 나는 그저 편안한 사람이다.
☐아웃사이더 : 나는 항상 반골 기질이 있다.
☐램프의 요정 : 원하는 것은 무엇이든지 들어드립니다.
☐왕따 : 나는 모든 사람의 놀림감이다. 완전히 실패했다.
☐미키마우스 : 나는 귀가 커서 누가 무슨 이야기를 하든지 잘 들어준다.
☐신발털이 매트 : 사람들이 나에게 자기들 신발에 묻은 흙을 털어놓는다.
☐불곰 : 조심하지 않으면 물리는 수가 있어!
☐감초 : 내가 빠지면 되는 일이 없지?

나의 증권시장

당신이 "공익주식회사"라는 국영기업의 최고경영자가 되었다고 가정해 봅시다. 그 회사의 주주는 어떤 사람들일까요? 누가 당신에게 투자를 하겠습니까? 그 회사에서 구조조정을 단행한다면, 가장 고통받을 사람은 누구입니까? 만일 그 회사의 주식을 3:1로 평가절하시킨다면, 가장 항의할 사람은 누구입니까?

당신은 창업지분으로 1,000주를 할당받았습니다. 당신이 할당받은 주식을 나누어 준다면 어떻게 배분할 것인지 아래의 목록에 해당되는 이름을 적고 사람들에게 이야기합니다. 당신이 할당받은 주식이 총 1,000주라는 것을 기억하십시오.

1. 나의 배우자(또는 그만큼 중요한 사람)에게 _____주
2. 나의 직장 동료에게 _____주
3. 나의 자녀에게 _____주
4. 나의 부모에게 _____주
5. 나의 친구에게 _____주
6. 나의 취미 활동 모임에 _____주
7. 나의 애완동물에게 _____주

나의 첫 경험

기억의 상자를 열고 당신의 과거를 조금만 보여 주십시오. 아래의 "맨 처음"항목에서 2-3가지를 골라서 대답을 하고 당시의 상황을 함께 나누십시오.

1. 맨 처음 사랑한 사람은?
2. 맨 처음 데이트했던 때는?
3. 맨 처음 삶의 고뇌를 느꼈던 때는?
4. 맨 처음 부모님의 고마움을 느꼈던 때는?
5. 맨 처음 혼자 버스를 탔던 때는?
6. 맨 처음 마음이 담긴 선물을 했던 때는?
7. 맨 처음 운전했던 때는?
8. 맨 처음 보호자 없이 여행했던 때는?
9. 맨 처음 몸싸움을 해봤던 때는?
10. 맨 처음 했던 미팅은?
11. 맨 처음 집 밖에서 일해서 돈을 벌었던 때는?
12. 맨 처음 크게 다쳤던 기억은?
13. 맨 처음 요리했던 음식은?

나이가 들수록(1)

사람은 나이가 들수록 경험이 쌓여가면서 더 지혜로운 사람이 되어갑니다. 아래의 물음에 대답하면서 나이가 들면서 변화되는 것에 대하여 서로 이야기를 나누십시오.

1. 어린 시절 당신의 영웅은 누구였습니까? 그 이유는 무엇입니까? 지금 우리의 소그룹 가운데 어린 시절 당신의 영웅과도 같은 역할을 보여주는 사람은 누구입니까?
   - ☐ 로보트 태권V
   - ☐ 이순신 장군
   - ☐ 다윗왕
   - ☐ 우리 동네 골목대장
   - ☐ 세종대왕
   - ☐ 마징가 제트
   - ☐ 원더우먼
   - ☐ 서부영화의 주인공
   - ☐ 솔로몬
   - ☐ 뽀빠이
   - ☐ 홍길동
   - ☐ 대통령
   - ☐ 김일
   - ☐ 우리 아버지
   - ☐ 차범근
   - ☐ 수퍼맨
   - ☐ 손기정
   - ☐ 타잔
   - ☐ 김구 선생님
   - ☐ 독수리 5형제

2. 성숙한 어른이 된 나에게 소그룹은 _____곳이다.
   □ 마음 편히 놀 수 있는   □ 기분 전환을 할 수 있는
   □ 용기를 얻을 수 있는   □ 내 모습이 왜소하게 보이는
   □ 보다 진지해질 수 있는   □ 지루하고 짜증나는
   □ 만족감을 얻을 수 있는   □ 감상적이 되게 하는
   □ 걱정거리를 만들어 주는 □ 별난 사람으로 만드는
   □ 후회하게 만드는   □ 근심걱정이 없어지게 하는
   □ 웃음을 주는   □ 추억에 잠기게 하는
   □ 책임감과 영향력에 대하여 생각하게 하는
   □ 다른 사람들에 대하여 생각하게 해주는

3. 나이가 들어가면서 나를 가장 괴롭히는 것은 _____이다.
   □ 치솟는 물가에도 오르지 않는 봉급
   □ 노안용 두 초점 안경
   □ 건강에 대한 염려
   □ 신세대 문화를 이해할 수 없는 것
   □ 신경통, 편두통 등 고질병
   □ 만성피로와 무력감
   □ 실직이나 사업 실패에 대한 걱정
   □ 자녀교육의 어려움

나이가 들수록(2)

　나의 인생을 되돌아 보는 것은 소그룹 구성원들이 함께 나눌 수 있는 아주 귀한 일입니다. 돌아가면서 다음 항목에 대한 당신의 대답을 그룹원들과 함께 나누십시오.

1. 내가 진실로 그리워하는 한 가지는 _____입니다.
   - ☐ 석탄난로
   - ☐ 채소를 뜯는 일
   - ☐ 옥외변소
   - ☐ 토끼 털가죽으로 만든 모자
   - ☐ 깨끗한 거리
   - ☐ 우등고속버스
   - ☐ 두툼한 내복
   - ☐ 집에서 만든 도너츠
   - ☐ 상고머리
   - ☐ 현대자동차- 포니
   - ☐ 기와집
   - ☐ 유리로 만든 우유병
   - ☐ 방학
   - ☐ 깡통차기
   - ☐ 만화보기
   - ☐ 기타

2. 만일 내가 다시 되돌아갈 수 있다면 작년을 _____ 보내고 싶다.
   - ☐ 퇴직자 동우회에서
   - ☐ 오토바이를 타며
   - ☐ 시골을 여행하며
   - ☐ 내 집에서
   - ☐ 골프를 치며
   - ☐ 내 자식들과

☐ 위대한 소설을 쓰며   ☐ 직장에서 열심히 일하며
☐ 매일 밤 춤을 추며   ☐ 새로운 도전을 하며
☐ 나의 공동체에 대한 기득권을 포기하고
☐ 기타 :

3. 내가 앞으로 이루고 싶은 내 마음 속에 항상 자리잡고 있는 꿈은 _____입니다.
☐ 책을 내는 것
☐ 평화봉사단에서 봉사하는 것
☐ 나의 스튜디오를 운영하는 것
☐ 사무실을 운영하는 것
☐ 나의 교회에 헌신하는 것
☐ 나의 공동체를 위하여 긍정적인 어떤 일을 하는 것
☐ 어떤 새로운 일을 배우는 것
☐ 어떤 것을 발명하는 것
☐ 기타

날씨 어때요?

여러분의 삶 속에 있는 여러 가지 다른 영역들에 대해서 생각해 보십시오. 그 가운데 세 가지 영역을 선택하고 그 영역의 상태가 아래에 나와 있는 각 월별 날씨 가운데 어떤 날씨에 해당되는지 표시하고 그룹원들에게 이야기하십시오. 왜 그렇게 선택했는지에 대해서 설명하는 것은 부담 갖지 않으셔도 됩니다.

☐ 애정   ☐ 직업   ☐ 우정
☐ 금전   ☐ 영성   ☐ 가족
☐ 감정   ☐ 신체   ☐ 모든 것

1월 : 춥고 눈은 내리지만 새로운 한 해가 시작되었다.

2월 : 새해의 결심이 벌써 무너지기 시작하고 나는 조금씩 지쳐간다.

3월 : 아직은 춥고 바람이 매섭지만 서서히 봄기운이 도는 것은 느낀다.

4월 : 모든 것이 들뜨고 동요되지만 내 인생은 여기저기 상처투성이다.

5월 : 이제 완연한 봄이다. 꽃이 피고, 새가 울고, 바람은 따뜻하다.

6월 : 따뜻하고 느긋해지는 날들이다. 초목이 자라고 녹음이 우거진다. 마음은 벌써 여름 휴가를 기다린다.

7월 : 너무 덥다. 모든 것이 검게 그을리고 지쳐서 어깨가 무겁다.

8월 : 한바탕 태풍이 불고 빗줄기가 세차게 퍼붓고 있지만 이 고비만 넘기면 시원한 가을추수가 다가올 것이다.

9월 : 어느덧 시원한 바람이 불고 제법 가을이 느껴진다. 하늘이 점점 높아져 간다.

10월 : 가을이 무르익고 있다. 동물들은 겨울나기를 준비하지만, 산과 들은 아름다운 채색으로 불탄다.

11월 : 낙엽이 모두 져버리고 날씨가 추워지고 있다.

12월 : 날씨는 춥고 풍경은 황량하지만, 성탄 트리의 불빛과 캐롤송이 우리의 마음을 따스하게 해준다.

내 인생의 최고 대상

　지금은 여러분 자신이 선정한 최고 대상을 수여하는 시상식입니다. 여러분은 자신의 삶 속에서 만난 최고의 사람이나 최고의 것들에게 상패를 수여할 수 있습니다. 여러분의 삶 속에서 최고는 무엇이었는지 생각해 보고 아래에 기록해 봅시다. 한두 가지를 선택해서 다른 사람들에게 이야기하고, 나에게 특별한 의미를 가진 이유는 무엇인지 이야기 해 보십시오.

1. 내가 어렸을 때 최고의 친구는＿＿＿＿＿＿＿＿＿＿＿＿＿
2. 내가 만난 최고의 선생님은＿＿＿＿＿＿＿＿＿＿＿＿＿＿
3. 내가 가졌던 최고의 직업(일)은＿＿＿＿＿＿＿＿＿＿＿＿
4. 내가 만난 최고의 상관(상사)은＿＿＿＿＿＿＿＿＿＿＿＿
5. 내가 가지고 놀던 최고의 장난감은＿＿＿＿＿＿＿＿＿＿
6. 내가 속했던 학창 시절 최고의 학급은＿＿＿＿＿＿＿＿＿
7. 내가 본 최고의 책이나 영화는＿＿＿＿＿＿＿＿＿＿＿＿
8. 내가 타 본 최고의 자동차는＿＿＿＿＿＿＿＿＿＿＿＿＿
9. 내가 보냈던 최고의 휴가(방학)는＿＿＿＿＿＿＿＿＿＿＿
10. 내가 함께 한 최고의 이웃은＿＿＿＿＿＿＿＿＿＿＿＿

내가 꿈꾸는 생활

아래의 원 그래프에 당신의 현재 삶의 시간표를 그려 보십시오. 다른 그래프에는 당신이 꿈꾸는 생활을 그려 보십시오.
(원 안의 숫자는 하루 24시간을 의미합니다.)

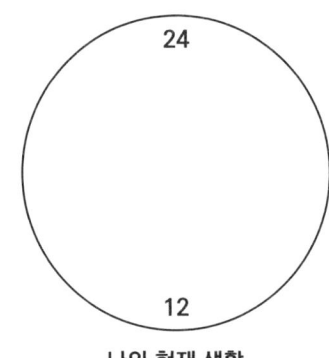

나의 현재 생활

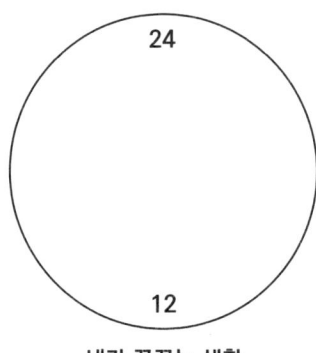

내가 꿈꾸는 생활

내가 다니는 학교는...

  당신에게 학교는 어떤 곳인지 나누십시오. 아래의 설명 가운데 당신이 경험한 학교 생활을 가장 잘 묘사한 것 한 가지를 고르고 그것을 그룹원들과 나누십시오.

스캔들
학생들은 학교에서 들을 수 있는 염문을 아주 재미있어 합니다.

왕따
학생들은 한 사람을 정해서 왕따시키는 것을 즐깁니다.

패션쇼
학생들은 사람들의 외모에 관심이 많습니다.

스포츠 스타
우리 학교는 스포츠 행사가 많고 스포츠 스타도 주목받습니다.

탐정
학교의 모든 사람들은 학생들이 몰래 하는 여러 가지 일에 관심이 많습니다.

꿈의 도시

학교는 우리의 꿈을 실현해 줄 수 있는 곳이라고 생각합니다.

시계추

나는 별 생각 없이 그저 열심히 다닐 뿐입니다.

국가고시

학교는 항상 나에게 어려운 것을 강요하는 도전적인 곳입니다.

전쟁터

학교에서는 매일 분쟁이 있어서 전쟁터 같습니다.

학습 공장

학교는 모든 것을 배울 수 있는 좋은 곳입니다.

가족 공동체

학교 사람들은 너무 친숙해서 마치 가족 같습니다.

왕초

학교에서 나의 주된 활동은 서열 정리, 군기 잡기 입니다.

내가 붙잡은 인생의 말씀은?

후회 없이 멋지게 살아가기 위해서 사람들은 인생 좌우명이나 사명선언문을 가지고 있습니다. 예수님께서 자신의 생애를 온전히 드렸던 것처럼 그리스도인들은 시간을 허비하지 않고 하나님의 뜻대로 살기 위해 최선을 다해야 합니다. 그렇다면 나에게 항상 도전을 주고 용기를 주는 말씀은 어떤 것인지, 그리고 그것을 실행하기 위해 어떤 각오를 가지고 있는지 함께 나누어 봅시다.

내가 붙잡은 인생의 말씀은 _____이며,

말씀에 따라_____를 실천합니다.

내가 실패하지 않을 것을 전제한다면...

때때로 우리는 실패에 대한 두려움 때문에 새로운 일을 시도하지 못하거나 어떤 일을 이루기 위한 노력을 포기합니다. '실패하지 않을 것을 전제'하고 당신 삶 속에서 하고 싶은 것이 있다면 어떤 것인지 함께 나누어 보십시오.

내가 실패하지 않을 것을 전제한다면...

1. 나는 우리 가족을 위해 이런 일을 하고 싶습니다.
   _____

2. 나는 직장이나 학교, 내가 소속한 공동체에서 이런 일을 꼭 해보고 싶습니다.
   _____

3. 나는 지금 우리 교회를 위해 이런 일을 하고 싶습니다.
   _____

4. 나는 하나님을 위해 이것을 하고 싶습니다.
   _____

내가 원하는 관계

원래 관계 지향적으로 창조된 사람은 언제나 다양한 관계를 통해서 힘과 위로를 받습니다. 이번 한 주간 여러분에게 가장 필요했던 관계는 어떤 사람입니까? 아래에 제시된 내용을 참고로 해서 당신의 생활에 필요했던 관계를 표시하고 구성원들과 그 이유를 함께 나누어 보십시오.

□ 큰형(오빠) : 나는 내가 위협을 느끼거나 어떤 일이 잘 되지 않을 때 나를 보호해 줄 누군가가 필요합니다.

□ 기도 친구 : 신실하고 의지할 수 있는 사람으로 내가 믿고 같이 기도할 수 있는 사람이 필요합니다.

□ 아빠 같은 사람 : 나에게는 아빠 같이 되어 줄 사람이 필요합니다. (아빠가 되어 준다는 것이 무엇인지는 모두 알 수 있을 것입니다.)

□ 결점을 이야기 해 줄 사람 : 나는 나에게 도전을 주고 나의 선택과 신념까지 도전을 줄 수 있는 사람이 필요합니다.

☐ 할아버지, 할머니 같은 사람 : 나는 삶의 지혜와 성숙에서 오는 유
익을 줄 수 있는 나이 많은 어르신이
필요합니다.

☐ 큰언니(누나) : 나를 격려해 주고 안내해 줄 친밀한 언니 같은 사람
이 필요합니다.

☐ 막역한 친구 : 나는 나를 이해해 주는 나와 함께 할 수 있는 친구가
필요합니다.

☐ 엄마 같은 사람 : 나를 사랑해 주고, 양육해 주고, 중요한 결정을
할 때 나를 도와줄 엄마 같은 사람이 필요합니다.

☐ 기타 : _____ / 이유 : _____

내가 좋아하는 물건

　당신을 설명하기 위해 방 안에 있는 물건 가운데 하나를 선택하십시오. 당신이 진리를 밝히는 것을 좋아한다면 전등을 선택할 수 있습니다. 당신이 사람들에게 힘을 주기 원한다면 전기 코드를 선택할 수 있습니다. 또 당신이 사람들을 깨우기 원한다면 커피 메이커를 선택할 수 있습니다. 당신이 원하는 것을 선택하고, 그 이유를 그룹원들에게 차례대로 설명하십시오.

내가 하는 일은...

당신이 하는 일은 잘 되고 있습니까? 가사일을 하더라도 협조가 이루어집니까? 아니면 혼자 합니까? 당신의 일에 대한 적합한 묘사는 무엇입니까? 아래의 설명 가운데 당신의 일을 가장 잘 묘사한 것을 선택하시고, 그것을 그룹원들과 나누십시오.

오르막 전투
나는 늘 뒤에 쳐져서 뒤쫓아가고 있습니다.

실험실
나의 일은 활기 넘치고 창의적입니다.

압력솥
스트레스로 터질 지경입니다.

잡담공장
부질없는 세상 이야기가 없다면 우리의 할 일도 없어집니다.

금방 얼은 연못
나는 항상 외곽에만 있습니다. 가운데로 들어가면 빠지거든요.

페인트 말리기
나의 일은 페인트가 마르기를 기다리는 것처럼 지루합니다.

100미터 달리기
나는 동료들과 경쟁하느라 항상 지쳐 있습니다.

떡 먹기
내 일은 너무 쉬워서 누워서 떡 먹기입니다.

주장 선수
모든 사람들이 옳은 결정을 하기 위해 항상 나를 의지합니다.

놀이 공원
나는 내 일이 너무 신나서 돈을 받는다는 것이 미안할 지경입니다.

국립 박물관
나는 내 일이 중요하고 의미 있는 것이기에 자부심을 갖습니다.

얼음집의 에어콘
내가 일하는 대부분의 시간은 정말 무의미해 보입니다.

내게 행복을 주는 사람

인생길이 어렵고 힘들어도 누군가가 함께 있었기에 오늘의 모습이 있었을 것입니다. 아래의 목록에서 나에게 행복을 주는 사람을 설명하기에 적당한 모습은 어떤 모습 이였나요? 가장 잘 설명해주는 것 한 가지를 선택하고 그 사람을 떠올리면서 감사의 마음을 나누어 보십시오.

☐ 야생 독수리: 영적인 날개를 발견하고 독수리처럼 영적으로 높이 날도록 도와주었다.

☐ 행복한 하마: 하나님의 사랑이라는 따뜻한 빛 속으로 나와 이 빛을 쪼일 수 있도록 도와주었다.

☐ 날랜 표범: 나의 결점을 객관적으로 볼 수 있도록 도와주었다. 그리고 현재 그대로의 내 모습을 받아 주었다.

☐ 밀림의 코끼리: 내가 흥미진진한 신앙생활을 시작하도록 도와주었다.

☐ 화려한 공작: 그리스도가 창조한 새로운 나, 즉 아름답고 특별한 나를 발견하도록 도와주었다.

☐ 장난꾸러기 돌고래: 나 자신의 문제들을 발견해서 개선해주고, 내

가 혼자가 아님을 깨닫도록 도와주었다.

☐ 사랑에 빠진 타조: 내가 모래 밖으로 얼굴을 내밀고 삶을 누릴 수 있도록 도와주었다.

☐ 꺽다리 기린: 내가 머리를 높이 들고 내 신앙에 자부심을 느끼도록 도와주었다.

☐ 포효하는 사자: 내가 믿는 바를 옹호하고 내 믿음을 당당히 주장할 수 있도록 도와주었다.

☐악천후 속의 오리: 내가 겪고 있는 삶의 폭풍을 감사하고, 빗속에서도 노래할 수 있도록 도와주었다.

네 가지 기질

아래의 네 가지 기질 가운데 당신의 기질 유형은 어느 것과 비슷합니까? 빈칸을 채워 문장을 완성한 후 함께 나누어 보십시오.

나는 대체로 _____ 유형이고 _____ 유형도 조금 가지고 있다.

☐ 쾌활형 : 따뜻하고 외향적이며 사회적
☐ 의지형 : 의지가 강하고 타고난 리더형
☐ 우울형 : 예민하고 내성적이며 창조적
☐ 냉정형 : 믿음직스럽고 지조 있고 조직적

능력있는 사람들

우리 주위에는 특별한 의미를 갖는 사람들이 있습니다. 당신의 삶에도 커다란 영향을 미친 사람들이 있습니다. 아래의 목록에는 여러 가지 다양한 모습의 "능력 있는" 사람들이 있습니다. 아래의 빈칸에 당신의 삶에 영향을 미친 사람들의 이름을 생각나는 대로 기록해 보십시오.

1. 청취자_____
나를 설득하려 하지 않고 언제나 내가 말하지 않고는 견딜 수 없도록 이야기를 잘 들어주는 사람

2. 도전자_____
내가 자기 만족에 빠져 있을 때에도 나의 잠재력을 끌어내고 최선을 다하도록 이끌어 주는 특별한 사람

3. 충고자_____
내가 듣기 싫어하는 것까지 이야기할 정도로 나를 사랑하는 사람

4. 격려자_____
내가 사물의 긍정적인 면을 볼 수 있도록 도와주는 사람

5. 기도 동역자_____
내가 하나님께 기도하러 올라갈 때 신뢰하고 함께 동행할 수 있는 사람

6. 역할 모델_____
나의 행동, 개성, 평판까지 닮으려고 애쓰는 사람

7. 영적 스승_____
나를 그의 날개 밑에 품고 인생의 여정을 안내해 주는 사람

8. 영감을 주는 사람_____
나의 영성을 끌어 올려주고 모든 것이 하나님의 다스림 속에 있음을 기억하게 해주는 멋진 사람

9. 위로자_____
나의 삶이 통제할 수 없이 꼬여갈 때 나로 하여금 평정을 되찾게 해주는 사람

10. 놀이 동무_____
나로 하여금 모든 일을 즐겁게 해낼 수 있도록 내 안의 동심을 불러 일으키는 사람

11. 꿈쟁이_____
나의 꿈에 대하여 들어주고 인정해 주는 특별한 사람

소그룹 모임을 마무리하는 시기에 서로에 대한 긍정적인 생각을 갖도록 이 마음열기를 활용할 수 있습니다. 빈칸에 소그룹 멤버들 가운데 당신에게 그러한 영향을 미친 사람의 이름이나 또는 그럴 수 있으리라 생각되는 사람들의 이름을 적어 넣으면 됩니다.

달콤한 열매

아래에 있는 성령의 열매 가운데 함께하는 그룹 구성원들이 삶속에서 보여주는 것으로 적합하다고 생각하는 열매에 구성원들의 이름을 기록한 수 왜 그 열매에 이름을 적었는지 함께 나누어 보십시오.

_____사랑의 주스 : 달콤하고 생기가 넘쳐서 항상 사람들을 흡족하게 해줍니다.

_____희락의 잼 : 당신의 말과 행동하는 모든 것이 행복과 기쁨을 나누어 줍니다.

_____화평의 과일 샐러드 : 당신의 섬김과 모든 행동은 더할 나위 없이 좋습니다.

_____인내의 수박 : 하나님을 늘 기대해야 할 때, 인내로 무르익는 수박과 같습니다.

_____자비의 메론 : 우리는 늘 당신이 사려 깊다는 것을 느끼고 있습니다.

_____양선의 귤 : 당신의 행동은 우리에게 모범이 됩니다.

_____충성의 사과 : 당신은 마치 하나님께서 당신 앞에 계신 것처럼 삽니다.

_____온유의 배 : 다른 사람의 감정을 배려하는 아름다운 마음을 가졌습니다.

_____절제의 포도 : 포도 한 알 한 알을 맺어내는 것과 같은 절제로 아름답습니다.

당신의 한 주는(날씨와 커피)

여러분은 어떤 한 주를 보내셨습니까?

1. 지난 주간의 당신의 기분을 날씨로 묘사해 보십시오. 그리고 왜 그렇게 표현했는지 설명해 보십시오.

   월____ 화____ 수____ 목____ 금____ 토____

2. 당신이 보낸 지난 한 주를 커피에 비교한다면 어떤 커피였을까요? 왜 그것을 선택했는지 말씀해 주십시오.

   ☐ 평범한 자판기 커피
   ☐ 향긋한 헤즐넛 커피
   ☐ 연인같은 카푸치노 커피
   ☐ 시원한 냉커피
   ☐ 김빠진 식은 커피
   ☐ 씁쓸한 블랙 커피
   ☐ 짬뽕맛 커피

당신은 누구십니까?

당신은 평소에 가족들과 대화를 자주 하는 편인가요? 아래의 지문을 통해 가족 간의 대화 친밀도를 테스트해 보십시오.

☐ 가족에게 깊이 생각하지 않고 말을 내뱉은 적이 있다.
☐ 기분이 상하거나 화가 날 때 가족에게 그 이유를 설명하지 않는 편이다.
☐ 가족보다는 친구나 다른 사람과 대화를 잘하는 편이다.
☐ 가족이 말할 때 말을 중단시키거나 질문을 하는 경우가 있다.
☐ 가족이 이야기를 듣는 것이 짜증날 때가 있다.
☐ 가족의 말을 듣다가 충고나 해결책을 말하는 경우가 있다.
☐ 가족과 대화를 나누다가 싸움으로 끝나는 경우가 있다.
☐ 가족과 싸움이 날까봐 일부러 져준다.
☐ 의견이 대립되면 가족을 설득하려 하거나 비난하는 경우가 있다.

*2개 이상이라면 '가족대화법'을 연습해야 합니다.

당신이 더해 준 풍미는…

이 활동은 여러분 그룹을 특별하게 만든 사람들을 칭찬해 주기 위해 마련되었습니다. 사람들이 그룹에 첨가해 준 풍미를 생각하면서, 다음 목록에 나오는 음식 옆에 각 그룹 구성원의 이름을 씁니다. 그리고 나서 한 사람을 세우고 다른 사람들은 이 사람에게 해당되는 것을 설명합니다. 모든 구성원에 대해 이러한 과정을 반복합니다.

_____캐비어 : 탁월하고 귀족적인 풍미, 우리를 우아하게 만든다.

_____엉겅퀴 : 부드럽고 섬세하며 상처받기 쉽다. 진정한 나눔의 욕구를 자극한다.

_____고급 치즈 : 독특하고 깊은 맛이 있다.

_____이탤리언 드레싱(식초와 식용유가 주원료) : 새콤하고 신선하다. 톡 쏘는 맛이 샐러드에 독특한 맛을 준다.

_____프렌치 패스츄리 : 매혹적인 맛, 최고의 디저트, 식사를 마치는 미식가들에게 기쁨을 준다.

_____꿩 요리 : 길들여지지 않은 아주 독특한 맛. 색다른 음식을 시식하길 즐기는 특별한 사람들을 위한 희귀한 음식

_____한 병의 와인: 톡 튀며 생기 가득하고 유쾌하다.

_____식용 달팽이와 굴: 껍질을 가진 바다의 보물

_____싱싱한 과일 : 밭에서 막 따와서 싱싱하며 에너지로 가득하다. 입맛을 돋운다.

_____촛대 : 부드러운 빛을 발한다. 화려하면서 아늑하고 낭만적인 분위기를 만든다.

_____소갈비 : 견고하고 먹으면 속이 든든하다. 푸짐한 주 요리. 누구나 군침이 돌게 만들고 영양 만점.

_____지중해 춤 : 자연스럽고 열정적이고 즉흥적이다. 영혼에 생기를 주는 오락이다.

_____이탈리안 아이스크림 : 화려한 색, 풍부하고 감미로운 맛, 저지방, 우리 그룹 사람들을 천진난만하게 만들고 한 번씩 깜짝 놀라게 한다.

당신을 위한 선물

아래에 많은 선물 그림이 있습니다. 누가 그 선물을 받게 될까요? **바로 당신입니다!** 위 부분에 당신의 이름을 적고 종이를 돌리십시오. 다른 사람의 종이를 받으면 그 종이의 주인에게 주고 싶은 선물을 그리거나 상자에 내용을 써넣은 후 꼬리표에 선물을 주는 사람의 이름을 기록하십시오. 그리고 왜 그 선물을 준비했는지 이유를 함께 나누어 보십시오.

Icon made by Freepik from www.flaticon.com

닮은꼴 찾기

사람은 누구나 유전적으로 자신의 부모와 닮게 되어 있습니다. 그리고 그 닮음의 정도는 시간이 지나감에 따라 외적인 부분 뿐 아니라 내면적인 요소들도 서서히 닮아가게 됩니다. 자신을 볼 때 부모님을 빼닮은 모습에는 어떤 것이 있습니까? 외적인 부분 뿐 아니라, 내면적인 것, 행동 등 부모의 닮은꼴이 되어가는 자신의 모습을 함께 나누어 보십시오.

외모적인 부분 _____

내면적인 부분 _____

행동들 _____

대신 대답해주기

이것은 새로운 그룹이나 기존의 그룹에 새 멤버들이 동참했을 때 적합한 활동입니다. 먼저 두 사람이 한 쌍을 이루어 아래의 질문들에 대답하는 시간을 가지십시오.

1. 이름이 무엇입니까?

2. 주로 하는 일은 무엇입니까?(직업, 학교 생활 등)

3. 일곱 살 때, 당신의 가족들의 모습을 설명해 보십시오.

4. 최근에 당신이 본 영화나 TV 프로그램 가운데 가장 좋았던 것은?

5. 당신이 이 모임에 참여하게 된 이유는?

모든 그룹원들이 다같이 모입니다. 먼저 한 팀이 나가서 자신들의 이름을 밝힙니다. 다른 그룹원들이 아래의 질문들 가운데 세 가지를 그들에게 묻습니다. 질문에 본인이 대답하는 대신, 짝을 이룬 상대가 파트너와의 대화를 토대로 추측해서 대답합니다. 세 가지 질문에 대한 대답을 마친 후, 본인은 파트너의 답이 얼마나 정확했는지를 밝힙니다.

1. 이 분이 세계의 어느 곳으로든 여행을 갈 수 있다면, 어디를 가겠습니까?

2. 이 분의 생활 신조는 무엇입니까?

3. 이 분의 취미는 무엇입니까?

4. 이 분이 좋아하는 TV 프로그램 종류는 어떤 것일까요?

5. 이 분이 좋아하는 음료수는 어떤 종류일까요?

6. 이 분이 1년 중 가장 좋아하는 절기나 휴일은 언제일까요?

7. 이 분이 가장 좋아하는 음식은 어떤 종류일까요?

8. 이 분은 친구를 사귈 때 어떤 점을 볼까요?

도로 표지판

아래의 도로 표지판 중에서 자신의 삶을 가장 잘 나타낸 것은 무엇입니까? 한 가지씩 고르고 왜 그것을 선택했는지 한 사람씩 나누게 하십시오.

돈과 나

당신의 경제적인 습관은 어떻습니까? 우리가 돈을 사용하는 모습은 다양합니다. 아래의 단어와 설명들을 보고 당신의 돈과 재정 관리를 가장 잘 묘사한 것을 하나 고르십시오. 그리고 자신의 대답을 그룹원들과 나누십시오. 이 문제에 대한 논의는 그룹원들에게 도움이 될 것입니다.

주사위 놀이
나는 다소 아슬아슬한
재정적인 결정도
잘 합니다.

현미경
나는 100원도 함부로
쓰지 않고 돈을 잘
관리합니다.

돈은 곧 당근
나는 사람들이 내가
원하는 일을 하게
만들 때 돈을
사용하곤 합니다.

꽉 다문 조개
누구도 내 돈에 손을
댈 수는 없습니다.
내 보물입니다.

이불 속에
나는 돈 문제를 이불
속에 감추어 놓습니다.
신경쓰고 싶지
않거든요.

쇼핑 광
돈을 가장 잘 사용하는
길은 역시 물건들을
사 두는 것입니다.

먹고 먹히는 투자
나는 증권
중독자입니다.
은행보다는 증시가
좋습니다.

빚더미
나는 빚이 너무 많아서
빚더미에 깔려있는
느낌입니다.

회계원
나는 잘 조절해서 돈을
쓰고 주로 가정을 위해
사용합니다.

황금 손
돈을 버는 것이 내
최대의 관심사입니다.
다소 비용이 들더라도
감수해야지요.

깨진 쪽박
내가 얼마를 벌든 문제가 되지
않습니다.
돈이 늘 사라져 버리는 것
같습니다.

행복한 은둔자
나는 돈이 없어도 행복하다는
것을 알았습니다.
돈은 진정한 행복을
가져다 주지 못합니다.

Icon made by Freepik from www.flaticon.com

돈과 성공

사도 바울은 "돈을 사랑하는 것이 일만 악의 뿌리"(디모데전서 6:10)라고 말했습니다. 돈이 우리의 삶에 커다란 힘을 발휘할 수 있다는 것은 의심할 여지가 없습니다. 성공에 대해서도 마찬가지입니다. 돈과 성공에 대한 아래의 질문에 대답하고 토론하는 과정을 통해 서로에 대하여 많은 것을 배울 수 있을 것입니다.

1. 돈에 대한 나의 태도는 …

　☐ 감당하기 어려운 짐이다.
　☐ 아끼고 모아야 한다.
　☐ 있을 때 쓰자!
　☐ 내게 필요한 것이 바로 그것이다.
　☐ 필요악이다.
　☐ 더 논의해 보겠다.
　☐ 재미거리다.
　☐ 나는 항상 그것을 움켜쥐기 위해 뛰어 다닌다.
　☐ 나의 자유를 위해 필요한 자산이다.
　☐ 기타

2. 출세와 성공을 원하는 사람들에게 주는 나의 충고는 …

☐ 특별한 목표를 설정하라.
☐ 사람들의 감정에 대해서는 신경쓰지 말라.
☐ 그런 생각은 지워 버려라.
☐ 우선 균형잡힌 생활을 유지하라.
☐ 가정을 소홀히 여기지 말라.
☐ 충고는 소용없는 일이다.
☐ 출세와 성공의 잣대로 자신의 가치를 평가하지 말라.
☐ 뇌관을 당기고 전속력을 내라!
☐ 기타

3. 내가 생각하기에 성공한 사람은 …

☐ 테레사 수녀   ☐ 마틴 루터 킹 목사
☐ 빌 게이츠   ☐ 간디
☐ 안중근 의사   ☐ 박찬호
☐ 대통령   ☐ 백남준
☐ 베토벤   ☐ 한경직 목사
☐ 조수미
☐ 기타

동작 빙고

이 마음열기는 그룹원들이 움직이면서 하는 재미있는 놀이입니다. 그룹의 인도자가 "시작"하고 외치면, 그룹원들은 네모 칸에 적힌 행동들을 실행하는 사람들을 찾습니다. 그 행동을 한 사람들의 이름을 네모 칸 안에 기록합니다. 세로나 가로 또는 대각선으로 제일 먼저 한 줄을 표시하는 사람이 우승자입니다. 그 사람은 "빙고"를 외치십시오. 단, 모든 사람은 딱 한 번씩만 빙고를 외칠 수 있습니다.

코끼리처럼 트럼펫 불기	수탉처럼 울면서 먹이를 먹는 흉내내기	후라이팬에서 익는 베이컨 흉내내기	코 위에 동전을 10초 동안 올려놓기	큰 소리로 요들송 부르기	황당했던 순간 말하기
물구나무 서기	코에 혀 닿기	TV 광고 한 가지 흉내내기	윙크 세 번 하기	휘파람 불기	큰 소리로 타잔 소리내기
발레리나처럼 발끝으로 돌기	맹구 흉내내기	역도선수 흉내내기	짝짓기하는 새 흉내내기	막춤 추기	에어로빅 선수 흉내내기
세 가지로 저글링하기	아리랑 춤추기	주일학교 율동 한 가지 하기	모기 흉내내기	가위 바위 보 세 번 이기기	트림 하기
사시 흉내내기	30초 동안 한 발로 뛰기	천장 만지기	손가락 꺾기	어린이처럼 동요 부르기	바람에 날리는 태극기 흉내내기
표정섞인 사투리 3개 말하기	푸쉬 업 다섯 번 하기	묵찌빠 세 번 이기기	수수께끼 말하기	엉덩이로 이름 쓰기	훌라춤 추기

듣기 테스트

듣는 기술을 익히는 것은 그룹원들에게 매우 유익합니다. 아래의 질문에 답할 시간을 주고 다한 후에 그것을 가지고 점수를 계산합니다. 그룹원들과 점수를 나누게 하거나 자신의 듣는 기술에 대한 느낌을 서로 이야기하게 합니다.

1. 나는 내가 말할 차례가 되면, 빈번히 주제를 바꾸곤 합니다.

A	B	C	D	E
항상	자주	가끔	거의 아님	절대 아님

2. 내가 할 말이 있으면, 다른 사람의 말을 가로막습니다.

A	B	C	D	E
항상	자주	가끔	거의 아님	절대 아님

3. 누군가 나에게 말할 때, 나는 내가 알아들었다는 것을 나타내기 위해 들은 말을 간단히 요약합니다.

A	B	C	D	E
항상	자주	가끔	거의 아님	절대 아님

4. 나는 다른 사람이 말하는 동안에 어떤 것(펜, 머리 등)을 잘 만지작거립니다.

A	B	C	D	E
항상	자주	가끔	거의 아님	절대 아님

5. 나는 나에게 말하는 사람과 눈을 마주치지 않습니다.

    A   B   C   D   E

    항상   자주   가끔   거의 아님   절대 아님

6. 나는 나에게 말하고 있는 사람이 하던 말을 계속하도록 그 내용과 관련된 질문들을 적절하게 합니다.

    A   B   C   D   E

    항상   자주   가끔   거의 아님   절대 아님

7. 누군가 나에게 어떤 문제를 이야기할 때, 나는 그들이 나에게 특별히 요청하지 않더라도 그 문제에 대해 충고하고 해결책을 제시하려고 애쓰곤 합니다.

    A   B   C   D   E

    항상   자주   가끔   거의 아님   절대 아님

8. 거의 모든 대화에서 나는 항상 내 자신에 관해 말합니다.

    A   B   C   D   E

    항상   자주   가끔   거의 아님   절대 아님

9. 누군가 나에게 말할 때, 그들의 관심사에 나도 공감하고 있다는 것을 표현하려고 애씁니다.

    A   B   C   D   E

    항상   자주   가끔   거의 아님   절대 아님

10. 누군가 나에게 말할 때, 나는 다음에 내가 무슨 말을 할 것인가를 생각합니다.

    A   B   C   D   E

    항상   자주   가끔   거의 아님   절대 아님

11. 누군가 틀린 말을 할 때, 나는 그것을 알리기 위해 한숨을 쉬거나 웃거나 농담을 합니다.

  A   B   C   D   E
 항상 자주 가끔 거의 아님 절대 아님

12. 나는 나에게 어떤 말을 해도 좋다고 사람들을 안심시킵니다.

  A   B   C   D   E
 항상 자주 가끔 거의 아님 절대 아님

13. 누군가 자신의 고민을 말하려 할 때, 나는 "난 네가 뭘 말하려는지 알아."라고 말하곤 합니다.

  A   B   C   D   E
 항상 자주 가끔 거의 아님 절대 아님

14. 누군가 나에게 말하는 동안에 나는 "알았다니까", "어휴", "그래"와 같은 말들을 자주 합니다.

  A   B   C   D   E
 항상 자주 가끔 거의 아님 절대 아님

15. 나의 급한 일이나 관심사 때문에 다른 사람의 말을 잘 듣지 못하는 일이 없도록 노력합니다.

  A   B   C   D   E
 항상 자주 가끔 거의 아님 절대 아님

16. 누군가 말하면서 주저할 때, 나는 그들 대신 그들의 말을 맺어주곤 합니다.

  A   B   C   D   E
 항상 자주 가끔 거의 아님 절대 아님

17. 나는 누군가가 나를 불편하게 하는 말을 하면 그 사람을 꾸짖기도 합니다.

A	B	C	D	E
항상	자주	가끔	거의 아님	절대 아님

18. 나는 사람들이 자기 말을 들어줄 사람이 필요할 때, 함께 있어주겠다고 말합니다.

A	B	C	D	E
항상	자주	가끔	거의 아님	절대 아님

■ 점수 계산
- 3, 6, 9, 12, 15, 18번 : A = 5점, B = 4점, C = 3점, D = 2점, E = 1점
- 나머지 문항 : A = 1점, B = 2점, C = 3점, D = 4점, E = 5점

※ 점수가 높을 수록 듣는 기술이 좋은 것입니다.

로마서 일람표

이 활동은 로마서 12:9-21까지의 말씀을 개관한 것입니다. 이 구절들은 교인들이 서로 어떻게 연결되어 있는지를 나타내 줍니다. 성경구절들을 큰 소리로 읽은 후, 아래의 질문에 대답하시고 그 결과들을 나누십시오.

1. 사랑은 신실함
나는 위선적인 모습이 아니라 진실된 모습으로 내 자신을 남에게 줄 수 있습니다.
    1   2   3   4   5   6   7   8   9   10

2. 악을 미워하고 선을 도모함
나는 나를 비판하는 것을 참는 것, 남을 정죄하지 않는 것 그리고 하나님께 순종하는 것을 배우고 있습니다.
    1   2   3   4   5   6   7   8   9   10

3. 형제의 사랑으로 서로 섬기는 것과 나보다 남을 존중하는 것
나는 선한 동기로 다른 그리스도인들을 포용하는 것과 그들의 필요를 나의 필요 위에 두는 것을 배우고 있습니다.
    1   2   3   4   5   6   7   8   9   10

4. 열심을 품고 주를 섬김
나는 그리스도께서 나를 구원하신 것이 너무 감사해서 내가 할 수 있는 것은 무엇이든지 최선을 다 합니다.
    1 2 3 4 5 6 7 8 9 10

5. 환란을 참음
고난은 항상 나를 쓰러뜨리지 못합니다. 나는 능히 이겨낼 수 있습니다. 고난 가운데도 나는 건재할 것입니다.
    1 2 3 4 5 6 7 8 9 10

6. 도움을 필요로 하는 하나님의 백성들을 돕고 후대함
나는 나의 물질와 시간, 그 외 모든 것이 하나님께 속해 있음을 배웠고 이것들을 필요로 하는 사람들과 나눕니다.
    1 2 3 4 5 6 7 8 9 10

7. 나를 핍박하는 자들을 축복함
나는 나를 핍박하는 자들에게 선을 행하고 그들을 위해 기도하는 것을 배웠습니다. 그래서 더 이상 방어적으로 살지 않습니다.
    1 2 3 4 5 6 7 8 9 10

8. 즐거워하는 자들과 함께 즐거워하고 우는 자들과 함께 우는 것
나는 사람들이 기뻐할 때 함께 기뻐하고 사람들이 상처받을 때 진심으로 슬퍼합니다. 나는 이렇게 꺼려하지 않고 내 감정을 드러냅니다.
    1 2 3 4 5 6 7 8 9 10

리더 뽑기

그룹원들이 활동이나 성경공부를 위해 인도자를 세워야 할 때가 있습니다. 아래의 질문들 가운데 한 가지에 차례대로 대답을 한 후, 최고의 대답을 선정합니다. 뽑힌 사람이 인도자가 되는 것입니다.

1. 지난 6개월 동안 과속 단속에 몇 번이나 적발되셨습니까?

2. 애완동물은 몇 마리 돌보고 있으며, 그 이름들은 무엇입니까?

3. 그룹이 모이는 장소에서 가장 가까이 살고 있는 사람은 누구입니까?

4. 오늘에 가장 가까운 생일을 가진 사람은 누구입니까?

5. 지난 해에 있었던 가장 중요한 사건을 축하해 준 사람은 누구입니까?

6. 아이들을 위해 지난 학기 동안 방과 후에 집에 있거나 학교 교무실에 가장 많이 갔던 사람은 누구입니까?

7. 가족이나 친척 외의 다른 사람들과 가장 많은 시간을 보낸 사람은 누구입니까?

8. 휴가 기간에 일어난 가장 재미있는 이야기를 한 사람은 누구입니까?

9. 자신의 부모님들을 만족시킨 경험 가운데 가장 훌륭한 경험을 이야기한 사람은 누구입니까?

10. 경험했던 직업 가운데 최악의 직업을 가졌었다고 말할 수 있는 사람은 누구입니까?

11. 기억에 남는 가장 불행한 공휴일을 보냈던 사람은 누구입니까?

12. 가장 황당한 순간을 당했던 사람은 누구입니까?

13. 독선적이거나 관료적인 사람 때문에 가장 괴로운 경험을 했던 사람은 누구입니까?

마법의 보물상자

선물을 하는 것은 커다란 사랑과 친밀감의 표현입니다. 당신이 주었거나 받았던 선물에 대하여 아래의 문장을 완성해 보십시오.

내가 받았던 최고의 선물은 …

내가 주었던 최고의 선물은 …

선물을 받았을 때 나의 기분은 …

선물을 줄 때 나의 기분은 …

이 물음에 대답을 마쳤으면 아래의 선물 그림에 참가자 가운데 당신이 선물하고 싶은 사람의 이름을 적어 넣고, 당신이 주고 싶은 선물을 무엇이든지 표시해서 전달하십시오. 누가 누구에게 주는 선물인지 확인할 수 있도록 반드시 이름표를 기록하십시오.

Icon made by Freepik, Smashicons from www.flaticon.com

매듭 풀기

  이것은 마음열기뿐 아니라 모임을 마칠 때도 활용할 수 있는 재미있는 놀이입니다. 이 활동은 그룹원들이 매우 친밀하게 될 수 있는 좋은 방법입니다.

  매듭 풀기를 위해서 그룹원들은 원모양으로 둘러섭니다. 둘러선 사람들은 모두 두 손을 내밀어 아무 손이나 마구잡이로 잡습니다. 두 손 모두 누군가의 손을 잡은 후에 그룹원들은 함께 자신들의 매듭을 풀어갑니다. 모두 눈을 감고 매듭을 풀어도 좋습니다(주의: 매듭 풀기는 20명 이상이 모여있을 때는 거의 불가능합니다).

멋진 우리집

만일 여러분이 새로 집을 지으면서 자기가 원하는 대로 가장 이상적인 방배치를 할 수 있다면 어떤 방을 만드시겠습니까? 또 이 방들의 인테리어를 직접 구상한다면 어떻게 꾸미겠습니까?

모든 사람이 각자 자신의 이상적인 방배치를 구상한 다음 선택한 방들의 형태를 생각하고 그것을 다른 사람들에게 설명해 보십시오.

체력단련실
단단한 마루바닥에 벽에는 대형 거울을 붙이고 각종 운동기구들과 음향기기 그리고 샤워부스까지 완비된 체력단련실.

온실
온갖 나무들과 화초들이 사시사철 만발한 지붕이 유리로 덮인 온실.

식당
손님을 훌륭하게 접대하고 온 가족이 한 자리에 둘러앉아 즐거운 식사를 할 수 있도록 넓은 식탁과 주방이 완비된 공간.

서재
아끼는 장서들과 컴퓨터 시스템이 완비된 가족 도서관, 팩시밀리와 시력 보호 조명에 편안한 의자가 준비되어 있다.

거실
온 가족이 둘러앉아 이야기꽃을 피우거나 함께 영화를 보거나 차를 마시며 음악을 들을 수 있는 휴식의 공간.

놀이방
아이들이 마음껏 뛰어 놀아도 다치지 않고 많은 장난감과 놀이기구로 가득 찬 공간. 벽과 바닥에는 낙서가 가득하고 언제나 우리 아이의 친구들이 놀러 오고 싶어하는 곳.

침실
커다란 옷방이 따로 있고 편안한 욕실이 붙어 있으며 넓고 안락한 침대에 우아한 색상의 커튼이 드리워진 세상에서 가장 편안한 침실.

거실 II
푸른 강물이 내려다 보이는 탁트인 창문과 안락한 소파에 고급 카페트가 깔려있는 공간. 다양한 차를 마시면서 손님과 대화하고 주말이면 가족들의 음악회가 열리는 곳.

욕실
넓고 편안한 욕조에서 거품 마사지를 할 수 있고, 언제나 피로를 풀 수 있도록 사우나가 설치된 욕실.

가족극장
100인치 대형 디지털화면에 서라운드 음향시스템까지 설치 된 완벽한 가족극장. TV, VIDEO, CD는 물론 LP와 DVD까지 감상할 수 있다.

작업실
당신이 생활하면서 필요한 모든 것을 만들어 낼 수 있도록 도구와 재료가 완벽하게 갖추어진 작업실을 상상해 보라. 당신은 맥가이버도 될 수 있다.

주방
전 세계 각국의 멋진 요리를 완벽하게 만들어 낼 수 있도록 모든 도구들이 완벽하게 갖추어진 시스템 주방.

몇 시입니까?

　당신의 인생은 지금 몇 시입니까? 아래에 있는 시계에 시계바늘을 그리면서 질문에 대답하십시오. 그리고나서 그림 아래에 있는 질문에 대한 대답을 기록하십시오. 이 일을 모두 마친 후에는 당신의 대답을 그룹과 함께 나누십시오.

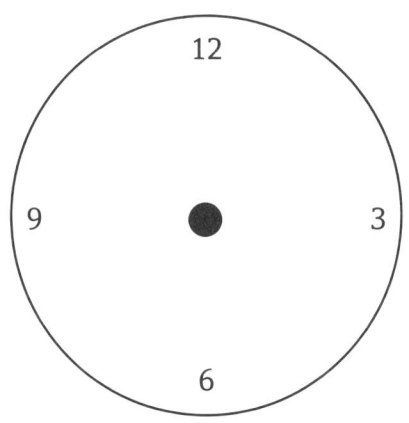

　나의 인생의 시간은 _____시 입니다.
　왜냐하면: _____을 해야 할 시간이 거의 다 되었습니다.
　_____을 하기에는 시간이 너무 늦었습니다.
　_____시가 되면 나는 _____을 할 것 입니다.

몸으로 표현하기

이 활동은 천진한 아이처럼 노는 재미있는 게임으로 웃는 가운데 그룹원들을 친하게 만들어 줄 수 있습니다. 그룹원들이 모두 일어서서 탁자 주변에 모여 자신들의 몸을 사용하는 게임입니다. 그룹원들은 아래에 기록된 서로 다른 상황들 가운데 하나를 선택하고 그것을 연출하는 것입니다. 예를 들어, 그룹이 서커스를 선택했다면 모든 그룹원들이 각자 자기 몸들을 사용해 어릿광대, 공중 곡예사, 사자 사육사 등 서로 다른 서커스 인물들을 표현하는 것입니다. 적극적으로 즐기십시오!

- ☐ 서커스
- ☐ 윷놀이
- ☐ 패션쇼
- ☐ 결혼식
- ☐ 지진
- ☐ 발레
- ☐ 아이스 발레
- ☐ 음악 발표회
- ☐ 야구
- ☐ 축구
- ☐ 가장 행렬
- ☐ 교회 예배
- ☐ 경마 대회
- ☐ 올림픽
- ☐ 댄스 파티
- ☐ 무궁화 꽃이 피었습니다

무엇을 할까요?

다음의 가상적인 상황 가운데서 한 가지를 선택하십시오. 그리고 각 상황을 읽은 다음 그 이야기를 어떻게 완성할 것인지 상상해 보시고, 그 상황 속에서 당신이 어떻게 할 것인지 간단히 메모해 보십시오.

순서대로 돌아가면서 당신이 선택한 상황에 대하여 이야기합니다. 그룹원들 가운데 한두 사람에게 당신이 완성한 이야기를 추측해 보도록 합니다. 그런 다음 당신이 어떻게 할 것인지 이야기하십시오.

황야의 무법자
당신은 몬타나 언덕에서 500마리의 소를 사육하는 목장의 주인입니다. 어느 날 당신의 친구 멜과 함께 사료를 사기 위해 읍내에 갔습니다. 당신은 길을 잃은 멜을 찾다가 동네 살롱에서 매혹적인 웨이트리스를 희롱하고 있는 멜을 발견했습니다. 멜이 도대체 무엇을 하고 있는지 당신이 보고 있을 때 누군가 고함을 치는 소리가 들렸습니다. 그는 이 지역 보안관의 아들 피트였습니다. 그는 멜이 자신의 애인을 빼앗으려는 것으로 생각하고 미친 듯이 흥분하며 날뛰었습니다. 당신은 피트의 허리춤에서 권총집에 꽂혀 있는 두 개의 콜트 쌍권총이 햇빛에 반사되어 빛나는 것을 보았습니다. 긴장이 감돌고 사람들이 모여들기 시작합니다……

미식가의 위기

당신은 몇 년 동안이나 걸려서 집안의 식당과 주방을 수리하고 장식하여 최고의 식사를 즐길 수 있도록 준비하고 있었습니다. 지역 친목회의 저녁 식사 모임이 열리게 되어 당신은 그 작업을 중단시켰습니다. 모든 가족들이 나서서 이 큰 잔치를 위해 청소를 했습니다. 손님들이 도착하기 전 갑자기 당신의 집에서 기르던 말썽꾸러기 개 스키퍼가 비에 흠뻑 젖은 채로 부엌으로 뛰어드는 일이 벌어졌습니다. 당신은 대담하게 스키퍼의 앞을 가로막고 다음 상황에 대처하려고 했지만, 때는 이미 늦어버렸습니다. 스키퍼는 의기양양 하게 응석이라도 부리듯이 당신을 쳐다보고 있고 당신은 끔찍한 장면을 목도할 수밖에 없었습니다. 주방은 온통 물바다가 되었고 맛있는 산해진미에는 개털이 잔뜩 날리고 있었습니다. 그 때 대문 벨이 울리고 첫 번째 손님이 도착합니다……

중대 결정

당신은 당신이 소속된 회사와 비슷한 규모의 경쟁 회사 사이의 거래를 진행하는 담당자입니다. 그들은 합병을 제안했고 두 회사에게 모두 유익해 보이는 거래를 제안했습니다. 회사의 최고경영자인 당신의 상사는 내내 당신 뒤에 물러나 있었고, 이 거래에서 당신이 수행한 작업에 대하여 매우 자랑스럽게 생각했습니다. 당신은 자산과 자본과 채무의 내용이 뒤죽박죽인 다른 회사의 회계장부를 보면서 침착하게 기획안을 작성하고 있었습니다. 그러다 갑자기 경쟁 회사의 제안서에 모순이 있음을 발견했습니다. 당신은 세세한 부분까지 열심히 검토했고 그들의 주식 가격이 지나치게 과대평가 되어 있음을 발견했습니다. 그리고 남은 잔고의 금액마저도 근로자들의 퇴직금으로 이미 용도가 지정되어 있음을 알게 되었습니다. 그러나 이 엄청난 사실을 용케 알아냈을 때는 이미 당신의 회사는 도둑 맞았고 당신의 사장은 몰락해 버린 후였던 것입니다! 이 때 한 목소리가 당신의 혼란스러운 생각을 멈추게 합니다. "다 잘 되어가고 있지?" 사장이 웃으면서 당신에게 다가오며 말했습니다……

해저탐험

친구들과 함께 고요한 카리브 섬에서 느긋한 휴가를 보내고 있었습니다. 당신은 부드러운 산들바람과 맛있는 해산물을 좋아합니다. 그러나 당신이 진짜로 좋아하는 것은 스쿠버 다이빙입니다. 사실 당신은 친구들에게 스쿠버 다이빙을 가르쳐주겠다고 제안했습니다. 당신은 호텔 수영장에서 기초적인 다이빙 기술들을 그들에게 가르쳐 주었습니다. 그리고 마지막 날 모든 기능이 제대로 갖추어진 보트를 한 대 빌렸습니다. 당신은 해변에서 약 5마일 떨어진 산호초로 그들을 데리고 가기로 결정했습니다. 다이빙은 그런대로 아주 근사할 것입니다. 하지만 당신을 제외한 모든 사람이 완전히 초보자였습니다. 너무 깊이 들어왔다는 것을 알아차렸을 때 당신을 비롯한 모든 동행인들이 이미 해저 15미터 아래까지 내려와 있었습니다. 당신은 보트에서 멀리 있지 않기 때문에 방향을 바꾸어 다시 올라가려고 마음먹었습니다. 그런데 갑자기 9미터 아래 흐르는 모래 속에 있는 어떤 물건이 눈에 띄었습니다. 그것은 금속으로 된 상자의 모서리 같았습니다. 당신은 그것이 난파된 고대의 선함에서 나온 보물상자라는 것을 알게 되었습니다. 당신의 친구들은 당신이 주저하는 모습을 보이자 근심스런 얼굴로 당신을 쳐다보고 있습니다. 그리고 모래가 곧 그 보물상자를 완전히 뒤덮어 버릴지도 모르는 상황입니다……

가족의 재회

삶이 소중해지는 것은 바로 이와 같은 순간입니다. 당신은 열심히 일하여 좋은 집을 사고 당신의 자녀들을 위한 풍성한 미래를 준비해 주었습니다. 당신은 가족들에게 선한 가치관과 강한 신념을 갖게 해주었습니다. 당신은 그들의 과오를 바로잡고 좋은 습관을 길러 주고, 심력을 키워 주었으며, 좋은 배우자를 얻도록 해 주었고, 심지어 그들의 아이들까지 돌보아 주었습니다. 아이들의 환호 소리에 아득한 추억 속에서 현실로 되돌아오게 되었습니다. 오늘은 크리스마스 저녁이고 풍성한 식탁에 자식들과 손자들과 친척들이 둘러 앉았습니다. 당신은 스푼으로 컵을 톡톡 두드렸고 방 안은 쥐죽은듯이 조용해졌습니다. 당신은 당신의 배우자를 바라보다가 당신을 기다리는 가족들에게로 얼굴을 돌렸습니다. "너희들의 부모로서 우리는 중요한 발표를 하도록 하겠다."

무인도 GoGo

당신이 만일 무인도에 가게 된다면 생활필수품과 성경이외에 어떤 물건을 가져가겠습니까? 아래의 것들 중 세 개를 골라 그것을 선택한 이유에 대해서 함께 나누어 보십시오.

- ☐ 옥돌침대
- ☐ CD플레이어와 건전지 그리고 음악CD
- ☐ 사냥개
- ☐ 사냥총과 충분한 양의 실탄
- ☐ 소설 100권
- ☐ 낚싯대 10조
- ☐ 관심 분야 1가지의 전문 서적 마음껏
- ☐ 실험용 기구 1세트
- ☐ 운동기구 1세트 (축구, 농구, 야구, 스키용구, 골프기구, 스케이트, 보디빌딩 용구, 자전거 등)
- ☐ 만화책 마음껏
- ☐ 기타:＿＿＿＿＿＿

문답 코너(1)

여기에 그룹원들이 이야기를 나눌 수 있도록 하는 20가지 질문이 있습니다. 질문에 답할 때 너무 많은 시간을 할애하지 않는 것이 좋습니다. 그룹원들이 각자 질문을 읽고 답을 나누게 하거나 자신의 질문을 선택하게 합니다. 일반적으로 자신들이 말하고 싶은 것을 묻는 질문을 선택하게 되며, 자신을 조금 드러내는 것부터 점차 많이 드러내는 쪽으로 선택하게 됩니다.

1. 당신이 좋아하는 책, 영화, 노래는?

2. 당신의 이름은? 별명은? 별명을 얻게 된 이유는? 당신의 이름을 고칠 수 있다면, 어떤 이름을 원하시나요?

3. 당신이 싫어하는 일을 해줄 기계를 당신이 발명할 수 있다면, 어떤 기계를 발명하겠습니까?

4. 당신이 받아 본 선물 가운데 가장 기억에 남는 것은?

5. 당신이 역사 속의 한 시대를 살 수 있다면, 어느 시대를 선택하겠습니까?

6. 당신이 저녁 만찬을 열고 역사 속의 유명한 인물 4명을 초대한다면, 누구를 초대하겠습니까?

7. 당신이 세계의 어느 건물이든지 당신의 집으로 삼을 수 있다면, 어떤 것을 선택하겠습니까?

8. 당신의 삶을 영화로 만든다면, 어떤 배우가 당신의 역할을 하기 원하십니까?

9. 당신이 직접 가서 보고 싶은 역사 속의 사건은 어떤 것입니까?

10. 당신이 어느 날 소포를 받는다면, 그 속에 무엇이 있었으면 좋겠습니까? 또 누가 보낸 것이었으면 좋겠습니까?

11. 당신이 성경 속의 어떤 사건에 동참할 수 있다면, 어떤 것을 선택하겠습니까?

12. 당신이 가족의 문장을 디자인한다면, 그 속에 넣고 싶은 네 가지 모양은 무엇이며, 그것을 선택한 이유는 무엇입니까?

13. 당신이 근사한 연회를 연다면, 주로 어떤 음식을 준비하고 싶습니까?

14. 당신이 어떤 일에 보상받을 수 있다면, 그 일은 무엇이며 어떤 보상을 받고 싶습니까?

15. 당신의 생애 가운데 다시 한 번 살아보고 싶은 한 해가 있다면, 언제입니까?

16. 당신이 자식이나 손자에게 전해주고 싶은 세 가지 가훈이 있다면 무엇입니까?

17. 당신의 최고 장점은 무엇입니까?

18. 당신이 어린 시절에 배우고 싶었던 것이 한 가지 있었다면, 그것은 무엇입니까?

19. 당신의 어린 시절에서 바꾸고 싶은 세 가지가 있다면?

20. 당신의 무덤 비문에 쓰고 싶은 것은 무엇이며, 당신의 사망을 알리는 부고 기사에 언급하고 싶은 것은 무엇입니까? 또 당신의 관을 메어 주었으면 하는 사람은 누구입니까?

문답 코너(2)

　여기에는 그룹원들이 함께 나눌 20가지 질문이 있습니다. 그룹원들이 각자 질문을 읽고 답을 나누게 하거나 자신의 질문을 선택하게 합니다. 일반적으로 질문은 자신들이 말하고 싶은 것을 묻는 질문을 선택하게 되며, 자신을 조금 드러내는 것으로부터 점차 많이 드러내는 쪽으로 선택하게 됩니다.

1. 당신이 애완동물을 키운다면, 어떤 종류를 키우고 싶으며, 이유는 무엇입니까?

2. 당신이 항상 보아도 좋은 자연 경관은 어떤 것입니까?

3. 당신이 자동차 전시장에서 차를 살 수 있다면, 어떤 것을 선택하겠습니까? 어떤 옵션을 원하며, 받고 싶은 자동차 번호는 무엇입니까?

4. 당신이 전세계의 직업 가운데 하나를 선택할 수 있다면, 어떤 것을 선택하겠습니까?

5. 당신이 생각하는 가장 이상적인 아침은?

6. 당신이 동물원에서 일하게 된다면, 어떤 동물을 돌보고 싶으며, 이유는 무엇입니까?

7. 당신이 1년 동안 매일같이 한 가지 호사스런 서비스를 받을 수 있다면, 어떤 서비스를 받고 싶습니까?

8. 당신이 역사적으로 유명한 인물의 다이어리를 읽을 수 있다면, 누구의 것을 읽고 싶으며, 이유는 무엇입니까?

9. 당신이 하지 않아도 되지만 좋아서 매일 하는 것이 있다면, 무엇입니까?

10. 세상에! 당신이 네 쌍둥이를 낳았습니다. 아들 둘, 딸이 둘이네요. 어떤 이름을 지어주고 싶습니까?

11. 당신이 정말 행복한 하루를 보낼 수 있게 해주는 세 가지 조건은 무엇입니까?

12. 당신이 정말 형편없는 하루를 보낼 수밖에 없게 만드는 세 가지 조건은 무엇입니까?

13. 당신이 만나본 사람 가운데 가장 친절했던 사람은 누구입니까?

14. 당신이 6~12세 사이에 했던 일로 당신이 했다고 믿기 어려운 것이 있다면 무엇입니까?

15. 당신의 생애에서 가장 중요한 날은 언제이며, 이유는 무엇입니까?

16. 부모님이 말씀해 주시는 당신의 좋은 성품 네 가지는 무엇입니까?

17. 동화나 우화 가운데 당신의 삶을 가장 잘 표현해 준다고 생각되는 것은 무엇입니까?(개미와 베짱이, 청개구리 등)

18. 당신이 했던 가장 용기있는 행동은 무엇입니까?

19. 사춘기 때, 당신이 가장 힘들었던 것은 무엇입니까?

20. 당신이 오직 신앙의 힘에 의지해서 중요한 일을 했던 시절을 설명해 보십시오.

문제 순위 매기기

파트너와 함께 자신의 인생에 있는 여러 문제들 가운데 무엇이 어려운지 순서를 매겨 봅시다. 왼쪽의 빈칸에는 1위부터 16위까지 자신의 순위를 기록하고, 오른쪽 빈칸에는 파트너의 순위를 기록합니다.

나의 문제 순위		파트너의 문제 순위
	손윗 사람과의 갈등	
	위험한 행동 습관	
	형제자매 사이의 경쟁심과 미움	
	부모님들의 불화	
	정신적 신체적 또는 성적인 학대와 남용	
	자살 충동	
	부모 세대와의 대화	
	외로움과 우정의 결핍	
	부도덕한 영화나 비디오	
	불확실한 미래와 목표	
	불량채팅	
	성적인 문제들(임신, 성병 등)	
	분노를 억제할 수 없다	
	성적 유혹	
	교회에 대한 싫증	
	영업실적	

〈재점검〉

1. 나는 _____문제가 당신에게 그렇게 중요하다는 사실에 놀랐습니다.

2. 나는 _____문제가 당신에게 그렇게 중요하지 않다는 사실에 놀랐습니다.

믿음의 기초들(1)

당신은 기독교 신앙이 무엇이라고 생각하십니까? 각기 다른 주제로 되어 있는 아래의 물음들에 대답하고 자유롭게 그룹원들과 이야기해보십시오. 각 질문에 대하여 한 가지 이상의 답을 할 수도 있습니다. 이 마음열기는 그룹원들로 하여금 아래의 신앙적 주제들에 대하여 "정답이냐 오답이냐"에 대한 부담 없이 자유롭게 자신의 느낌이나 생각을 이야기할 수 있도록 하는데 그 의의가 있습니다.

1. 내가 생각하는 **기도**란...
   ☐ 바라는 것에 대한 생각이다.　　☐ 심리적인 훈련이다.
   ☐ 하나님께 연결하는 직통전화다.　☐ 능력있는 것이다.
   ☐ 마술과도 같은 것이다.　　　　☐ 일상적인 습관이다.
   ☐ 내 삶의 구원자이다.　　　　　☐ 긍정적으로 생각하는 것이다.
   ☐ 나를 온전하게 해주는 열쇠이다.

2. 내가 생각하는 **예수님**은...
   ☐ 위대한 인물이다.　　　☐ 용기 있는 지도자이다.
   ☐ 지혜로운 선생님이다.　☐ 여러 스승들 가운데 한 분이다.
   ☐ 기적을 행하는 분이다.　☐ 위대한 삶의 모범이다.
   ☐ 유대의 반역자이다.　　☐ 나의 구세주이다.
   ☐ 아직 뭐가 뭔지 모르겠다.　☐ 나의 가장 좋은 친구이다.

3. 내가 보기에 **교회**는…
☐ 사람들을 협박하는 곳이다.   ☐ 너무 전통적이다.
☐ 지루하다.   ☐ 친구처럼 느껴진다.
☐ 영적인 감동을 주는 곳이다.   ☐ 재미있는 곳이다.
☐ 항상 돈을 요구하는 곳이다.
☐ 현실로부터 보호해 주는 요새와 같다.
☐ 교파가 너무 많아서 혼란스럽다.
☐ 그들의 관계 속에 들어가기가 너무 힘든 곳이다.
☐ 기타

4. 대부분의 **목회자**들은…
☐ 멋진 사람들이다.   ☐ 이기적이다.
☐ 다른 사람들이나 비슷하다.   ☐ 본받을 만한 모범이다.
☐ 자기 의를 내세운다.
☐ 현실 세계에서 살기에는 지나치게 종교적이다.
☐ 실천이 불가능할 정도로 지나친 기대를 받고 있다.
☐ 기타

믿음의 기초들(2)

기독교 신앙에 대한 물음들을 좀 더 생각해 봅시다. 이 질문의 목적은 정답과 오답을 골라내는 것이 아니라 당신의 느낌을 솔직하게 사람들과 나누는 것입니다. 아래의 또 다른 주제들에 대답하고 사람들과 이야기해 보십시오.

1. 내가 보는 **성경**은…
   - ☐ 이해하기 어렵다.
   - ☐ 너무 고리타분하다.
   - ☐ 의식을 끌어올려 주는 책이다.
   - ☐ 약속으로 가득 차 있다.
   - ☐ 적용하기 어렵다.
   - ☐ 생명을 주는 비밀이 담겨 있다.
   - ☐ 폭력적인 내용으로 가득 차있다.
   - ☐ 분량이 너무 많다.
   - ☐ 우리 문화와는 너무나 동떨어져 있다.
   - ☐ 기타

2. 내가 보기에 **기독교인**들은…
   - ☐ 이 땅의 소금이다.
   - ☐ 위선자들이다.
   - ☐ 너무 보수적이다.
   - ☐ 다른 사람들과 똑같은 사람들이다.
   - ☐ 세상을 변화시키는 사람들이다.
   - ☐ 하나님의 사람들이다.
   - ☐ 더 사랑하는 사람들이다.
   - ☐ 근사한 사람들이다.
   - ☐ 광신도들이다.
   - ☐ 기타

3. 내가 느끼는 **소그룹**은…
☐ 너무나 감정에 예민하다.　　☐ 성경적이다.
☐ 그저 유행일 뿐이다.　　　　☐ 위험하다.
☐ 영적인 감동을 준다.　　　　☐ 하나님이 바라시는 모임이다.
☐ 남의 일을 캐기 좋아하는 곳이다.　☐ 시간을 너무 낭비한다.
☐ 기타

4. **십자가**에 대해 생각할 때 내가 느끼는 것은 …
☐ 지나친 도덕적 결벽증　☐ 영적인 감동
☐ 겸손　　　　　　　　☐ 소망
☐ 안도감　　　　　　　☐ 회의
☐ 의심　　　　　　　　☐ 분노
☐ 감사　　　　　　　　☐ 아무 느낌도 없다.
☐ 기타

바겐세일

사람들은 값싼 물건을 찾는다. 네 사람 이상이 한 그룹을 만든다. 각자 돌아가면서 다음 첫 번째 질문에 대답하고, 계속해서 다음 질문으로 넘어간다.

1. 다음 품목 중 무엇을 가장 구매하고 싶은가? 가장 구매하고 싶은 상품 두 가지를 선택하라.

☐ 맛있는 고급 초콜릿 - 30퍼센트 세일
☐ 1년을 계약하면 두 달 시청료가 무료인 케이블 채널 시청권
☐ 패밀리 레스토랑의 무료 요리 한 가지
☐ 서울 - 제주도 왕복 비행기표 - 30퍼센트 할인
☐ 가장 즐겨 찾는 백화점에서 옷 하나 가격에 둘을 살 수 있음
☐ 자신이 가장 좋아하는 운동 경기 관람권 - 일반석 표 가격에 VIP자리를 줌
☐ 멋진 골동품 가구를 경매 가격의 3분의 2에 판매함
☐ 자신이 가장 좋아하는 가수나 그룹의 라이브 공연표를 정가의 반에 살 수 있는 기회
☐ 헬스 클럽이나 수영장 1개월 무료 회원권

2. 아래에서 자신에게 해당되는 단어를 표시한다.

"바겐세일에 관한 나의 생각은...."

    1. 냉소적이다.   _____
    2. 약간 의심한다.   _____
    3. 신중한 편이다.   _____
    4. 수용적이다.   _____
    5. 대환영이다.   _____

배우고 싶은 것

계속적인 자기계발을 위해 당신이 배우고 싶은 것은 무엇입니까? 당신이 수강생이 되어 정식으로 무엇을 배운다면, 무엇을 선택하겠습니까? 아래의 목록을 활용해 선택하고 결과를 나누십시오.

내가 배우고 싶은 것 :

- ☐ 골프
- ☐ 컴퓨터
- ☐ 골프
- ☐ 도자기
- ☐ 웅변술
- ☐ 자동차 운전
- ☐ 축구
- ☐ 실내장식
- ☐ 소액소송법
- ☐ 통역
- ☐ 농사법
- ☐ 자영업 하기
- ☐ 생활 설계사
- ☐ 바둑
- ☐ 스쿠버 다이빙
- ☐ 도넛 만들기
- ☐ 자수
- ☐ 교사 수업
- ☐ 오토바이 운전
- ☐ 중장비 운전
- ☐ 악기 연주
- ☐ 그림 그리기
- ☐ 난 기르기
- ☐ 양초 만들기
- ☐ 양봉
- ☐ 젖소 기르기
- ☐ 무술
- ☐ 낚시

- ☐ 경비행기 조정
- ☐ 수영
- ☐ 탁구
- ☐ 자동차 수리
- ☐ 가구 제조
- ☐ 춤
- ☐ 한식 요리
- ☐ 수상 스키
- ☐ 정치
- ☐ 노래
- ☐ 사진 촬영
- ☐ 에어로빅
- ☐ 신학
- ☐ 기타:

- ☐ 스케이트
- ☐ 승마
- ☐ 테니스
- ☐ 건축
- ☐ 좋은 부모 되기
- ☐ 케이크 만들기
- ☐ 원예법
- ☐ 발명
- ☐ 영화 만들기
- ☐ 증시 분석
- ☐ 다도
- ☐ 개 훈련법
- ☐ 전기 기술

불안

누군가 새로운 소그룹에 참여한다는 것은 매우 어려운 경험일 수 있습니다. 여러분의 모임에서 사람들이 겪게 되는 이런 감정에 대하여 대화하기 원할 수 있습니다. 아래의 물음들에 대하여 답을 적어보시고 그 답 가운데 몇 가지를 서로 이야기해 봅시다. 이 활동은 여러분의 소그룹이 공동체 언약을 세우고자 준비할 때 사용할 수 있는 좋은 마음열기 프로그램입니다.

1. 내가 잘 알지 못하는 사람들로 가득 차 있는 방에 들어갈 때, 나는 _____ 느낌이 들곤 한다.

2. 새로운 상황 속에서 불안감을 느낄 때, 나는 주로 _____ 을 한다.

3. 나는 _____ 때문에 이곳에 와 있다.

4. 나는 _____ 인도자와 함께 있을 때 편안하게 느낀다.

5. 소그룹이 모일 때 내가 가장 관심을 갖는 일은 _____ 이다.

6. 무언가 매우 신경이 쓰일 때 나는 _____ 든다.

7. 규칙은 나를 _____ 하게 만든다.

8. 나는 _____ 때 소그룹에 참여하고 싶어진다.

9. 지금 나의 느낌은 _____ 하다.

별명 붙이기

소그룹 멤버들이 다 같이 둘러앉습니다. 그리고 아래 항목들 괄호 안에 그 특징들과 가장 어울린다고 생각하는 멤버의 이름을 적습니다. 그리고 한사람씩 돌아가면서 아래 항목에 맞는 이름을 발표하면서 왜 그렇게 생각했는지 간단하게 설명합니다.

☐ 산타클로스(   ) : 언제나 주기만 하는 사람
☐ 귀여운 아기 곰 인형(   ) : 그저 편안한 사람이다.
☐ 램프의 요정(   ) : 원하는 것은 무엇이든지 들어드립니다.
☐ 미키마우스(   ) : 귀가 커서 누가 무슨 이야기를 하든지 잘 들어 준다.
☐ 감초아줌마(   ) : 내가 빠지면 되는 일이 없지?
☐ 기타(   ) :

사랑 지수

  이 활동은 세렌디피티 전문서적에서 활용한 것으로 "사랑 장"으로 잘 알려진 고린도전서 13장의 말씀을 개관한 것입니다. 이 활동을 통해 당신이 다른 사람들을 얼마나 사랑하는가를 알 수 있을 것입니다. 본문을 큰 소리로 읽은 후, 아래의 질문에 대답하시고 그것을 그룹원들과 나누십시오.

1. 사랑은 오래 참고
나는 내가 사랑하는 사람들에 대한 실망을 표현하지 않습니다. 나는 근심 가운데서도 고요하며 말을 조심합니다.
  0   1   2   3   4   5   6   7   8   9   10

2. 사랑은 온유하며
나는 다른 사람들에게 상처주는 말을 하지 않고 사려깊은 행동을 합니다.
  0   1   2   3   4   5   6   7   8   9   10

3. 사랑은 시기하지 않으며
나는 다른 사람들의 재능이나 능력, 가진 것을 시기하지 않습니다. 또 나는 나를 필요로 하는 사람들을 위해 기꺼이 봉사합니다.
  0   1   2   3   4   5   6   7   8   9   10

4. 사랑은 자랑하지 않으며
나는 내가 사랑하는 사람들보다 내가 더 중요한 존재라고 생각하거나 "내가 더 잘 알아"라고 말하지 않습니다.

  0   1   2   3   4   5   6   7   8   9   10

5. 사랑은 무례히 행치 않으며
나는 내가 동의할 수 없을 때에도 신랄하게 말하거나 거친 표현을 사용하지 않고 잠잠합니다.

  0   1   2   3   4   5   6   7   8   9   10

6. 사랑은 자기의 유익을 구하지 않고
나는 나를 우선시하지 않습니다. 나는 내가 사랑하는 사람들에게 영적, 감정적 지지를 보냅니다.

  0   1   2   3   4   5   6   7   8   9   10

7. 사랑은 쉽게 성내지 아니하며
나는 내가 사랑하는 사람들의 사소한 일로 인해 소란을 떨지 않습니다. 꾹꾹 잘 참습니다.

  0   1   2   3   4   5   6   7   8   9   10

8. 사랑은 잘못한 것을 기억하지 않으며
나는 내가 사랑하는 사람들이 나를 속상하게 한 말이나 행동을 차곡차곡 쌓아두거나 충돌이 있을 때 그것들을 들추어내지 않습니다.

  0   1   2   3   4   5   6   7   8   9   10

살아가는 스타일

　최근에 당신은 얼마나 바쁘게 살고 있습니까? 요즘에 당신이 살아가는 삶의 속도는 어떤 모습입니까? 아래의 설명 가운데 자신을 가장 잘 묘사한 것을 선택하시고 그룹원들과 그 결과를 나누십시오.

북치는 토끼 인형
나는 쉬지 않고 움직입니다. 언제 멈출지는 알 수 없습니다.

여유로운 유람선
나는 서두르지 않습니다. 강을 따라 여유롭게 나아갑니다.

경주용 자동차
나는 대단히 빠르지만, 웅덩이에 빠지지 않도록 조심해야 합니다.

망가진 세단
나는 아무 일도 하지 않고 태양 아래 앉아 있습니다. 난 이미 너무 많은 일을 했거든요.

경작용 트랙터
나는 열심히 일하고 짐을 옮깁니다. 빨리 움직일 수는 없지만, 산을 옮길 수도 있습니다.

스쿠터

나는 속도에 상관없이 붕붕거리면서 내가 필요한 곳에 갑니다.

노후된 항공기

나는 꽉 짜여진 스케줄대로 하루에도 여러 번 비행을 합니다. 그래서 이제는 격납고에 들어갈 준비를 합니다.

롤러 코스터

내 삶의 속도는 과감하게 변화합니다. 천천히 가다가도 엄청나게 빨라지거든요.

우주선

나는 성공적으로 발사되어 할 일을 마쳤고 다시 지구로 귀환했습니다. 다시 발사될 준비가 되어 있습니다.

상승기와 침체기

우리의 삶은 반복적으로 좋을 때와 힘들 때를 경험합니다. 아래의 차트에 당신이 태어나던 때부터 현재에 이르기까지 가장 좋았던 시기와 어려웠던 시기를 표시한 후에 그려 놓은 그래프를 설명해 보십시오.

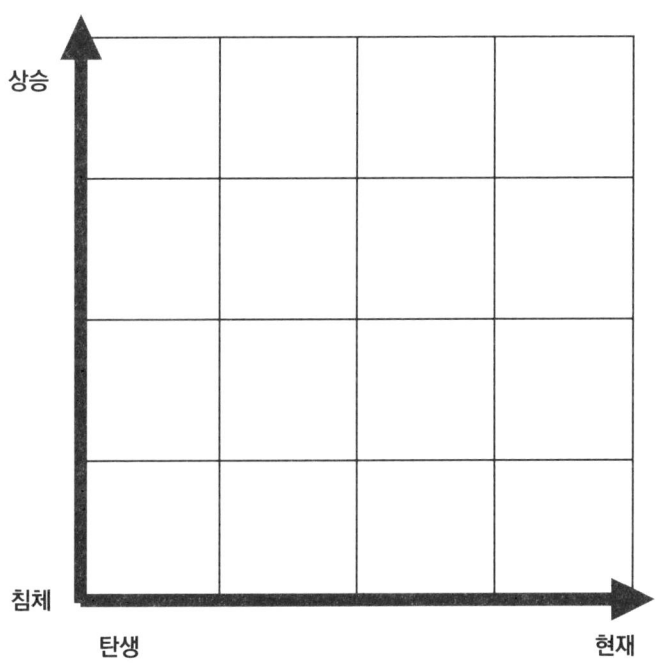

서로

성경은 교인들이 상호연관되어 있음을 묘사하는 말로 "서로"라는 말을 여러 경우에서 사용하고 있습니다. 기독교 그룹들은 이런 "서로"라는 말의 의미를 발견할 수 있는 좋은 곳입니다. 여러분은 지금 어떠한 종류의 "서로"가 필요합니까? 선택하시고 그룹원들과 나누십시오.

우애와 존경
형제의 사랑으로 우애 있게 지내고 서로 존중하는 것(롬12:10)

용납
하나님께 영광을 돌리기 위해 예수께서 우리를 받아들이신 것같이 서로 용납하는 것(롬15:7)

섬김
우리는 모두 자유하지만, 자유로 죄를 짓기보다는 사랑으로 서로를 위해 섬기는 것(갈5:13)

인자, 불쌍히 여김, 용서
서로 인자하게 하며 불쌍히 여기며 그리스도께서 우리를 용서하신 것같이 서로 용서하는 것(엡4:32)

세우기
서로 격려하고 서로 덕을 세우기를 계속함(살전 5:11)

대접
원망없이 서로 대접하는 것(벧전4:9)

마음을 같이함
모두 마음을 같이하여 체휼하며 형제를 사랑하며 불쌍히 여기며 겸손한 것(벧전3:8)

권함
선함이 가득하고 모든 지식이 차서 능히 서로 권하는 것(롬15:14)

격려
서로 돌아보아 사랑과 선행을 격려함(히10:24)

돌봄
한 지체이므로 분쟁없이 서로 돌봄(고전12:25)

화목
"소금은 좋은 것이로되 만일 소금이 그 맛을 잃으면 무엇으로 이를 짜게 하리요 너희 속에 소금을 두고 서로 화목하라"(막9:50)

서커스 아래에서

　아래의 그림을 보십시오. 만약 당신의 가족이 서커스단이라고 상상해 본다면 어떤 곡예사가 당신의 부모 혹은 형제로 느껴집니까? 만일 당신의 소그룹이 서커스단이라면 당신은 어느 곡예사에 해당할 것 같습니까? 당신의 그룹원들과 함께 그 대답을 나누어 보십시오.

성경 설문지

성경에 대해 알고 싶습니까? 이 마음열기는 그룹원들이 성경의 어떤 부분을 배우고 싶어하는지 알게 해줄 뿐 아니라 서로에 관해 간단한 것도 알 수 있게 해줍니다. 당신이 좀 더 배우고 싶은 원하는 주제에 표시를 하고 표시한 것들에는 1, 2, 3의 등급도 매기십시오.

_____ 성경 형성사

_____ 창세기에서 계시록까지 나타난 하나님의 구속사 개관

_____ 구약 개론

_____ 창세기(아담과 하와, 아브라함, 노아의 방주 등)

_____ 모세, 애굽과 십계명
　　　　　　☐ 출애굽기　　　☐ 신명기
　　　　　　☐ 레위기　　　　☐ 여호수아
　　　　　　☐ 민수기

_____ 삼손과 사사 시대
　　　　　　☐ 사사기　　　　☐ 룻기

_____ 다윗, 사울, 솔로몬 같은 이스라엘 왕들
   ☐ 열왕기상하   ☐ 역대상하

_____ 이사야, 에스겔, 예레미야 같은 대선지자들
   ☐ 이사야   ☐ 예레미야와 애가
   ☐ 에스겔   ☐ 다니엘

_____ 12 소선지서
   ☐ 호세아 ☐ 요엘 ☐ 아모스
   ☐ 오바댜 ☐ 요나 ☐ 미가
   ☐ 나훔   ☐ 하박국 ☐ 스바냐
   ☐ 학개   ☐ 스가랴 ☐ 말라기

_____ 고난 가운데 연단 받는 욥

_____ 구약의 시가서
   ☐ 시편   ☐ 잠언
   ☐ 전도서   ☐ 아가

_____ 바벨론 생활과 귀환, 성전 재건
   ☐ 에스라   ☐ 느헤미야

_____ 외경

_____ 신구약 중간기

_____ 신약 개론

_____ 예수님의 생애(마태, 마가, 누가, 요한복음)
　　　　　　☐ 예수님의 가르침과 비유들
　　　　　　☐ 기적들
　　　　　　☐ 그의 죽음과 부활의 의미

_____ 복음서(예수님의 생애와 죽음, 부활에 관한 복)
　　　　　　☐ 마태　　　☐ 마가
　　　　　　☐ 누가　　　☐ 요한

_____ 네 복음서들(마태,마가,누가,요한)의 차이점과 유사점

_____ 로마제국의 여러 교회들에 보낸 바울의 서신들
　　　　　　☐ 로마서　　☐ 고린도전후서　　☐ 갈라디아서
　　　　　　☐ 에베소서　☐ 빌립보서　　　　☐ 골로새서
　　　　　　☐ 데살로니가전후서

_____ 동료들과 제자들에게 보낸 바울의 서신
　　　　　　☐ 디모데전후서　☐ 디도서　☐ 빌레몬서

_____ 베드로, 야고보, 요한과 유다서
　　　　　　☐ 베드로전후서　　☐ 야고보서
　　　　　　☐ 요한일,이,삼서　　☐ 유다서

_____ 유대인을 대상으로 예수님의 복음을 설명한 히브리서

_____ 종말에 관한 요한의 계시록

성도는 세상의 OOO이다

예수님께서는 제자들에게 '너희는 세상의 빛과 소금이라'고 말씀하셨습니다. 세상 속의 그리스도인이 어떤 자세와 태도로 살아야 하는지를 가르쳐 주신 것입니다. 당신이 생각하기에 '빛과 소금' 외에 세상 속의 성도의 삶을 잘 보여줄 수 있는 다른 물건이 있다면 그 이유를 함께 나누어 보십시오.

성도는 세상의 (ex : 빗자루)＿＿＿＿＿＿＿(이/가) 되어야 한다.

그렇게 생각한 이유는 (ex: 성도는 세상을 깨끗하게 만들어야 할 존재이기 때문이다.) ＿＿＿＿＿＿＿＿＿＿＿＿＿＿＿＿＿＿＿＿＿＿＿＿.

성장리포트

여러분이 신체적으로, 정신적으로, 관계적으로 그리고 영적으로 건강한지 의사에게 정밀진단을 받는다면 어떤 결과가 나오겠습니까? 아래의 각 영역에 대하여 여러분 스스로 맥박을 재고 눈금 위에 자신의 상태를 수치로 표시해 보십시오. 1은 형편없음, 10은 훌륭함을 나타냅니다.

1. 신체적으로
   나는 신체적으로 매우 건강하다. 단정한 용모, 규칙적인 운동, 균형 잡힌 식사, 충분한 수면, 즐거운 생활. 신체적으로 나는...

   형편없다 1 2 3 4 5 6 7 8 9 10 **훌륭하다**

2. 정신적으로
   나는 내 자신이 좋은 사람이라고 느낀다. 자신을 성장시키려 노력하고, 하나님으로부터 받은 능력이 있으며, 의지가 강하며, 내 자신을 사랑한다. 정신적으로 나는...

   형편없다 1 2 3 4 5 6 7 8 9 10 **훌륭하다**

3. 관계적으로
   나는 다른 사람들과 나에 대해서 이야기를 잘 나누는 사람이다. 나는 친구를 잘 사귀고, 갈등을 원만히 해결하고, 먼저 손을 내밀고, 남의 어려움을 돌보아 주고, 남의 잘못을 용서해 주는 사람이다. 관계적으로 나는…

형편없다　1　2　3　4　5　6　7　8　9　10　**훌륭하다**

4. 영적으로

나는 하나님과 좋은 관계를 맺고 있다. 나의 영적인 생활은 성장하고 있으며, 모든 일에 하나님이 가장 우선이다. 영적으로 나는…

형편없다　1　2　3　4　5　6　7　8　9　10　**훌륭하다**

소방훈련

불이 나면 방마다 뛰어다니면서 자신이 가지고 나갈 물건 이름을 써봅니다(아이들과 사람들은 이미 안전한 상태라는 가정 하에). 각자가 적은 10개의 물건들 중 가장 중요한 세 가지를 사람들에게 밝히고 그 이유를 이야기합니다.

1 _____
2 _____
3 _____
4 _____
5 _____
6 _____
7 _____
8 _____
9 _____
10 _____

소중한 시간

하나님께서는 우리에게 우리가 살아가는 시간이라는 소중한 선물을 주셨습니다. 그래서 영어 단어의 "현재"(the present)라는 말이 "선물"이라는 뜻으로도 쓰이는 이유인 것 같습니다. 소중한 시간에 대한 아래의 세 가지 문장을 완성하고 사람들과 이야기해 보십시오.

1. 내가 생각하는 훌륭한 시간은 …
☐ 집에서 보내는 조용한 저녁 시간
☐ 영화를 관람하는 시간
☐ 긴 하루 일과를 마치는 따뜻한 물로 목욕할 때
☐ 좋은 책을 읽을 때
☐ 맛있는 음식을 먹을 때
☐ 밤 새워 노는 시간
☐ 낙엽이 쌓인 가을 오후의 상쾌한 산책 시간
☐ 친구와 함께 쇼핑하는 시간
☐ 열심히 일하고 대가를 얻을 때
☐ 흥미진진한 운동경기를 관람할 때
☐ 멋진 음악회에 참석하는 시간

2. 나에게 견디기 힘든 괴로운 시간은 …
☐ 우울하고 심란하게 하는 날씨
☐ 월요일

- ☐ 억지로 어색하게 춤추는 시간
- ☐ 카드대금 납부할 때
- ☐ 지루한 일을 할 때
- ☐ 길에서 차가 꽉 막혔을 때
- ☐ 다른 사람들과의 갈등이 있을 때
- ☐ 우리 팀이 졌을 때
- ☐ 주가 폭락 등으로 재산상의 손실이 있을 때
- ☐ 일주일 내내 혼자 지내야 할 때

3. 만일 내가 6개월의 시한부 인생임을 알았다면 나머지 시간을 이렇게 …
- ☐ 지금 하던 일을 그대로 정확하게 해나가겠다.
- ☐ 세계를 둘러 볼 것이다.
- ☐ 회고록을 쓸 것이다.
- ☐ 내 인생의 "원대한 계획"을 서둘러 마무리 할 것이다.
- ☐ 모든 소유를 나누어 줄 것이다.
- ☐ 너무나 화가 날 것이다.
- ☐ 모든 사람들을 더욱 사랑할 것이다.
- ☐ 에베레스트산을 등반할 것이다.
- ☐ 친구들과 가족들과 함께 시간을 보낼 것이다.

소품을 이용한 마음열기

사람들은 실물을 보여줄 때, 쉽게 문제를 자기 것으로 만들 수 있고 다른 사람들의 대답들을 회상할 수 있습니다. 재미를 더할 수 있는 것은 물론입니다. 소품을 이용한다면, 좀 더 쉽게 그룹원들의 마음을 열 수 있습니다. 인도자는 소그룹 모임 전에 소품을 준비해야 합니다. 각 소그룹에서 그날 성경공부의 주제에 맞추어서 몇 개의 마음열기를 선택하여 사용할 수 있습니다.

1. **안경** - 그룹원들에게 안경을 돌리면서 질문한다. "안경이 시력의 초점을 맞춰주듯이 여러분 삶의 초점을 더욱 명확히 해주는 것이 있다면 무엇입니까?"
예 : 혼자 있기, 일기쓰기, 예배, 성경공부, 묵상, 기도 등

2. **로션** - 로션 한 병을 준비하고 그룹원들 모두 손에 로션을 바르게 한다. 그리고 감정이 메마르고 소진될 때 그들의 영혼을 로션처럼 부드럽게 감싸주는 것이 있다면 무엇인지 나누게 한다.
예 : 음악감상, 산책, 기도, 친구와 대화 등

3. **신발** - 운동화, 등산화, 탭댄스 신, 발레화, 슬리퍼, 샌달, 하이힐, 고무신, 짚신, 비단신, 장화 등 여러 종류의 신발을 준비한다. 다음과 같은 질문에 대답하고 서로 나누게 한다. "당신이 신발이라면, 과연 어떤 신발일까요? 그 이유는 무엇인가요?"

4. **팝콘** - 팝콘 봉지를 돌려서 그룹원 각자가 팝콘을 조금씩 집게 한다. 리더부터 시작해서 모든 그룹원들이 돌아가면서 팝콘 하나 당 감사할 조건 하나씩을 말한다. 팝콘을 4알 집었다면, 감사할 조건을 4개 나누어야 한다.

5. **돋보기** - 그룹원들이 다음과 같은 질문에 답하면서 차례로 잡아볼 수 있도록 돋보기를 돌린다. "당신은 자신의 시야나 안목에서 어떤 부분을 넓히고 싶습니까?"

6. **자석** - 다음과 같은 질문에 답할 때 만져볼 수 있도록 한다. "당신이 무엇이든 끌 수 있는 자석이라면, 무엇을(또는 누구를) 끌어당기고 싶습니까?"

7. **고무 젖꼭지** - 아기들이 쓰는 고무 젖꼭지를 준비한다. 그룹원들에게 돌려서 각자 그것을 만져보면서 다음의 두 가지 질문에 대답하게 한다. "여러분의 집에서는 이것을 뭐라고 부르나요?" (예: 가짜젖꼭지, 공갈젖꼭지, 누크, 쪽쪽이등) 어른이 된 지금, 아기에게 평안을 주는 고무 젖꼭지와 같이 여러분을 안정시키는 것이 있다면 그것은 무엇인가요?

8. **가위와 폐신문지** - 다음과 같은 질문에 돌아가면서 대답하도록 한다. 대답하면서 가위로 폐신문지를 자른다(삶 속에서 잘라버리고 싶은 분량만큼 자른다)". 여러분의 삶 속에서 잘라버리고 싶은 것은 무엇입니까?"

9. **아침 신문의 첫 면** - 신문을 복사해서 소그룹 멤버들에게 한 장씩 나누어 준다. 어떤 기사가 관심을 끄는지, 또 어떤 기사는 대개 무시하게 되는지 돌아가면서 말해 보세요.

10. **TV 리모콘, 핸드폰, 열쇠, 가위, 풀** - 이것들을 바구니에 담는다. 이 바구니를 오른쪽으로 돌린다. 각 그룹원들은 바구니의 품목들 가운데 하나씩을 고르고 다음의 문장을 완성한다: "하나님은 이번 주에 나에게 OOO와 같은 분이셨습니다."그룹원들에게 그들의 대답을 설명할 기회를 준다. (예: 하나님은 이번 주에 나에게 핸드폰과 같은 분이셨습니다. 왜냐하면, 필요할 때면 언제나 이야기를 나눌 수 있었거든요.)

11. **로션, 면도날, 샴푸, 헤어스프레이, 방향제** - 이 물품들을 큰 그릇에 담고 다음과 같이 말하면서 꺼내게 하라. 나는 '~하기 때문에' 이 물건과 가장 비슷하다. 예를 들면, " 나는 사람들 기분을 맞춰 주고 달래주려고 노력하기 때문에 로션이랑 가장 비슷하다 ."

12. **사탕** - 다양한 맛의 사탕을 바구니나 접시에 담아 놓는다. 리더는 접시나 바구니를 돌려서 그룹원들이 사탕을 선택하게 하되 그것으로 그들의 한 주간을 설명할 수 있도록 한다. 예를 들어, "나는 계피 사탕을 선택하고 말할 것이다." 나는 내가 싫어하는 계피 사탕처럼, 싫어하는 일이 많았던 한 주를 하나님의 은혜로 간신히 보냈습니다."
사탕 대신에 다른 음식을 사용하여 동일하게 진행할 수 있다. - 과자, 초콜릿, 사탕, 과일, 땅콩, 껌 등을 가져와서 바구니에 담는다. 그룹원들은 바구니를 살펴보고 그 가운데 자신의 한 주 생활을 설명할 수 있을 것 같은 품목을 하나 고르고 설명한다.

13. **질문지** - 아래의 다섯 가지 질문을 작은 종이에 적는다. 그룹원들의 수에 맞는 개수를 만들어 접어서 바구니에 넣는다. 바구니를 돌려서 하나씩 고르게 하고 쪽지에 적힌 질문에 대답하게 한다.

당신의 제일 처음 직업은?

당신이 고등학교 때 가장 좋아했던 과목은?
당신이 어렸을 때 가장 좋아했던 TV 프로그램은?
당신에게 가장 큰 인상을 남겼던 책은?
당신이 한 주 동안 누군가를 지켜주고 보호해 줄 수 있다면, 당신이 원하는 대상은?

14. **질문 카드** - 아래의 단어들을 카드처럼 각각 작은 종이 여러 장에 적어서 섞는다.

    행복해 / 피곤해 / 기가 막혀 / 낙심돼

    잘 섞은 카드 전체를 돌리되 첫 사람이 제일 윗장을 고른다. 카드에 적힌 단어를 사용해 다음의 문장을 완성하게 한다. "내가 가장 행복해(피곤해, 기가 막혀, 낙심돼) 할 때는 OOO할 때입니다." 문장을 완성한 후에는 자신이 사용한 카드를 바닥에 내려놓고 나머지 카드 전체를 오른편 사람에게 돌린다. 그 사람도 제일 윗장을 선택해 똑같은 방법으로 문장을 완성한다.

15. **얼음 조각** - 그룹원들에게 다음과 같이 말한다. "여러분의 생애 가운데 마음이 완고했거나 경직됐던 때를 생각하십시오. 그 때 당신의 마음을 녹여주고 부드럽게 해준 것은 무엇이었습니까? (얼음 조각이 담긴 투명한 봉투를 그룹원들에게 돌려서 그들이 이야기할 때 만져볼 수 있게 한다. 그룹원들이 자신의 의견을 모두 나눈 후에 많이 녹은 얼음을 주목하게 하고 묻는다.) "이 얼음이 왜 녹았을까요?" 사람들은 다양한 답을 말할 것이나 중요한 결론은 사람들의 따뜻한 체온의 터치가 얼음 조각을 변하게 했다는 것으로 모아질 것이다. 이것은 세상 사람들에 대한 우리들의 삶이 어떠해야 하는가에 대한 훌륭한 지침을 제공해 줄 것이다.

소품을 통해 나를 보여주는 마음열기

그룹 모임 한 주 전에 조원들이 다음과 같은 지령에 따라서 물건들을 준비해 옵니다. 그리고 그 물건을 통해서 자신을 보여줄 수 있습니다.

1. 그룹 모임 전에 조원들은 자신이 받은 선물 가운데 가장 특별한 것을 집에서 가져오도록 한다. 모임에서 그 선물이 자신에게 큰 의미를 주는 이유를 다른 조원들에게 설명한다.

2. 그룹 모임 전에 조원들에게 각각 자신의 성장 단계를 함께 볼 수 있는 사진들을 16절지에 붙여오도록 말한다(사진 밑에 짧은 설명을 덧붙이면 좋다). 조원들이 서로 돌아가면서 사진을 볼 때 더 친밀감을 느낄 수 있다.

3. 모임 한 주 전에 조원들에게 집에서 중요한 추억이 담긴 기념물을 모임에 가져오게 한다. 조원들은 그들이 가져온 물건이 왜 그렇게 소중한지 다른 조원들에게 설명하게 한다(누군가 자신의 기념물을 가져오지 않았다면, 그것이 무엇인지 말하고 내용을 설명하게 한다).

숨겨진 재능

　사람들은 누구나 나름대로의 재능을 지니고 있습니다. 여러분의 감춰둔 재능은 무엇입니까? 여러분이 소그룹 모임에서 보여줄 수 있는 재능은 무엇입니까? 귀를 움직일 수 있습니까? 한 쪽 눈썹만 치켜 올릴 수 있습니까? 물구나무서기를 하거나 혀를 내밀어서 코에 닿게 할 수 있습니까?

스며들기

두 사람씩 짝을 지어서 서로 등을 맞대고 앉습니다. 번갈아 가면서 아래의 물음에 대답합니다.

1. 당신의 별명은 무엇입니까? 그 별명을 얻게 된 계기는 무엇입니까?

2. 당신이 열 살 때 살던 곳은 어디입니까? 그 여름에 당신이 즐겨하던 놀이는 무엇이었습니까?

3. 당신이 지금까지 가졌던 직업이나 역할 가운데 가장 마음에 들었던 일은 무엇입니까?

4. 당신의 소유 가운데 가장 아끼고 좋아하는 것은 무엇입니까?

모두가 네 가지 물음에 대하여 파트너끼리 이야기를 나누었다면 다시 그룹으로 모여 앉습니다. 아래의 물음에 대하여 자신의 파트너가 어떻게 대답할지 잠시 동안 생각해 봅시다.

5. 만일 나의 파트너 _____ 가 하루 동안의 휴가를 얻는다면_____ 을 하면서 하루를 보낼 것이다.

6. 만일 _____ 의 집에 불이 났다면 그(그녀)가 제일 먼저 꺼내고 싶은 것은 _____ 일 것이다.

7. _____가 영화를 보러 간다면 가장 좋아하는 장르는_____ 일 것이다.

8. 만일 _____가 세계 어디에나 가서 살 수 있다면 _____ 을 선택할 것이다.

다함께 모인 자리에서 자신이 생각한 것을 이야기한 다음 여러분의 파트너로 하여금 정확한 답이 무엇인지 밝히도록 합니다.

스트레스 해소법

당신은 많은 스트레스 가운데 있습니까? 지치거나 근심이 있을 때 당신은 어떻게 해결하십니까? 아래의 질문에 적절한 대답을 선택하시고 그것을 그룹원들과 나누십시오.

1. 나에게 긴장이나 혼란을 가장 많이 주는 요인들은 :
□ 밤이 깊도록 무엇인가를 할 때
□ 내가 필요한 것이 없을 때
□ 독선적인 관료주의가 짓누를 때   □ 교통 체증 때
□ 친구나 동료들에게 배신감을 느낄 때   □ 일이 과다할 때
□ 무시당할 때   □ 자녀들 문제
□ 경제적으로 어려울 때
□ 기타 : _____

2. 긴장이나 피곤함, 혼란이 다가올 때, 내가 보이는 첫번째 반응은?
□ 화를 낸다   □ 술을 마신다   □ 운다
□ 손톱을 깨문다   □ 계속 먹는다   □ 담배를 피운다
□ 과속 운전을 한다 □ 방에틀어박힌다   □ 당황하거나두렵다
□ 근육이 경직된다   □ 몸이 아프다   □ 조바심이 난다
□ 쇼핑을 한다 □ 다른 사람을 괴롭힌다
□ 기타 : _____

3. 내가 긴장이나 스트레스를 해소하는 방법은?
☐ 음악을 듣는다　　☐ 꽃을 산다　　☐ 기도한다
☐ 친구와 대화한다　☐ 산책한다　　☐ 애완동물과 논다
☐ 성경을 읽는다　　☐ 글을 쓴다　　☐ 운동한다
☐ 컴퓨터에 매달린다　☐ 여행한다　☐ 취미생활을 한다
☐ 좋은 책을 읽는다　☐ 영화를 본다
☐ 기타 : _____

4.

이번 주에 나는 긴장이나 스트레스를
풀기 위해 이런 방법을 써볼 계획입니다:

서명_____

시간과 나

한국 사람들은 모두가 바쁘게 보입니다. 그래서 "빨리 빨리"를 반복하곤 합니다. 당신은 어떻습니까? 시간이 충분합니까? 바쁜가요? 아니면, 지루한가요? 아래에 함께 묘사된 것들 가운데 당신의 느낌을 가장 잘 표현한 것은 무엇입니까? 당신에게 적합한 것을 선택하시고 그것을 그룹원들과 나누십시오. 그룹원들이 서로의 대답을 추측하는 것도 좋습니다.

뻐꾸기 시계
나는 스케줄에 쫓깁니다. 내 일정표를 보세요. 미칠 지경입니다.

코리안 타임
나는 매일 늦어요. 시간 조절이 필요합니다.

내가 곧 시계
나는 제 시간에 일을 끝낼 수가 없어요. 행동이 느린가 봐요.

해시계
나는 스케줄도 필요 없습니다. 밝을 때 대충 일하면 충분합니다.

냉정한 시계
나는 늘 시간을 잘 맞춥니다. 시간에 신경을 많이 쓰거든요.

초시계
내 생활은 마치 시간과의 경주 같습니다. 단거리 달리기 선수같이요.

주머니시계
나는 옛날 시간 개념을 고수합니다. 일찍 자고 일찍 일어납니다.

모래시계
내 스케줄은 매우 조밀합니다. 그래서 시간을 모래조각처럼 쪼개어 씁니다.

성가신 알람시계
시계와 나는 궁합이 안 맞습니다. 시간에 신경 쓰는 것은 몹시 성가십니다.

장남감 시계
우리 아이가 나의 시계입니다. 내 모든 일정은 아이의 스케줄에 따라 달라집니다.

계기반 시계
나는 운전하면서 길에서 시간을 많이 보냅니다.

태엽 시계
나는 너무 바쁩니다. 태엽이 모두 풀려 버릴지도 모르니 조심해야합니다.

신앙의 여정

단번에 사울이 바울로 변하는 것처럼 예수님을 영접하는 사람들도 있지만 대부분의 사람들은 점차적으로 그리스도인이 됩니다. 그래서 모든 사람들은 각각 다른 신앙의 여정으로 다양한 경험을 하면서 하나님께로 더욱 가까이 나아가는 것입니다. 아래의 월별 날씨를 통해 여러분이 신앙 여정은 어떠했는지, 각 연령별로 해당되는 달을 기록한 후 함께 나누어 보십시오. (연령대가 높으신 분들은 2개 정도 선택하여 나누어도 됩니다.)

☐10대 - ____월   ☐20대 - ____월   ☐30대 - ____월
☐40대 - ____월   ☐50대 - ____월   ☐60대 이후 - ____월

1월 : 춥고 눈은 내리지만 새로운 한 해가 시작되었다.

2월 : 새 해의 결심이 벌써 무너지기 시작하고 나는 조금씩 지쳐간다.

3월 : 아직은 춥고 바람이 매섭지만 서서히 봄기운이 도는 것은 느낀다.

4월 : 모든 것이 들뜨고 동요되지만 내 인생은 여기저기서 상처투성이다.

5월 : 이제 완연한 봄이다. 꽃이 피고 새가 울고 바람은 따뜻하다.

6월 : 따뜻하고 느긋해지는 날들이다. 초목이 자라고 녹음이 우거진다.

7월 : 너무 덥다. 모든 것이 검게 그을리고 지쳐서 어깨가 무겁다.

8월 : 한바탕 태풍이 불고 빗줄기가 세차게 퍼붓고 있지만 이 고비만 넘기면 시원한 가을추수가 다가올 것이다.

9월 : 어느덧 시원한 바람이 불고 제법 가을이 느껴진다. 하늘이 점점 높아져 간다.

10월 : 가을이 무르익고 있다. 생물들은 겨울나기를 준비하지만, 산과 들은 아름다운 채색으로 불탄다.

11월 : 낙엽이 모두 져버리고 날씨가 추워지고 있다.

12월 : 날씨는 춥고 풍경은 황량하지만 성탄 트리의 불빛과 캐럴 송이 우리의 마음을 따뜻하게 해준다.

실직

사람 대신 청소를 해주는 로봇이 출시되었습니다. 인간들이 하던 일을 점차 로봇이 대신해 주는 세상이 되어가고 있는 것입니다. 당신이 택시기사이건 변호사건 주부이건 간에 과학기술은 계속 발전해서 당신이 하던 일을 대신할 것입니다. 그러면 우리는 다른 일을 찾아야 할 것입니다. 당신은 무슨 일을 하게 될까요? 아래의 질문들에 대답할 시간을 가진 후 그룹원들과 당신의 답을 나누십시오.

1. 현재 당신이 하는 일을 그만둔다면, 어떤 느낌이겠습니까?

2. 당신의 직업, 추진하던 프로젝트, 동료들을 떠나게 된다면, 어떤 일을 하고 싶습니까?

3. 당신이 일하는 직장을 방금 그만 두었다면, 당신의 반응은?
   ☐ 휴가를 간다.
   ☐ 하루 종일 침대에 누워서 낙심한다.
   ☐ 며칠 동안 원망하다가 가라앉는다.
   ☐ 내가 너무 바빠서 하지 못했던 것을 한다.
   ☐ 즉시 다른 일을 구한다.
   ☐ 당황하고 난감할 뿐이다.
   ☐ 기타: _____

4. 당신이 마지막으로 직장을 구하던 때는 언제이며, 그 때 어떤 직업을 구하셨습니까?

5. 과거에 직장을 구하면서 겪었던 경험은 어떤 것이 있습니까?

6. 당신이 다른 직장을 구할 때 사용한 방법은 어떤 것들이 있었습니까?

7. 당신이 다른 직장을 구하는 동안에도 평안과 안정을 유지하는 비결은 무엇입니까?

8. 당신이 다른 직장을 구할 때 하나님께서 당신을 도우실 것이라는 믿음은 어느 정도입니까?

아는 것이 힘이다!

축하합니다! 당신은 평생교육원에 입학하여 원하는 강의를 무료로 들을 수 있는 자격을 획득하셨습니다. 당신은 아래의 개설과목 가운데 무엇을 수강하겠습니까? 가장 듣고 싶은 강좌는 무엇입니까? 가장 듣고 싶지 않은 강좌는 무엇입니까? 그 이유는 무엇입니까? 서로 자신의 선택을 이야기하기 전에 잠시 생각하고 고를 수 있는 시간을 갖습니다.

고고학 714
"땅 속 탐험, 고대 유적에 묻혀 있는 황금 유물을 찾아라"
담당교수 : 인디아나 존스 박사, 담당교수의 활약이 담긴 비디오 테이프 제공합니다.

조류관찰 101
"새들은 우리의 친구"이 과정을 통하여 여러분은 철새와 텃새의 종류와 생김새, 습성 등에 대하여 배우게 될 것입니다. 시험 없음, 레포트 없음

정치학 403
"여의도로 가는 길"국회의원이 되기 위한 선거전략 ABC, 특히 선거유세 방법과 조직관리 방법 등을 중점 지도합니다. 학기 중에 "날치기 통과시키는법"," 지역감정 자극하는 법"등에 대한 현역 의원들의 특강이 있을 예정입니다.
담당교수 : 전 국회의원 최다선 씨

미적분학 555
"혼돈의 수학"이 과목은 매주 다른 시간에 다른 장소에서 다른 교수에 의해 수업이 진행됩니다.

문예창작 201
"삼행시 짓는 법"이 과목만 이수하면 당신은 사천만이 즐기는 삼행시의 달인이 될 수 있으며, TV오락프로나 토크쇼에 초대손님으로 출연하는 행운을 잡을 수도 있습니다.
담당교수 : 앞니가 튀어나온 개그맨

사회학 313
"한국인의 TV보는 법" 거실 소파에 반쯤 누워서, 오징어 다리 하나 물고 공중파, 케이블, 위성 채널까지 쉴 틈 없이 채널을 탐색하는 전형적인 TV광이 될 수 있도록 도와주는 열정적인 사회학 강좌. 드라마와 쇼 프로는 물론 광고까지도 완벽하게 즐길 수 있는 방법을 소개합니다.
담당교수 : 광고주 씨

응용행동과학 101
"자아개발을 위한 심리치료요법"이 과정에서는 어려운 심리학 용어들에 대하여 소개하고 자신의 내면을 들여다 볼 수 있는 방법을 가르쳐 줍니다. 학생들은 자신이 얼마나 알 수 없는 존재인지 깨닫게 되고 자신에게 값비싼 심리치료가 필요하다는 것을 알게 될 것입니다.
담당교수 : 불안해 박사

라디오, 텔레비전, 영화 202
"영화 감상에 필요한 간식들"이 과목에서는 팝콘, 콜라, 아이스크림, 숯불구이 오징어 등 오늘날 우리 사회에서 영화를 감상할 때 빼놓을 수 없는 먹거리들에 대하여 진지하게 탐구합니다.
담당교수 : 안송기 씨, 영화감상 실습 제공(간식비 본인 부담)

자동차 정비 401

"전자제어장치의 이해"이 과목은 진지한 학생들만을 위한 것입니다. 전반부에서는 자동차 스테레오에서 라디오 주파수 맞추는 법을 배우고, 후반부에서는 간헐식 와이퍼 사용하는 법을 중점적으로 배우게 됩니다.

담당교수 : 고장나 선생

아버지란 누구인가?

아빠는 분명 이 세상에서 특별한 존재다. 항상 바쁘다. 하루도 쉬지 못한다. 눈을 떠보면 안 계실 때가 많다. 그래서 투명인간 같이 보인다. 아빠는 목소리가 크다. 큰 목소리로 설교를 할 때면 아빠가 무섭다. 엄마도 꼼짝을 못한다. 엄마는 성질을 안 건드리는 게 낫다고 한다. 나도 가급적이면 아빠를 자주 피하려 한다.

아빠는 자주 약속을 어긴다. 엄마한테 물어보면 바빠서 그렇다고 한다. 그래도 나는 속이 상한다. 나보다 일이 더 중요한 것 같아서 기분이 썩 좋지 않다. - 아빠는 말이 없다. 집안에서 거의 웃지도 않는다. 어떤 때는 하루 종일 신문만 들여다보고 TV만 쳐다볼 때도 있다. 나는 우리 아빠가 로봇인지 착각이 들 때도 있다. 그래서 나는 빨리빨리 커서 어른이 되고 싶지만 아빠가 되고 싶지는 않다.

엄마가 보약을 지어왔을 때 아빠는 쓸데없는 데 돈 쓴다고 야단을 쳤다. 나는 그런 아빠가 싫다. 그래도 엄마는 아빠를 사랑한다고 한다. 엄마 말이 내가 아빠를 너무 모른다며 다 가족을 위해서 그렇단다. 아빠도 약할 때가 있다고 하신다. 지난 번 어버이날 학교에서 쓴 내 편지를 보고 내내 눈시울을 적셨다고 한다. 내가 병원에 입원했을 때 아빠는 한숨도 못 자고 끙끙 앓았다고 한다. 아빠가 내 생일 선물로 킥보드를 사주기 위해 아침 수영을 한 달 건너 뛰었다고 한다.

-송길원, 「하나님 새로 사랑할래요」중에서-

1. 자신의 아버지에 대한 가장 좋은 기억을 한 가지씩 이야기해 봅시다. 없으면 통과하셔도 됩니다.

2. 하나님이 아버지처럼 느껴졌던 적이 있었습니까? 서로 이야기해봅시다.

야외 활동

이 마음열기는 그룹원들이 더 친해지도록 해줄 뿐 아니라 그룹원들이 밖에 나가서 하기 원하는 것이 무엇인지 알려줍니다. 아래의 야외 활동 가운데 당신의 그룹원들이 개인적으로 하고 싶은 것과 그룹원과 함께 하고 싶은 것이 무엇인지 나누는 순서를 가지십시오.

- ☐ 자전거 타기
- ☐ 캠핑 가기
- ☐ 보트 타기
- ☐ 수상 스키
- ☐ 유람선 타기
- ☐ 스노우 보드
- ☐ 행글라이딩
- ☐ 놀이공원
- ☐ 골프
- ☐ 스키
- ☐ 테니스
- ☐ 배구
- ☐ 부메랑 던지기
- ☐ 조깅
- ☐ 탁구
- ☐ 소풍
- ☐ 그림 전시회
- ☐ 캠프 파이어
- ☐ 스포츠 관람
- ☐ 유적지 방문
- ☐ 관광 명소
- ☐ 도자기 체험
- ☐ 스쿠버 다이빙
- ☐ 래프팅
- ☐ 천문대 방문
- ☐ 동물원
- ☐ 번지 점프
- ☐ 사냥

☐ 낚시 　　　　　☐ 등산
☐ 수영 　　　　　☐ 보물찾기
☐ 기도원 　　　　☐ 바닷가
☐ 노래방 가기 　　☐ 음악회 가기
☐ 영화 보기 　　　☐ 연극 보기
☐ 기타 : _____

어떤 조미료가 되겠습니까?

　음식의 향을 돋우어 주고 맛을 완성시키는 여러 가지 조미료들이 있습니다. 만약 우리가 조미료가 될 수 있다면 아래의 보기 중에 스스로 어떤 조미료가 되어 공동체에 유익을 주는 사람이 되고 싶습니까? 그 이유도 함께 나누어 보십시오.

☐소금　　☐설탕　　☐후추
☐들깨　　☐고춧가루　☐고수(향채)
☐식초　　☐꿀　　☐기타:

어린 시절에...

여러분 모두가 지금 열한 살이라고 생각해 봅시다. 가장 하고 싶은 일은 무엇일까요? 지금 이 소그룹에 모인 사람들이 만일 열한 살 때 함께 모였다면 당신은 어떤 모습이었을까요? 아래의 상황들을 읽고 물음에 대한 자신의 대답을 함께 이야기해 봅시다.

1. 오늘은 당신의 열한 번째 생일입니다! 그리고 생일상이 차려져 있습니다. 무엇이 놓여 있을까요? 그 때 당신의 소원은 무엇이었습니까? 가장 받고 싶은 선물은 무엇이었습니까?

2. 아버지께서 저녁에 집으로 돌아오셨습니다. 집에서 무엇을 하십니까? 당신은 자라서 무엇이 되고 싶었습니까?

3. 누군가 우리집 문을 두드립니다. 무슨 일이 일어났을까요?

4. 야호! 오늘은 학교가 단축수업을 하고 일찍 마쳤습니다. 당신은 이제 무엇을 할까요? 누구와 함께 하고 싶습니까?

5. 오늘은 토요일입니다. 당신의 가장 친한 친구가 집에서 하룻밤 함께 보내게 되었습니다. 그 친구의 이름은 무엇입니까? 그 친구는 무엇을 좋아했나요? 그 친구에게서 당신이 가장 좋아한 점은 어떤 것이었습니까?

6. 여름 방학이 되었습니다! 당신은 방학 때 어디에 갔습니까? 어떻게 그곳에 갔습니까? 그곳에 가는 동안 당신이 좋아했던 것은 무엇입니까? 그곳에서 당신이 가장 좋아했던 것은 무엇입니까?

7. 그 당시 살던 동네에서 당신에게 친절했던 어른을 생각해 보십시오. 그분들은 열한 살 때의 당신의 모습을 어떤 모습으로 기억하고 있을까요?

영감

두 사람씩 짝을 지어서 아래의 문장을 완성해 봅시다. 다 마친 후에 다시 함께 모여서 돌아가면서 자신의 파트너가 어떻게 문장을 완성했는지 이야기합니다.

나는 _____을 통해서 영감을 얻는다.

☐ 소풍이나 여행 ☐ 성경읽기 ☐ 음악감상
☐ 그림 그리기 ☐ 예배 참석 ☐ 식초
☐ 해돋이 감상 ☐ 산책 ☐ 기도
☐ 좋은 책읽기 ☐ 다른 사람들과의 격의 없는 토론
☐ 기타

- 내 인생에서 특별히 깊은 영감을 얻는 순간은 _____ 였다.
- 지금 현재 나는 _____을 통해서 영감을 얻는다.
- 이 모임은 _____을 통해서 나에게 영감을 준다.

영성 일람표

영적 생활에 대한 아래의 질문들을 그룹원들에게 제시하고 적당한 대답을 자유롭게 선택하게 합니다. 적당한 답이 없을 때는 자신의 생각을 말해도 좋습니다.

1. 최근에 당신이 하는 기도에 대한 느낌은?
☐ 헬륨 풍선 - 나는 기도해 놓고도 그 내용을 곧 잊어버립니다.
☐ 비맞은 폭죽 - 내 기도는 쓸모없는 불발탄 같습니다.
☐ 고장난 레코드 - 내 기도는 내가 들어도 혼란스럽습니다.
☐ 럭비공 - 내 기도는 목적지를 확실히 알 수 없습니다.
☐ 무인도의 로빈슨 크루소 - 나는 기도 시간에 홀로 있다고 느낍니다.
☐ 전화기 - 나는 하나님과 전화하듯 빠르고 분명한 응답을 받습니다.
☐ 기타 : _____

2. 당신의 교회 생활은?
☐ 요요 - 그저 왔다갔다 할 뿐 신앙을 잘 모릅니다.
☐ 만찬 - 잘 먹고 난 후의 만족감이 있습니다.
☐ 유니콘 - 신앙이란 허상 같습니다.
☐ 개 목걸이 - 나는 끌려서 교회에 가곤 합니다.
☐ 후보 선수 - 나는 교회에서 일하고 싶은데 청하는 사람이 없습니다.
☐ 응급차 - 나는 교인들을 위해 늘 출동합니다.

☐ 심장 수술 - 나의 삶은 완전히 변했습니다.
☐ 발바리 - 나는 다른 교회 행사에도 따라다닐만큼 열성입니다.
☐ 악세사리 - 교회 생활은 교양을 쌓기 위한 것입니다.
☐ 기타 : _____

3. 예수님을 따라 살려는 당신의 노력은 무엇과 같습니까?
☐ 거울 - 나는 예수님의 사랑을 잘 반영하는 삶을 살고 있습니다.
☐ 야누스 - 나는 수시로 그 모습이 바뀌어 종잡을 수 없습니다.
☐ 보통 사람 - 나는 안 믿는 사람과 별 차이 없이 삽니다.
☐ 현미경 - 이리저리 살펴도 나는 예수님을 닮아 있습니다.
☐ 망원경 - 거리를 두고 볼 때만 나는 훌륭한 그리스도인 같습니다.
☐ 보름달 - 나는 한 달에 한 번 정도만 그리스도인 같습니다.
☐ 동물원 - 교회에서만 예수님을 닮은 모습입니다.
☐ 기타 : _____

영적인 여정

여기에 있는 질문은 그룹원들이 당신의 영적인 여정을 보다 잘 이해할 수 있도록 돕는 것들입니다. 몇 분 동안 아래의 문장을 완성하고 그것을 그룹원들과 나누십시오.

1. 교회에 대한 가장 오래된 나의 기억은 :

2. 내가 아는 사람 가운데 신앙 때문에 자신의 삶을 긍정적으로 잘 살아가고 있는 사람은:

3. 내가 하나님의 도움을 처음으로 간절히 필요로 했던 때는:

4. 내 기억으로 예수님에 관해 처음 들었던 때는:

5. 그리스도께서 나를 위해 이루신 구원을 처음 인격적으로 받아들인 때는 :

6. 예수 그리스도를 인격적으로 만난 이후에 그리스도인으로서의 내 삶의 변화는 :

7. 현재, 그리스도인으로서의 내 삶은:

8. 내 교회 생활은 :

9. 내가 그리스도를 따르는 데에 있어서 변했으면 하는 한 가지는 :

10. 앞으로 내가 하나님을 잘 섬기기 위해 하고 싶은 한 가지 일은 :

오늘 어땠어요?

여러분은 오늘 하루를 어떻게 보내셨습니까? 아래의 선 위에서 자신의 오늘 하루를 설명하기에 적당한 위치에 표시를 해보십시오. 그런 다음 순서대로 돌아가면서 자신이 왜 그렇게 표시했는지 설명해 보십시오.

상쾌한 산책로 --------------------------- 뒷골목에서 쫓기는 악몽
화창한 햇빛 ------------------------------------ 폭풍우
왕이 된 기분 ------------------------- 눈치만 보며 설설 긴 하루
수퍼 모델 -------------------------------- 쥐구멍이라도
지킬 박사 ---------------------------------- 하이드 씨
수퍼맨 ----------------------------------- 사고뭉치
백만 돌이 ------------------------------- 다 쓴 건전지
최신 댄스 그룹 --------------------------- 흘러간 옛 노래
마이더스의 손 --------------------------------- 부도 수표
테레사 수녀 ----------------------------------- 마돈나
절벽 위의 노송 ---------------------------- 바람에 흔들리는 갈대

오늘은...

오늘 하루 당신은 어땠습니까? 어떤 하루였다고 말하고 싶습니까? 아래의 비유들을 사용해서 당신의 하루를 그룹원들에게 설명해 보십시오. 창의력을 발휘해서 이야기해도 좋습니다.

1. 오늘이 **물고기**라면...
    - ☐ 놓아 보냈다(생각하지 않는다).
    - ☐ 비린내가 났다(다소 불쾌).
    - ☐ 어망을 꽉 채웠다(보람 있었다).
    - ☐ 대어를 놓쳤다(안타까운 하루).
    - ☐ 대어를 낚았다(만족).
    - ☐ 기타 : _____

2. 오늘이 **영화**라면...
    - ☐ 비극이었다.
    - ☐ 코미디였다.
    - ☐ 더빙한 외국 영화였다(그럭저럭 잘 보냈다).
    - ☐ 계속 반복해서 보고 싶다.
    - ☐ 표값을 돌려 받고 싶다.
    - ☐ 기타 : _____

3. 오늘이 **동화 속 주인공**이라면...
   ☐ 행복한 피터팬이었다.
   ☐ 팥쥐에게 시달린 콩쥐였다.
   ☐ 선녀를 만난 나무꾼이었다.
   ☐ 제비 다리를 고쳐준 흥부였다.
   ☐ 사과 먹고 죽을 뻔한 백설공주였다.
   ☐ 기타 : _____

4. 오늘이 **정치적인 사건**이라면...
   ☐ 대단한 논쟁이었다.
   ☐ 즐거운 모임이었다.
   ☐ 중요하고 엄숙한 취임식이었다.
   ☐ 긴장되는 선거일이었다.
   ☐ 싸움이 계속되는 국회였다.
   ☐ 기타 : _____

5. 오늘이 **성경 인물**이라면...
   ☐ 머리카락 잘린 삼손이었다.
   ☐ 고난의 욥이었다.
   ☐ 골리앗을 죽인 다윗이었다.
   ☐ 이삭을 낳은 사라였다.
   ☐ 눈물의 예레미야였다.
   ☐ 라헬을 얻은 야곱이었다.
   ☐ 기타 : _____

요즘 나의 생활

　요즘 하루하루를 어떻게 보내십니까? 아래에 제시된 항목들을 이용해서 당신의 일상 생활을 설명해 보십시오. 편안한 마음으로 상세히 이야기하면 좋겠습니다. 이 문제는 모든 구성원들이 함께 이야기를 나누면 더욱 효과적일 것입니다. 다음의 여러 항목 중 한 가지를 골라서 왜 그것을 선택했는지 자신의 이야기를 해 주십시오. (해당되는 것에 표시 하십시오)

　요즘 나의 생활 _____

- ☐ 온 집안이 눈물로 젖을 만큼 슬픈 일이 있었다.
- ☐ 누군가를 좋아하는 마음이 생겼다.
- ☐ 회사에서 나의 모든 것을 걸어 볼 만큼 좋은 기회가 왔다.
- ☐ 어떻게 이런 일이 나에게 생길 수 있는지 이해가 되지 않는다.
- ☐ 마치 내가 모세나 요셉 같은 인물이 된 것 같은 기분이었다.
- ☐ 나의 신앙 생활에서 이 보다 더 멋진 일은 없었을 것이다.
- ☐ 사소한 일이었지만 나에게는 한 가지 좋은 교훈을 얻을 수 있었다.
- ☐ 혼자만 간직하고 있기에는 너무나 좋은 일이 일어났다.
- ☐ 무시무시한 꿈을 꾸었다. 무서운 일이 나에게 닥칠 것만 같은 기분이다.

☐ 모든 사람이 나를 주목하고 무언가 큰 기대를 하고 있다.

☐ 여러 사람 앞에서 나는 완전히 바보가 되고 말았다.

☐ 열 받는 일이 있었다.

☐ 어떤 일을 해 놓고 후회했다.

☐ 기타 : _____

요즘 저의 생활에 대해 말씀드리자면…

당신은 오늘 어떤 하루를 보냈습니까?

지난 한 주간은 어땠습니까?

한 달은?

일 년은?

다음의 그림 중에서 요즘 당신의 생활을 묘사하는 것 한 가지를 선택해서 다른 참가자들에게 소개하십시오. 너무 자세하게 설명하려고 부담 가질 필요는 없지만 각자 충분히 이야기할 수 있도록 시간을 고려하십시오.

우리 가족 건강도 테스트

아래는 가족의 건강도를 진단할 수 있는 항목들입니다. 주어진 질문에 해당하거나 가까운 쪽에 체크해 보면서 가족들 사이의 관계성이 어떠한지 확인해 본 후 함께 나누어 주십시오. (참고 : '부모와 자녀'의 관계에서는 부모입장에서, 또 자녀입장에서 관계의 상황에 따라 점검할 수 있는 체크질문지가 부수적으로 준비되어 있으니 적절하게 활용하시기 바랍니다.)

남편과 아내 사이
1. 고마워요, 사랑해요, 라는 말을 자주 사용한다.
2. 배우자의 말을 잘 경청한다.
3. 배우자가 나와 다른 차이점을 갖고 있다는 사실을 인정하고 수용한다.
4. 배우자를 비교, 평가하거나 비꼬는 말을 삼간다.
5. 배우자의 감정을 소중히 여긴다.
6. 갈등이 생기면 배우자를 탓하지 않는다.
7. 갈등시 욕이나 저속한 말, 무력 행동을 사용하지 않는다.
8. 배우자에게 명령하기보다 부탁한다.
9. 시댁과 처가 식구를 차별하는 언행을 삼간다.
10. 배우자의 취미와 관심사를 인정하고 동참한다.
11. 배우자에게 내 방식을 강요하지 않는다.
12. 배우자는 내게 위로와 힘이 되는 사람이다.
13. 배우자에게 내 감정을 솔직하게 얘기한다.

14. 배우자의 외모와 건강에 관심을 갖고 적극 도와준다.
15. 배우자를 자랑스럽게 여긴다.

- 10개 이상 : 건강하고 행복한 가정
- 6~10개 : 건강한 가정과 불안정한 가정의 모습이 교차하는 단계
- 5개 이하 : 가족 간의 관계가 불안정하여 서로에 대한 친밀감 부족한 상황

〈선택지문〉
부모와 자녀 사이(부모 입장)
1. 자녀에게 격려와 긍정의 말을 자주 한다.
2. 자녀들 스스로 문제를 해결하도록 기회를 준다.
3. 자녀에게 잘못이나 실수를 인정하고 사과할 수 있다.
4. 다른 가정의 자녀와 비교하지 않는다.
5. 자녀의 재능이 무엇인지 알고 있다.
6. 자녀를 설득하되 강요하지 않는다.
7. 스킨십에 인색하지 않다
8. 독서, 여행 등 간접적인 경험의 폭을 넓힐 수 있도록 돕는다.
9. 자녀의 비전과 꿈에 대해 대화를 나누고 있다.
10. 일관성 있게 훈계하고 지도한다.
11. 자녀의 실수를 수용하고 비난하지 않는다.
12. 자녀와의 약속, 신뢰를 중요시한다.
13. 자녀의 친구나 주위환경에 대해 관심을 가지고 있다.
14. 하루 일과를 자녀와 나누는 시간을 갖고 있다.
15. 자녀의 의견을 무시하기보다 존중한다.

부모와 자녀 사이(자녀 입장)
1. 부모님의 말씀(반복되는 말일지라도)을 경청한다.
2. 생신이나 기념일을 기억하고 챙겨드린다.
3. 부모님을 존경하는 마음이 있다.
4. 부모님의 건강상태에 관심이 있다.
5. 애정 어린 말이나 스킨십(안마 등)을 잘한다.
6. 기억하고 싶은 부모님과의 추억들이 많다.
7. 세대 차이를 이유로 부모를 무시하지 않는다.
8. 취미나 운동을 같이 하는 일이 있다.
9. 부모님께 경험과 연륜을 통한 조언과 충고를 구한다.

우리 가족을 소개합니다

가족을 "식구(食口)"라고 표현하던 때가 있었습니다. 한 솥에서 나는 밥을 먹고, 한 식탁에서 식사하는 사람을 가족의 구성원으로 여겼던 시절의 이야기입니다. 하지만 현대 핵가족 사회에서는 거의 사용하지 않는 말이 되었습니다. 이는 사람들이 가족을 표현하는 말과 기준이 시대에 따라 바뀌기 때문입니다.

1. 지금 당신의 가족은 몇 명이고 누구누구입니까?
2. 현재 당신 가족 가운데 가장 중요한 사람은 누구입니까?
3. 가족 가운데 자신이 가장 중요하다고 느끼는 사람은 누구이며 그 이유는 무엇입니까?
4. 가족 가운데 당신이 특별한 친밀감을 느끼고 있는 사람은 누구입니까?
5. 가족 가운데 가까워지려고 노력해도 자꾸 멀어지는 사람은 누구입니까?
6. 가족 가운데 어떤 경계선을 긋고 항상 그 자리에 머물러 있는 사람은 누구입니까?
7. 당신 가족이 함께 보낸 시간 중에서 가장 즐거웠던 순간은 언제였습니까?
8. 당신의 가족들이 가장 소중히 여기는 물건은 어떤 것입니까?
9. 당신의 부모님이 끼친 영향력 중에서 가장 좋은 것이라 생각되는 것은 어떤 것입니까?

가족에 대해 표를 작성해 봅시다.

	일어나는 시간	자는 시간	중요하게 생각하는 문제	함께 보내는 시간
가족1				
가족2				
가족3				
가족4				
가족5				

■ 나의 가족 구성원은?

■ 가족 구성원들이 일어나는 시간과 자는 시간은?

■ 가족 구성원들이 지금 가장 중요하게 생각하는 문제들은?

■ 가족이 함께 보내는 시간은?

우선 순위 정하기

나의 우선 순위는 무엇입니까?

다음의 항목 중에서 선택하시기 바랍니다.

☐ 돈   ☐ 사랑   ☐ 믿음   ☐ 꿈   ☐ 친구
☐ 명예 ☐ 학위   ☐ 직장   ☐ 유머감각 ☐ 건강
☐ 부모 ☐ 자녀   ☐ 지혜   ☐ 친절   ☐ 온유
☐ 화평 ☐ 관계   ☐ 선배   ☐ 후배   ☐ 신앙
☐ 헌신 ☐ 음식   ☐ 쉼   ☐ 여행   ☐ 열정
☐ 이해 ☐ 종교   ☐ 절제   ☐ 기쁨   ☐ 격려
☐ 운동 ☐ 음악   ☐ 의사   ☐ 교회   ☐ 책

1. 건강한 가정을 위한 우선 순위 3가지는?
1)
2)
3)

2. 건강한 친구 관계를 위한 우선 순위 3가지는?
1)
2)
3)

3. 건강한 육체적 삶을 위한 우선 순위 3가지는?
1)
2)
3)

4. 건강한 영적 삶을 위한 우선 순위 3가지는?
1)
2)
3)

우정

우리는 모두 친구가 필요합니다. 우리는 살아가면서 특별히 친구들의 도움이 필요할 때가 여러 번 있습니다. 여기 있는 질문들은 당신의 우정이나 그룹원들과의 우애를 알 수 있게 해주는 것들입니다. 몇 분 동안 아래의 질문에 답하시고 그것을 그룹원들과 나누십시오.

1. 당신이 정말 좋은 친구들을 가졌다고 느꼈던 때는 언제입니까?

2. 당신이 도움이나 지지가 필요했고 친구들이 도움을 주기 위해 모였던 때는 언제입니까?

3. 당신이 친구들의 사랑과 지지가 필요했지만 혼자라고 느꼈던 때, 친구가 필요했지만 그들 없이 힘겹게 지냈던 때는 언제입니까?

4. 친구가 필요할 때 친구들이 당신 곁에 있도록 하기 위해 당신이 할 수 있는 것은 무엇입니까?
   ☐ 내가 필요할 때 도움을 요청한다.
   ☐ 내가 더 좋은 친구가 된다.
   ☐ 그들이 도움이 필요할 때 그들 곁에 있어준다.
   ☐ 내 감정을 더 많이 표현한다.
   ☐ 더 자주 만난다.
   ☐ 더 잘 해주고 관심을 기울인다.
   ☐ 기타 :

5. 당신이 더 좋은 친구가 되기 위해 할 수 있는 일은?

6. 오늘 당신의 친구들이 당신을 도와줄 수 있는 방법은 무엇입니까?

음료수

아래의 음료수 중에서 어떤 것이 당신의 성격을 가장 잘 나타내 줍니까? 그 이유는?

물 : 상쾌하고 칭찬을 잘한다.
소다 : 거품이 많고 달콤하다.
쥬스 : 재미있고 상쾌하다.
우유 : 태평하고 견고하다.
커피 : 강하고 진지하다.

■ 세 가지 방식으로 할 수 있습니다.
1. 카드에 위 항목을 써서 그룹원들에게 나누어 주고 대답할 수 있게 하라. 2. 각각의 음료수를 조금씩 용기에 담아서 각 용기의 곁에 그 음료수를 묘사하는 말을 써 붙이고 쟁반에 용기들을 담아서 오른쪽으로 돌린다. 3. 그룹원 각자가 자기에게 가장 잘 맞는다고 생각하는 음료수를 꺼내서는 위의 질문에 답하게 한다. 그룹원 전체가 답할 때까지 계속 돌린다. 위와 같이 하고 자기 오른편 사람에 대해 말하게 한다. 가령, 종민이 소다를 집었다면 "나는 소다가 수진과 가장 잘 맞는다고 생각합니다. 왜냐하면..." 이런 방법으로 한다.

이름 맞추기

마음열기는 큰 그룹을 위한 것입니다. 그룹원들의 인원 수에 맞는 이름표를 준비해서 이름표에 정치인이나 동화에 나오는 이름, 성경에 나오는 이름, 연예인, 스포츠 스타들의 이름들을 적습니다. 이 이름표를 모든 사람들의 등에 붙이되 자기 등에 붙은 이름을 본인은 모르도록 해야 합니다. 인도자가 "시작"이라고 외치면, 모든 사람들은 사람들에게 "예"나 "아니오"로만 답을 들을 수 있는 질문을 하고 그 내용들을 추측하여 자신의 등에 붙어 있는 이름을 알아 맞춥니다. 자신의 이름을 제일 먼저 맞춘 사람이 우승자입니다.

우승자가 밝혀진 후에도 큰 그룹을 정치, 동화, 연예, 스포츠 그룹으로 다시 작게 나누어 이름 맞추기를 할 수도 있습니다.

콩쥐	우렁 각시	신데렐라	평강공주
백설공주	로빈 훗	도널드	임꺽정
피노키오	톰	제리	인어공주
걸리버	짱구	보거스	온달

왕건	김대중	이성계	세종대왕
노무현	지미 카터	아브라함 링컨	김영삼
조지 부시	만델라	윈스턴 처칠	고르바초프

김지미	신성일	문희	엄앵란
장미희	장동건	차인표	신애라
최수종	하희라	강타	신동엽
안재욱	황신혜	손호영	싸이
양동근	장나라	보아	비비안 리
타이거 우즈	김병현	박세리	박찬호
김미현	샤킬 오닐	마이클 조단	홍명보
유상철	황선홍	이천수	선동열
허재	이승엽	이운재	안정환
아브라함	사라	야곱	이삭
모세	요셉	여호수아	다윗
리브가	유다	레위	마태
마가	요한	바울	예레미야
이사야	엘리야	하박국	말라기
삼손	갈렙	욥	에스더
히스기야	룻	사무엘	솔로몬

이상과 현실

아래의 표를 이용하여 여러 가지 삶의 영역에서 자신의 '현실적인' 상태를 먼저 기록합니다. 그런 다음 그 영역 속에서 당신이 희망하는 이상적인 상태는 어떤 것인지 적어 보십시오. 여러분의 삶 속에서 한 가지 또는 두 가지 영역을 선택하여 소그룹의 구성원들에게 자신의 현실적인 상태와 이상적인 모습을 설명해 보십시오.

	현 실	이 상
가족들과의 관계		
신체적 건강		
영적 성장		
직업적 목표		
재정 상태		
애정 관계		

당신의 소그룹 모임에서 갖는 나눔과 기도의 시간에 삶의 한 영역을 택해 '현실'에서 '이상'으로 접근해 가기 위한 당신의 계획은 무엇인지 사람들에게 이야기해 보십시오. 당신이 구체적인 변화를 이루어 낼 수 있도록 하나님께 기도로 간구하십시오.

이상적인 그룹 알아보기

　당신이 원하는 이상적인 그룹은 어떤 모습입니까? 이 마음열기는 서로를 친숙하게 해주면서 그룹에 대한 자신들의 생각을 나눌 수 있게 해줍니다. 아래의 설명 가운데 자신이 더 좋아하는 것에 표시하고 결과를 나누십시오.

　내가 생각하는 이상적인 그룹의 모습은?

평범한 진행 ------------------------------------ 파격적인 진행

가족적 분위기 --------------------------- 조직적(능률적) 분위기

품위있고 예의있게 ------------------------ 솔직하고 도전을 주도록

전체 중심 -------------------------------------- 개인 존중

다른 모임과도 연계 ------------------------ 자체 그룹만을 위주로

조용한 분위기 ------------------------------ 왁자지껄한 분위기

그룹 내의 문제를 드러냄 -------------------- 연합과 일치에만 초점

리더 위주 -- 그룹원 위주

그룹 해체 후 후속 모임 ------------------------- 그룹 해체로 마침

활동적 신입회원 받기 --------------------------------- 신입 사절

규칙과 벌칙 -- 자유

이상적인 직업

때때로 이상적인 상황을 그려보는 것은 우리가 그런 상황에 이르도록 노력하게 만드는 유익이 있습니다. 당신의 일은 어떻습니까? 우리들 대부분은 한 주에 40시간 이상을 직장에서 보내고 있습니다. 이렇게 한 가지 일에 우리 삶의 많은 부분을 할애하기 때문에 가능하면, 우리는 일을 좋은 것으로 만들 방법을 생각해야 합니다. 완벽한 당신의 직업을 상상해 보십시오. 아래의 질문에 답하시고, 그 답을 그룹원들과 나누십시오.

1. 내가 원하는 직업은 :

2. 내가 일하고 싶은 회사는 :

3. 그 회사에서 내가 갖고 싶은 직위는 :

4. 이 직장이 있었으면 하는 지리적 위치는 :

5. 내가 원하는 작업 공간은 :

6. 내가 원하는 시간표는 :

7. 내가 원하는 이 일에 대한 보수는 :

8. 내가 이 일을 통해 얻고 싶은 보람은 :

9. 동료들과의 관계는 :

10. 당신의 현재 직업이 당신이 원하는 이상적인 직업에 가깝도록 하기 위해 당신이 할 수 있는 것은 무엇입니까?

그룹원 각자의 직업이 이상적인 직업에 가깝도록 기도하는 시간을 갖습니다.

이상적인 학교

때때로 이상적인 상황을 그려보는 것은 우리가 그런 상황에 이를 수 있도록 노력하게 만드는 유익이 있습니다. 이것은 우리의 학교 생활도 마찬가지입니다. 학교에 가는 것이 언제나 선택적인 것은 아니지만, 그것을 더 좋게 만드는 많은 방법들이 있습니다. 이상적인 학교 생활을 상상해 보십시오. 아래의 공간을 채우고 그 답을 그룹원들과 나누십시오. 모두 마친 후에 그룹원들과 자신의 학교 생활을 어떻게 하면 더 향상시킬 수 있을지 나누십시오.

1. 내가 다니는 학교가 있었으면 하는 지리적인 위치는 :

2. 내가 하고 싶은 특별 활동은 :

3. 더 개선되었으면 하는 학교 생활 환경은 :

4. 학교에서 내가 매일 잘 가는 곳은 :

5. 내가 배우고 싶은 교수나 선생님의 스타일은 :

6. 내가 배우고 싶은 과목은 :

7. 내가 받고 싶은 최종 학교 졸업장은 :

8. 내가 하고 싶은 동아리 활동은 :

9. 내가 만들고 싶은 학교 생활 추억은 :

10. 내가 함께 공부하고 싶은 학교 친구는 :

11. 내가 다니고 싶은 학교는 :

각 그룹원들은 자신들의 학교 생활이 더 이상적인 모습이 되도록 함께 기도합니다.

이정표

많은 사람들의 삶에는 중요한 전환기가 있기 마련입니다. 하나님과의 관계 속에서 체험한 놀라운 경험, 중대한 결정, 청혼, 중요한 성취 또는 여러 가지 의미심장한 행사들이 그것들입니다. 당신의 인생에서 삶의 중대한 변화를 가져온 사건이 일어났을 때, 당신이 살던 곳은 어디였습니까?

아래의 상자들 안에 당신의 인생에서 가장 중요한 이정표를 통과할 당시에 당신이 살던 곳을 묘사해 보십시오.

예수님을 닮은 당신

모든 그리스도인은 어떠한 면에서든 예수님을 닮은 모습이 있습니다. 모임을 통해서 여러분이 서로에 대해 알게 된 것처럼 모임의 각 사람들은 그들의 개성을 통해 예수님을 모습과 성품을 떠올리게 합니다.

한 사람씩 돌아가면서 그 사람이 어떤 면에서 예수님을 떠올리게 하는지 말해 보십시오. 왜 그것을 골랐는지 이야기해 보십시오.

당신을 보면 예수님의 _____모습이 떠오릅니다.

치료자 예수님
당신은 다른 사람의 삶을 깊은 연민으로 만져줄 수 있습니다. 그리고 그들이 완전해지도록 도울 수 있습니다.

스승이신 예수님
당신은 성경말씀을 삶에 적용하여 소망을 주고 진리를 깨닫게 해주는 재능을 가지고 있습니다.

섬김의 종으로 오신 예수님
당신이 하는 모든 일은 타인을 위한 것입니다.

선포자 예수님
당신은 믿음을 나누어주어 사람들에게 용기와 감동을 줍니다.

지도자 예수님
당신의 선지자다운 면모 때문에 사람들은 당신을 따릅니다.

기타:
이유: _____

인간 빙고

　일어서서 주위 사람에게 돌아가며 질문을 하나씩 던집니다. 어떤 사람이 이 질문에 "예" 하고 대답하면, 다음 장에 있는 상자에 첫 이름을 기록합니다. 또 다른 사람에게로 가서 질문을 합니다. 제일 먼저 가로세로 또는 대각선으로 3줄 이상을 채운 사람이 "빙고" 하고 소리치면 그 사람이 승자가 됩니다 (참고: 만약 15분이 지나도 게임이 끝나지 않으면, 게임을 중단시키고 가장 많이 채운 사람이 이기는 것으로 합니다).

몸을 흔들면서 1Km를 달릴 수 있다	인터넷을 수시로 검색한다	재래식 화장실은 사용하지 못한다	샤워 하면서 노래를 한다	기타를 칠 줄 안다	강의 중에 장난을 친다	통행료가 있는 길은 피해서 다닌다
예배 중에 졸기도 한다	손수건을 잘 챙기지 못한다	대중 앞에서 바지지퍼가 터졌다	소의 젖을 짜보았다	동해안에서 태어났다	제주도에 가 보았다	몸을 뒤로 굽힐 수 있다
참새 사냥을 해보았다	혀를 코에 닿게 할 수 있다	오토바이를 타 보았다	말을 타보지 못했다	작년에 이사했다	침대에서 잔다	지금 양말에 구멍이 났다
화장실에 잘못 들어간 적이 있다	고전음악을 사랑한다	수업을 가끔 빼먹었다	♣ 보너스 칸	다리가 부러진 적이 있다	운전면허 벌점이 있다	보신탕을 좋아한다
외동딸 (외아들) 이다	인스턴트 식품을 많이 먹는다	커다란 흉터가 있다	가끔 밤을 새우곤 한다	담배를 피워 본 적이 있다	알몸으로 수영해 보았다	몸무게가 60kg 미만이다
시를 즐겨 쓴다	편도선이 자주 붓는다	성경구절을 많이 암송할 수 있다	승부에 이겨본 경험이 있다	라디오에 나오는 노래를 따라부른다	하루 세 번 이를 닦는다	국민연금에 가입하지 않았다
고스톱을 쳐 본 적이 있다	귀를 움직일 수 있다	게임에서 이겨본 적이 없다	생굴을 좋아한다	곧게 서서 손바닥을 바닥에 닿게 할 수 있다	바둑 두기를 즐긴다	기타를 즐겨 연주한다

인생 지도

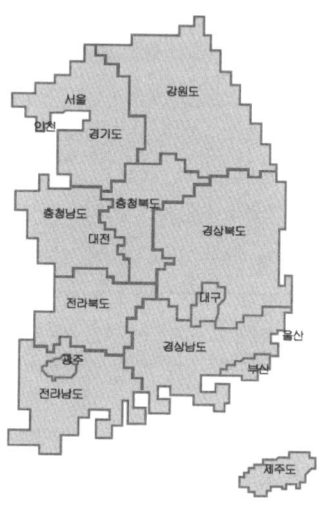

위의 지도 위에 당신이 태어난 곳을 시작으로 이동한 경로를 그려보십시오. 다 그린 후에는 순서대로 돌아가면서 당신에게 가장 행복했던 곳, 의미가 있었던 곳 또는 가장 마음 아픈 기억이 있는 곳이 어디인지 말해 주십시오. 그리고 그 지역이 왜 그렇게 특별한지 함께 한 이들에게 설명해 주십시오.

인생 차트

그룹원들이 당신의 인생에 대한 전체적인 그림을 그릴 수 있다면 당신을 더 잘 이해하게 될 것입니다. 아래의 표를 사용해서 당신의 인생에서 가장 중요한 사건들을 기록하십시오. 그런 후에 그 사건들에 대한 이야기들을 그룹원들과 나누십시오.

나이 \ 내용	주로 했던 일	주로 슬펐던 일과 위기들	중요한 이정표(사건)
1~6세			
7~12세			
13~18세			
19~25세			
26~35세			
36~45세			
46~60세			
60세 이후			

최근의 위기나 슬픔을 당한 일을 위해 서로 기도하는 시간을 꼭 가지십시오. 당신은 각 사람들이 '주로 했던 일'을 통해 알게 된 유익을 서로에게 말할 수 있을 것입니다.

제2부 마음열기 | 249

인생의 한 단면

당신의 생활 속에서 일어나는 여러 가지 일들에 대하여 생각해 봅시다. 당신은 시간을 잘 관리하고 있습니까? 당신은 아래의 각 활동에 얼마나 많은 시간을 할애하고 있습니까?

업무
수면
놀이
교회
운전
청소
요리
다른 사람을 돌보는 일
기타 : _____

아래의 원그래프에 당신이 얼마나 많은 시간을 할애하고 있는지 보여줄 수 있도록 표시해 봅시다. 다른 원그래프에는 당신이 "꿈꾸는 생활"을 그려 보고, 또 다른 그래프에는 당신의 현재 생활과 꿈꾸는 생활 사이에서 조화를 이룬 이상적인 생활을 표시해 봅시다.

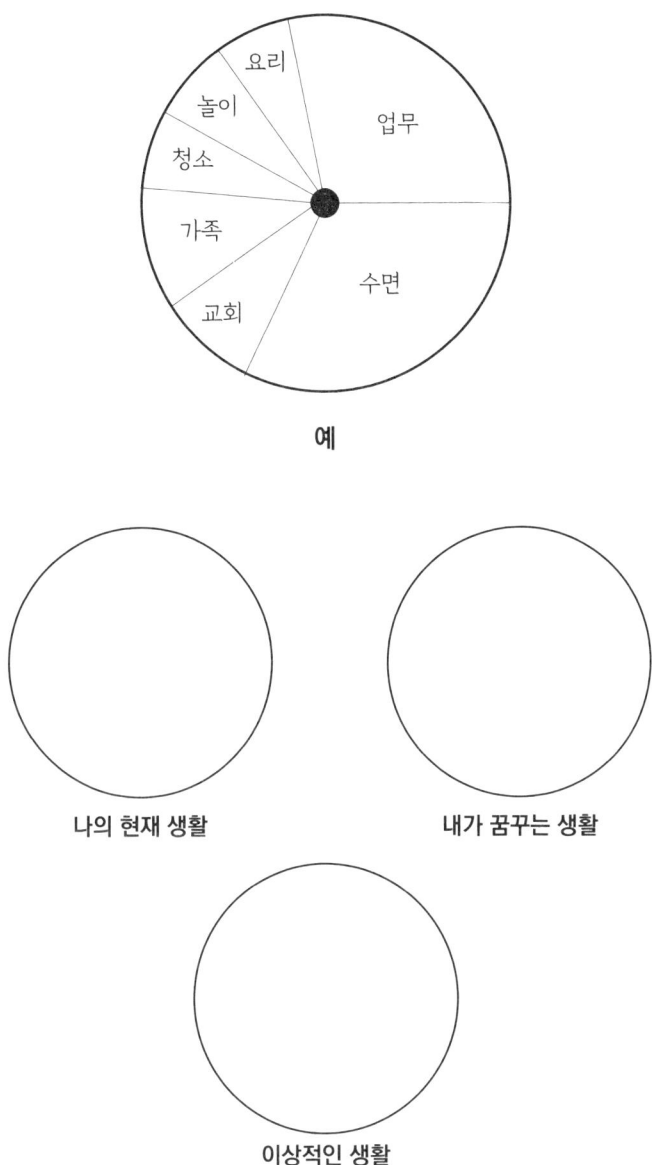

자기 광고

당신의 이름은 광고판처럼 당신을 알려줍니다. 이 마음열기는 그룹원들이 당신을 더 잘 알 수 있도록 도와줄 것입니다. 아래의 빈칸 앞 부분에 각자 자신의 이름 석 자를 모두 쓰고, 나머지 빈칸도 내용을 적은 후, 돌아가면서 그룹원들에게 큰 소리로 읽어줍니다.

1. _____ 가(이) 가장 좋아하는 음식은 _____ 입니다.

2. _____ 가(이) 가장 즐겨하는 취미는 _____ 입니다.

3. _____ 은(는) _____ 남 _____ 녀 중 _____ 째입니다.

4. _____ 은(는) 결혼을 (안)했습니다.

5. _____ 은(는) 자녀가 _____ 남 _____ 녀 있습니다.

6. _____ 의 특기는 _____ 입니다.

7. _____ 가(이) 잘하는 운동은 _____ 입니다.

8. _____ 의 성격은 _____ 니다.

9. _____ 가(이) 인상 깊게 읽은(또는 본) 책(또는 영화)은
_____ 입니다.

10. _____ 가(이) 좋아하는 노래는 _____
입니다.

11. _____ 가(이) 가장 아끼는 물건은_____
입니다.

12. _____ 가(이) 미아가 된다면,
_____(신체적 특징)로 찾을 수 있습니다.

13. _____ 의 인상에 가장 깊이 남아 있는 여행지는
_____ 입니다.

14. _____ 의 앞으로의 꿈은 _____입니다.

자기 긍정

돌아가면서 아래의 문장을 완성해 보십시오.

1. 내 이름의 뜻은 _____

2. 나의 외모 가운데 멋진 부분은 _____ (두 가지 이상)

3. 내가 건강을 위해 하는 일은 _____

4. 내가 뛰어나게 잘하는 일은 _____

5. 내가 친구들이나 주위 사람들을 위해 기여할 수 있는 것은 _____

모든 사람들이 돌아가면서 자신의 이야기를 나눈 후에 다함께 일어서서 서로를 위해 힘찬 박수로 찬사를 보내는 시간을 갖습니다.

장난감

우리는 모두 자신의 역사를 가지고 있습니다. 그룹원들이 서로의 성장 배경을 알아감으로써 서로를 더 잘 이해하고 인정할 수 있을 것입니다. 아래의 질문들을 활용해서 당신의 어린 시절과 그때 가지고 놀던 장난감에 대해 나누십시오.

1. 당신이 어렸을 때 가장 좋아했던 장난감은?

2. 당신이 아직도 가지고 있는 장난감은?

3. 당신이 동네 아이들과 함께 당신만의 아지트에서 했던 놀이는?

4. 당신이 초등학교 때 받았던 선물 가운데 가장 기억에 남는 것은?

5. 당신이 가족들과 있을 때 주로 했던 놀이는?

6. 당신이 친구들과 밤을 새며 놀 때 했던 것은?

7. 당신이 꼭 갖고 싶었는데 갖지 못한 장난감은?

재능과 취미

당신이 잘하는 것은 무엇입니까? 어떤 특별한 기술이나 능력을 가지고 있습니까? 또 배우고 싶은 것이 있다면 무엇입니까? 할 줄은 알지만 그냥 덮어두고 지내는 것은 무엇입니까? 이런 다양한 능력, 기술, 취미들을 나눔으로 그룹원들이 당신을 더 잘 이해하게 될 것입니다.

□ 재봉	□ 약학	□ 석공술	□ 애완견 훈련
□ 회계	□ 음악감상	□ 용접술	□ 조류 사육
□ 원예	□ 음향기기 기술	□ 양궁	□ 태권도
□ 그림 그리기	□ 퀼트	□ 마술	□ 복싱
□ 당구	□ 유아교육	□ 조각술	□ 디스크 쟈키
□ 볼링	□ 그래픽 디자인	□ 가스 관련 기술	□ 심리학
□ 에어로빅	□ 컴퓨터	□ 해충박멸	□ 의학
□ 장기	□ 역사학	□ 스쿠버 다이빙	□ 롤러 타기
□ 수족관 꾸미기	□ 메이크업	□ 체조	□ 판매원
□ 집안 꾸미기	□ 의류 만들기	□ 뜨개질	□ 조깅
□ 유리 공예	□ 항해술	□ 자전거 타기	□ 번지 점프
□ 수 놓기	□ 광고	□ 외국어	□ 기획
□ 장애물 뛰어넘기	□ 미용 기술	□ 고고학	□ 예산 수립
□ 자동차 경주	□ 인테리어디자인	□ 사서	□ 구두 수선
□ 천문학	□ 요리	□ 법률	□ 지점토

☐ 전기 기술	☐ 스카이 다이빙	☐ 생물학	☐ 통계
☐ 재무 관리	☐ 타이핑	☐ 화학	☐ 가구 만들기
☐ 소프트웨어	☐ 글짓기	☐ 계도학	☐ 공인 중개사
☐ 건설 기술	☐ 편집	☐ 해양	☐ 배달
☐ 수력공학	☐ 제빵 제과	☐ 임업	☐ 무역
☐ 영업	☐ 소방직	☐ 동굴 탐험	☐ 임대
☐ 좌판	☐ 안전 요원	☐ 보험	☐ 요리
☐ 꽃꽂이	☐ 건축	☐ 골동품	☐ 탁구
☐ 속독	☐ 독서	☐ 물리학	☐ 등산
☐ 간호	☐ 여행	☐ 레코드 수집	☐ 래프팅
☐ 비행술	☐ 우표 수집	☐ 헬스	☐ 행글라이딩
☐ 방사선학	☐ 자동차 수리	☐ 사진	☐ 사냥
☐ 상담	☐ 닥종이 인형	☐ 캠핑	☐ 역도

☐ 기타 : _____

존 웨슬리의 질문

감리교의 창시자인 존 웨슬리는 주중 모임을 "당신의 영혼은 어떤 상태인가?"라는 질문으로 시작했습니다.

여러분은 이 질문에 어떻게 대답하겠습니까? 이제 자신의 영적인 상태를 다음 사항을 통해 설명해 봅시다.

1. 한 가지 색깔을 선택하여 자기의 영적 상태를 설명한다.
(예를 들면, "나는 밝은 주황색이 떠오릅니다. 그 이유는 하나님이 내가 여기까지 오도록 모든 것을 간섭하시고 돌보셨음을 알며 거기에 감사하기 때문입니다."라고 말할 수 있다.)

2. 날씨로 설명한다.
("나는 흐리다고 느끼는데, 그 이유는 내가 해결할 수 없는 문제에 봉착했기 때문입니다."라고 말할 수 있다.)

3. 1에서 10까지의 숫자 중 하나를 선택한다. 1은 감정의 최저 상태, 10은 최고 상태로 간주한다.
("오늘 나의 감정지수는 7인데 그 이유는………때문입니다."

좋은 사장(상관)과 선생님

우리는 사장(상관)이나 선생님이 가진 좋은 성품이나 특성을 인정하는 것이 필요합니다. 사장(상관)과 선생님이 가진 것들을 인정함으로써 우리는 그들의 권위를 존중할 수 있습니다. 뿐만 아니라 우리가 리더로서 다른 사람들에게 영향을 미칠 기회를 얻었을 때 이와 비슷한 특성들을 추구하게 됩니다.

아래의 질문에 대한 대답을 차례대로 나누십시오.

1. 당신이 아는 가장 좋은 사장(상관)이나 선생님은 누구입니까? 그가 그렇게 특별한 이유는 무엇입니까?

2. 당신의 현재 사장(상관)이나 선생님들에게 있어서 당신이 가장 칭찬하고 싶은 점은 무엇입니까? 설명해 보십시오.

3. 당신이 생각하는 가장 훌륭한 사장(상관)이나 선생님의 특성은 다음 중 어떤 것입니까?(목록에 없는 특성들도 자유롭게 나누십시오.)
   - ☐ 격려하는 성격   ☐ 지식   ☐ 다정다감함
   - ☐ 관대함   ☐ 노련   ☐ 분명한 성격
   - ☐ 신뢰성   ☐ 뛰어난 능력   ☐ 성실
   - ☐ 예의바름   ☐ 품행이 단정   ☐ 공명정대
   - ☐ 좋은 평판   ☐ 이해심   ☐ 분별력

☐ 집중력 ☐ 열정 ☐ 유머
☐ 신용 ☐ 효율성 ☐ 기타:

4. 당신이 누군가의 사장(상관)이나 선생님이거나, 그렇게 된다면, 당신의 강점은 무엇일까요?

좋은 직원과 학생들

좋은 직원과 학생은 어떤 사람들일까요? 아래의 물음에 답하고 그룹원들과 그 답을 나누십시오.

1. 당신이 좋아하는 직업이나 과목은 무엇입니까?

2. 당신이 경험한 최악의 직업이나 과목은 무엇이었습니까?

3. 당신이 아는 최고의 학생과 동료는 어떤 사람이었습니까? 그 이유는 무엇입니까?

4. 당신이 누군가를 가르치거나 고용할 때 다섯 가지를 고려한다면, 아래에서 어떤 것을 선택하겠습니까?
   - ☐ 개방성   ☐ 열심   ☐ 열중
   - ☐ 유머   ☐ 솔직함   ☐ 충성
   - ☐ 인내력   ☐ 지성   ☐ 호기심
   - ☐ 흥미   ☐ 솔선수범 ☐ 참신함
   - ☐ 협동심   ☐ 과묵   ☐ 논리성
   - ☐ 명랑   ☐ 전공   ☐ 순응적
   - ☐ 적극성   ☐ 일벌레   ☐ 창의성

5. 학생이나 직원으로서 당신이 가진 최고의 강점과 최고의 약점은 무엇입니까?

주식 투자

당신은 지금 1억 원의 돈을 여러 가지 신탁기금에 투자하려고 합니다. 아래의 투자 종목 가운데 어디에 얼마나 투자하겠습니까?

1. 그리스도인의 적극적인 성장 _____
   이 종목은 당신의 신앙이 자랄 수 있도록 많은 것을 돌려줄 것입니다. 이익배당에는 하나님의 크신 사랑과 교회에 대한 깊은 헌신이 포함되어 있습니다.

2. 신실한 결혼 기금 _____
   이 종목은 당신의 결혼 생활이 멋지고, 깊은 사랑의 관계가 될 것을 보장받을 수 있도록 도와줍니다. 이 약정서는 원만한 대화와 환상적인 가정 생활을 약속해 줍니다.

3. 균형잡힌 시간활용 기금 _____
   이 기금은 당신의 시간을 효율적으로 계획함으로써 균형잡힌 생활을 이루도록 도와줄 것입니다. 운영자는 이 기금이 자신들이 언제나 중요한 일로 인해 너무 바쁘다고 호소하는 사람들이 선호한다고 말합니다.

4. 보수적 가치관 기금 _____
   이 기금은 우리 가정이 우리 조상들의 가족 중심의 전통적인 생활

방식으로 돌아가도록 도와주는 것입니다. 이 기금에는 정직과 근면, 충실한 자녀 교육과 애국심 등의 주식이 포함되어 있습니다.

5. 끈끈한 우정 기금_____
   친밀하고 깊은 우정이 이 기금의 배당금입니다. 이것은 시간을 초월하는 이익배당이며 "가치를 헤아릴 수 없는" 귀한 것이라고 자랑합니다.

6. 남태평양의 휴양지 기금_____
   이 기금은 휴식과 회복이 필요한 당신을 이국적이고 낭만적인 휴양지로 데려다 줄 것입니다. 이 기금은 조용히 쉬는 시간이 필요한 사람들에게 좋습니다.

7. 안전 보장 기금_____
   이 기금은 당신에게 어려운 상황이 닥쳤을 때 이익배당금을 지급할 것을 약속합니다. 이 기금은 어떠한 문제나 천재지변이 닥쳐도 안전한 울타리가 되어줄 것이며 당신을 예기치 못한 어려움에 대한 걱정으로부터 지켜줄 것입니다.

8. 평생 교육 기금_____
   이 기금은 대학 교육을 위해 돈을 저축하고자 하는 사람들을 위해 고안된 것입니다. 이 기금에 투자하는 것은 앞으로 지불하게 될 등록금을 미리 준비할 수 있도록 도와줍니다.

주제 선택하기

당신의 그룹이 성경공부나 토론의 주제를 선정해야 한다면, 아래의 목록을 활용해 보십시오. 모든 그룹원들이 선호하는 것들을 표시한 후에 그것들을 나누십시오. 선택한 것들에 순위를 정하는 것도 좋습니다.

다음 중 당신이 가장 관심 있는 분야는:

1. 개인적 성장과 자아 성찰
   - ☐ 자기 평가
   - ☐ 의사 전달 문제
   - ☐ 직장 문제
   - ☐ 건강 문제
   - ☐ 인간 관계
   - ☐ 좋은 부모 되기
   - ☐ 독신 생활
   - ☐ 결혼
   - ☐ 남자(남편) 문제
   - ☐ 여자(아내) 문제
   - ☐ 돈
   - ☐ 성격 파악
   - ☐ 목표와 꿈
   - ☐ 시간 관리
   - ☐ 성
   - ☐ 기타 : _____

2. 그리스도인의 삶과 훈련
   - ☐ 기도
   - ☐ 성경암송
   - ☐ 윤리와 가치 기준
   - ☐ 남 섬기기

3. ☐ 구원의 확신　　☐ 교단 역사
　　☐ 영적 은사　　　☐ 순종
　　☐ 개인적 거룩　　☐ 명상의 시간(QT)
　　☐ 기독교 공동체　☐ 헌신
　　☐ 영적 전투　　　☐ 천사
　　☐ 감사의 삶　　　☐ 성령
　　☐ 천국과 영생　　☐ 신실한 믿음
　　☐ 복음 전파와 선교　☐ 기타:

4. 회복과 치유
☐ 슬픔과 상실감　☐ 스트레스
☐ 중독 치유　　　☐ 이혼
☐ 과거의 상처 치유　☐ 불임
☐ 살빼기　　　　☐ 사별
☐ 자녀 문제　　　☐ 실직
☐ 재혼 가정　　　☐ 중년의 위기
☐ 시댁 문제　　　☐ 식욕 부진
☐ 홀 부모　　　　☐ 갈등 관계
☐ 용서　　　　　☐ 기타:

중요한 사람들

우리가 함께 살아가는 사람들은 우리의 삶에 매우 중요한 자원입니다. 삶 속에 있는 서로 다른 모든 영역들에서 만나는 사람들 가운데 당신이 가장 많은 시간과 사랑, 에너지와 돈을 들이는 사람은 어떤 사람들입니까?

자신의 시간, 에너지, 사랑, 감정, 창의성과 돈을 필요로 하는 사람들에 대해서 생각할 수 있도록 여러분은 "나의 역할"(p.91)이라는 마음열기를 활용할 수 있습니다.

아래의 원을 이용해서 당신이 노력을 기울이는 사람들을 알아 볼 수 있도록 원그래프를 그려봅시다.

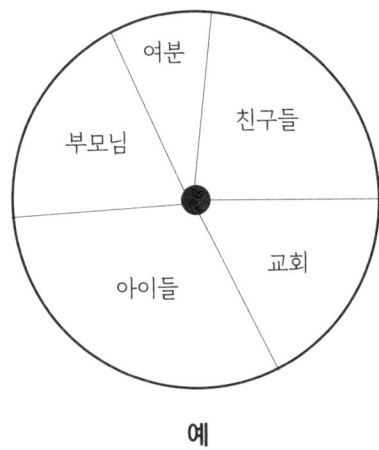

예

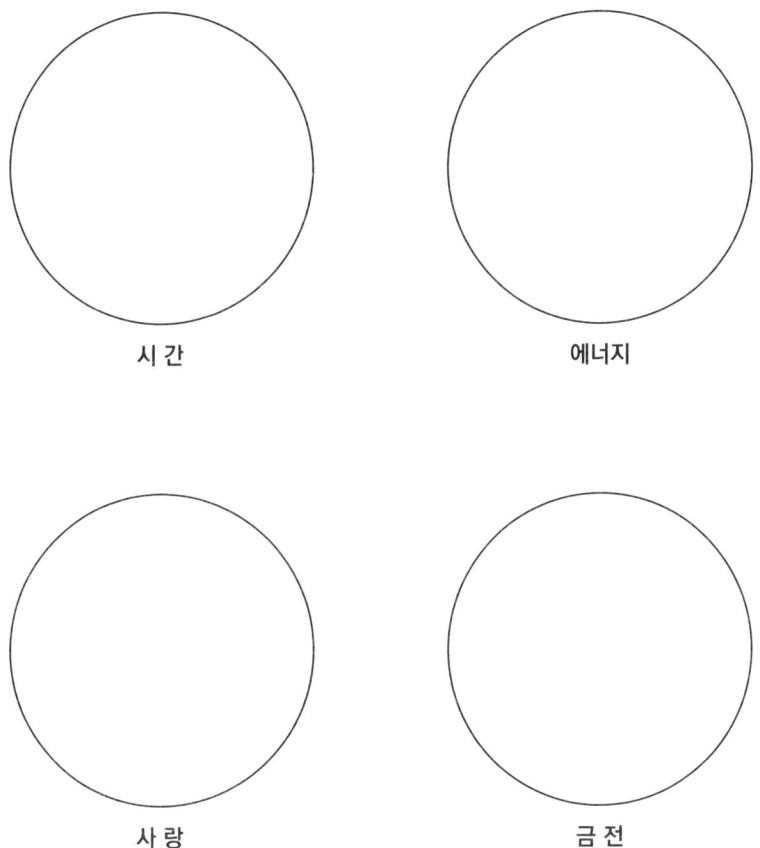

지금 내게 필요한 것은

아래의 목록 가운데 지금 당신에게 좀 더 필요한 것을 5가지만 골라보십시오. 사람들에게 자신이 선택한 것이 무엇인지 이야기합니다.

- ☐ 생기와 활력
- ☐ 관심
- ☐ 인정
- ☐ 활동성
- ☐ 인식
- ☐ 대화
- ☐ 묵상
- ☐ 통찰
- ☐ 친교
- ☐ 자기포기
- ☐ 음악
- ☐ 자기표현
- ☐ 로맨스
- ☐ 아름다움
- ☐ 기술
- ☐ 다양성

- ☐ 자존감
- ☐ 평정
- ☐ 관용
- ☐ 자신감
- ☐ 건강
- ☐ 고독
- ☐ 안정
- ☐ 기쁨
- ☐ 통합
- ☐ 믿음
- ☐ 웃음
- ☐ 친구
- ☐ 친밀감
- ☐ 민감성
- ☐ 기회
- ☐ 조직

- ☐ 방향성
- ☐ 안전
- ☐ 균형
- ☐ 보살핌
- ☐ 동기부여
- ☐ 헌신
- ☐ 신뢰
- ☐ 기도
- ☐ 용서
- ☐ 목표
- ☐ 후원
- ☐ 조화
- ☐ 인내
- ☐ 자기인식
- ☐ 도전
- ☐ 재능

☐ 절제   ☐ 상상력   ☐ 돈
☐ 책임감   ☐ 교육   ☐ 경험
☐ 자유   ☐ 힘   ☐ 에너지
☐ 건강   ☐ 여유   ☐ 위로
☐ 영양섭취   ☐ 감동   ☐ 수면
☐ 천진함   ☐ 조정   ☐ 유연성
☐ 연습   ☐ 자기통제   ☐ 축하

소그룹 모임에서 각 사람에게 필요한 것들을 위해 기도할 수 있습니다.

지금 필요한 말

　단 한마디의 말이라도 적시성을 지닌 표현은 우리에게 큰 힘을 가져다줍니다. 그래서 어떤 때는 다른 것보다 자신을 위로해주는 단 한마디의 말이 간절해질 때도 있습니다. 이번 한 주간도 각기 다른 삶의 현장에서 치열하게 살아온 여러분에게 가장 필요한 말은 무엇입니까? 한 주간의 삶을 나누고 함께 모인 소그룹 구성원들에게 꼭 필요한 말을 건네주며 서로를 격려하는 시간을 가져보십시오.

직장과 학교에서의 만족도

　당신의 직업이나 경력이 당신에게 좋은 경험이었나요? 그래프를 이용해 아래의 표에 직업 생활의 곡선을 그려 보십시오. 첫 번째 직업으로 시작해서 현재의 직업이나 전체 직업 경력을 좌표로 정할 수 있습니다. 승진이나 신나고 새로운 일을 시작했을 때는 만족도가 올라갈 수 있습니다. 악질 사장, 동료들과의 마찰, 적은 봉급 때문에 만족도는 내려갈 수 있습니다. 그래프를 그린 후에 당신의 직업 만족도에 관해 그룹원들과 나누십시오.

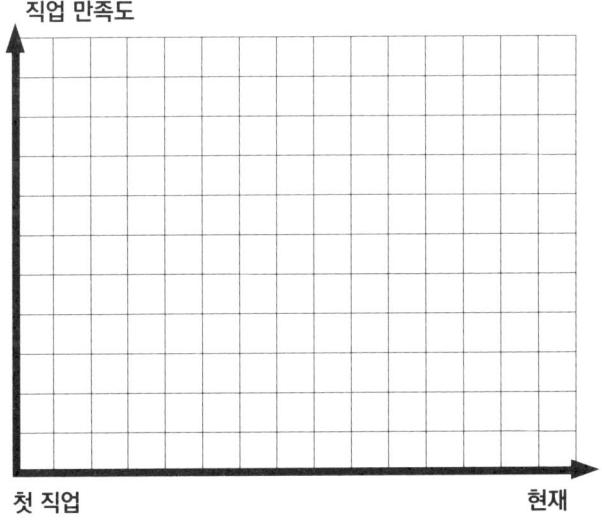

그래프를 이용해 아래의 표에 학교 생활 곡선을 그려 보십시오. 유아원이나 유치원으로 시작해서 마지막 수업까지 좌표를 정할 수 있습니다. 만족도는 졸업, 어려운 학기, 형편 없는 수업과 개인적인 만족도 등을 나타낼 수 있습니다. 당신의 학교 생활에 대해 그룹원들과 나누십시오.

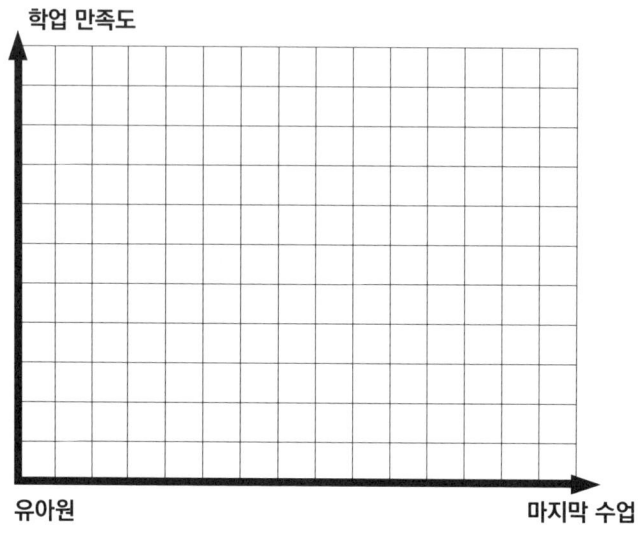

진실게임

아래에 있는 다섯 문장을 완성하십시오. 네 문장에 대해서는 정직하게 답하고 한 문장에 대해서는 거짓으로 답하도록 합니다. 그룹이 둘러 앉아서 다섯 문장을 읽고 어느 것이 거짓으로 답한 것인지 맞추는 게임입니다.

1. 일곱 살 때 본 TV 프로그램 중에서 가장 재미있게 본 것은 _____이다.

2. 일곱 살 때 가장 재미있게 한 게임은 _____이다.

3. 열 살 때 나의 영웅은 _____ 이다.

4. 12살 때 가장 좋아한 보컬 그룹(가수)은 _____이다.

5. 내가 정말 좋아하는 영화배우는 _____ 이다.

진실된 자랑

당신은 자신에 대해 자랑하는 것을 좋아하십니까? 당신이 가진 좋은 점들과 당신이 했던 좋은 일들을 말해 보십시오. 아래의 질문 가운데 몇 개를 선택해서 대답하되 다음과 같은 사실을 기억하십시오. 당신이 말한 것이 사실이고 누군가가 그 사실을 듣기 원한다면, 그것은 허풍이 아니라는 것을 말입니다.

1. 당신이 열심히 노력해서 이룬 일 가운데 가장 잘했다고 생각하는 것은?

2. 일을 하는 데에 있어서 확실하게 꼽을 수 있는 장점은?

3. 당신의 그룹원 가운데 아무도 할 수 없는 것인데 당신이 할 수 있는 것이 있다면?

4. 당신이 학교에 다닐 때 가장 잘한 과목은?

5. 당신이 사회에 봉사한 일 가운데 가장 기억에 남는 것은?

6. 당신이 이웃에게 한 가장 좋은 일은?

7. 당신이 누군가에게 준 최고의 선물은?

8. 당신이 자신보다 더 어린 사람을 위해 했던 일 가운데 잘한 일이 있다면?

9. 누군가와 친밀한 관계를 유지할 수 있게 해주는 당신의 장점은?

10. 당신이 낯선 사람에게 행했던 가장 큰 친절은?

11. 가정에서 당신이 계획하고 행했던 일 가운데 가장 잘한 일은?

12. 당신이 당신보다 더 불행한 누군가를 위해 했던 가장 좋은 일은?

총 합계

자 이제 덧셈과 뺄셈을 이용해서 재미있는 마음열기를 시작해 봅시다. 이 마음열기는 참가자들을 두 개의 소그룹으로 나눌 때 이용할 수 있습니다. 그리고 최고득점자나 최저득점자를 뽑아서 간식 준비 등의 담당자를 정할 때 재미있는 방법으로 사용할 수 있습니다.

아래의 네모 상자에 정확한 숫자를 적어 넣고 각자 자신의 숫자를 계산해 봅니다. 계산이 끝나면 함께 모여서 어떻게 합계가 나왔는지 이야기합니다.

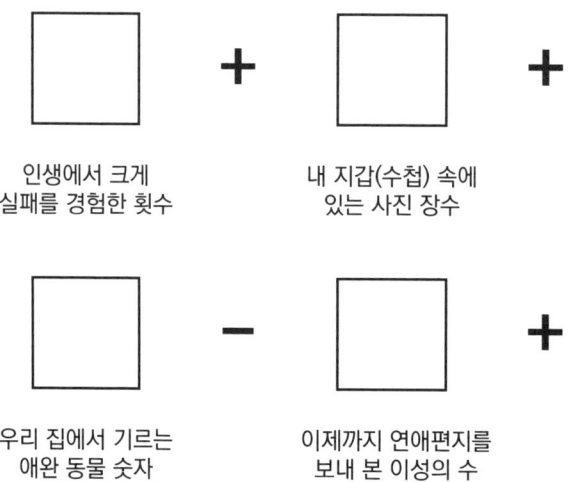

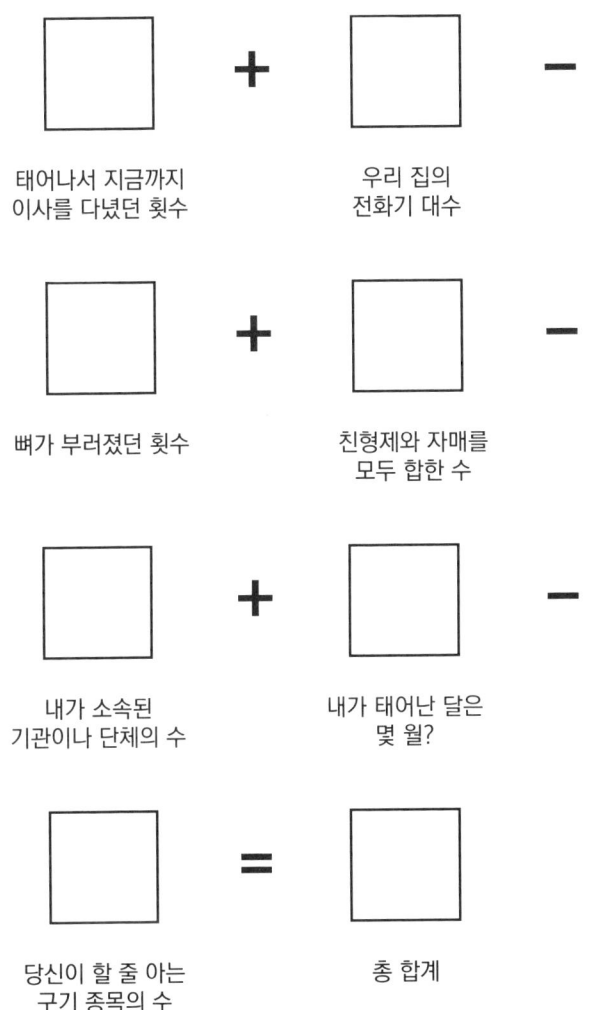

최고의 선택

프랑스 철학자 사르트르는 "인생은 B(Birth)와 D(Death) 사이의 C(Choice)다"라고 말했습니다. 사람은 태어나는(Birth) 순간부터 죽음(Death)까지 언제나 선택(Choice)의 연속을 살아간다는 말입니다. 지금 소그룹에 참여하는 것 역시 우리의 선택입니다. 살아오는 동안 참 많은 선택을 했을 것입니다. 그 동안의 선택 가운데 자신이 했던 최고의 선택을 꼽으라면 무엇을 꼽을 수 있겠습니까? 또 최악의 선택을 한 것으로는 무엇을 꼽으시겠습니까? 함께 나누어 보십시오.

나에게 최고의 선택은_____이었고,

최악의 선택은_____이었습니다.

최고의 직업

  자신의 직업을 원하는 대로 선택할 수 있다면 무엇을 하고 싶습니까? 아래의 목록을 살펴보고 자신이 원하는 직업을 한 가지만 골라보십시오. 여러분이 열 살 때 가지고 있던 꿈은 무엇이었습니까? 아래의 목록에 없는 직업이라도 자유롭게 이야기하십시오. 각자가 생각한 최고의 직업을 선택한 후에 다른 사람들에게 돌아가면서 자신이 선택한 것에 대한 생각을 이야기해 봅시다.

☐ **경찰관**
    법과 정의를 지키기 위해서 범죄자들과 싸우는 용감한 수호자

☐ **우주비행사**
    우주공간을 나는 우주비행선과 먼 은하계를 연구하는 과학자

☐ **영화배우/탤런트**
    엄청난 돈과 인기를 한 몸에 받는 최고의 스타!

☐ **변호사**
    법정에 서서 억울한 사람을 변호해 줄 수 있는 지식과 달변을 갖춘 변호사

☐ 목회자
성도들의 상처 입은 영혼을 치유하고 돌보는 사랑의 종

☐ 자동차 경주선수(카레이서)
시속 300km/h로 트랙을 질주하며 죽음을 무릅쓰고 승리를 쟁취하는 용감한 경쟁자

☐ 정치가
멋진 연설로 대중에게 감동을 주고 뛰어난 리더십으로 정치를 이끌며 국민의 복리를 위해서 노력하는 정치가

☐ 수의사
사랑스러운 애완동물과 가축들을 치료해 주는 마음씨 좋은 선생님

☐ 패션 모델
늘씬한 몸매와 멋진 스텝으로 아름다운 옷을 선보여주는 세련된 멋쟁이

☐ 작가
모든 사람들의 화제거리가 되는 베스트셀러 소설가

☐ 설교가
전세계를 돌며 수많은 사람들을 회심시키고 감동을 주는 명설교가

☐ 사회사업가
가난하고 소외된 이웃들을 찾아가 생계를 도와주고 일자리를 마련해 주는 사회사업가

☐ 은행가
　시민들의 재산증식을 도와주고 사업가들의 꿈을 이룰 수 있도록
　도와주는 정직한 은행가

☐ 의사
　뛰어난 의술과 훌륭한 인격을 겸비하고 환자들의 병을 치료하여 그
　들의 어려움을 도와주는 명의

☐ 선교사
　땅끝까지 찾아가서 어려움을 무릅쓰고 복음을 전하는 선교사

☐ 비행기 조종사
　푸른 하늘로 치솟아 전세계 어디든지 마음껏 날아다니는 파일럿

☐ 사업가
　원대한 비전과 치밀한 기획력을 가지고 꿈을 성취해가는 사업가

☐ 선생님
　아이들이 자신의 삶을 사랑하고 미래를 준비할 수 있도록 도와주는
　인자한 교육자

☐ 컴퓨터 전문가
　사람들의 삶을 즐겁고 편리하고 풍요롭게 만들어 주는 컴퓨터 프로
　그래머

☐ 상담가
　사람들이 마음의 평안을 되찾고 삶을 회복할 수 있도록 도와주는
　심리치료 전문가

추억의 앨범

사람들에게 당신의 과거 모습이 담긴 추억의 앨범을 보여주는 시간입니다. 아래의 제시된 내용에 해당하는 당신의 추억을 소개하고 그 시절에 가장 흥미로웠던 일을 이야기해 봅시다.

1. 가장 행복했던 시절 :

2. 참고 인내한 끝에 가장 큰 성취를 맛보았던 때 :

3. 큰 기회를 잡았으나 실패를 경험한 때 :

4. 가장 창피하고 당혹스러웠던 기억은 :

5. 크게 속임을 당했던 적은 :

6. 가장 슬픔에 빠졌던 시절은 :

추억의 오솔길

　당신의 과거 모습을 조원들에게 보여주는 시간입니다. 아래의 제시된 내용에 해당하는 당신의 추억을 소개해 주세요.

초등학생 때
1. 내가 가장 좋아했던 놀이는?
2. 내가 가장 못했던 또는 잘했던 과목은?
3. 다른 사람과 싸운 일 중에 잊혀지지 않는 것은?
4. 가장 하기 싫어했던 일은?
5. 내가 처음으로 했던 가장 긴 여행은?
6. 지금은 어디 있는지 모르지만 가장 기억에 남는 친구는?
7. 내가 가장 좋아했던 운동은?
8. 가족과 함께 즐거웠던 잊지 못할 경험은?
9. 내가 처음으로 가졌던 꿈은?
11. 나의 눈에 영웅처럼 보였던 사람은?
12. 어릴 때 가장 좋아했지만 지금은 아주 싫어하는 음식은?

십대 시절
1. 당신이 세상에서 단 하나 밖에 없는 존재라는 것을 느끼게 해준 경험이 있습니까? 당신에게 그것을 느끼게 해 준 사람은 누구입니까? 그 경험을 나누어 보십시오. (해당되는 것에 표시하십시오)

☐ 학교 선생님　　☐ 부모님
☐ 친구　　☐ 이성 친구
☐ 선배　　☐ 기타 :

2. 당신을 가장 편안하게 했던 장소가 있다면 어디입니까?
☐ 다락방　　☐ 교회
☐ 친구 집　　☐ 창고
☐ 외할머니 댁　　☐ 만화방
☐ 기타 :

3. 가장 많이 싸운 사람은 누구였습니까? 무엇 때문에 그렇게 많이 싸웠는지 생각나는 대로 나누어 보십시오.
☐ 친구　　☐ 동네 아이들
☐ 형제, 자매　　☐ 친척
☐ 기타 :

축구로 나를 소개합니다

축구경기에서 당신을 가장 잘 표현해 주는 위치는 무엇입니까?

☐ 감독: 늘 생각하며 작전을 세우고 지도하는 사람
☐ 공격수: 활동적인 리더
☐ 수비수: 자기 자리를 잘 지키는 사람
☐ 골키퍼: 늘 긴장하고 깨어있는 사람
☐ 후보선수: 실전에 들어가면 아무 것도 못하고 마음만 졸이는 사람
　　　　　(벤치워머)
☐ 관중: 제 3의 입장에서 구경하는 사람

당신이 축구선수라면 당신은 어떤 포지션을 즐겨할 것 같습니까? 당신이 여자라면 어떤 포지션의 선수에게 호감이 갈 것 같습니까? 2002년 한·일 월드컵의 짜릿했던 장면들을 연상하면서 그 이유를 서로 나누어 보십시오.

☐ 골키퍼
☐ 스트라이커(좌, 우, 중앙)
☐ 미드필더(좌, 우, 중앙)
☐ 수비수(좌, 우, 중앙)

칭찬합시다

소그룹원들의 이름을 적고, 뛰어난 점을 기록해봅시다.

그룹원 성명	뛰어난 점
_____	_____
_____	_____
_____	_____
_____	_____
_____	_____
_____	_____
_____	_____
_____	_____
_____	_____

퀘이커 교도들의 네 가지 질문

다함께 모여서 아래의 물음에 대한 각자의 대답을 한 가지 질문에 대하여 돌아가면서 모두 답하고, 다음 질문에 대하여 돌아가면서 답하는 방식으로 이야기합니다. 이 마음열기는 30분 내지 한 시간 동안 소그룹에 속한 사람들이 서로에 대하여 이해할 수 있도록 도와주는 프로그램입니다.

1. 당신은 일곱 살 때 그리고 열두 살 때 살던 곳은 어디며 그 당시의 겨울 풍경은 어떠했습니까?

2. 그 시절 여러분의 가정에서는 어떻게 난방을 해결했습니까?

3. 어린 시절에 당신의 삶에서 가장 따뜻함을 느끼게 해주는 것은 무엇이었습니까? (이것은 집안의 어떤 장소일 수도 있고, 일 년 중 어떤 날일 수도 있으며, 어떤 사람일 수도 있습니다.)

4. 하나님께서 당신에게 "따뜻한 분"으로 다가오기 시작한 것은 언제입니까? 그 일이 어떻게 일어났습니까?

크리스마스의 추억(1)

1. 크리스마스에 당신을 가장 행복하게 해주는 것이 있다면 무엇입니까?

2. 소그룹 모임에 예수 탄생 기사에 등장하는 마리아, 요셉, 천사, 목자, 동방박사와 같은 인물들의 그림이나 모형 인형을 준비합니다. 그 후에 이 소품들을 바구니에 담고 왼쪽으로 바구니를 돌립니다. 바구니에서 크리스마스 시점의 자신과 비교될 수 있는 인물 모형을 꺼내고 그 이유를 설명합니다. 자신이 고른 모형을 다시 바구니에 넣어 다음 옆 사람에게 돌립니다. 인물들에 대한 설명이 빈약할 경우엔 리더가 제시해도 좋습니다.
   [예]
   마리아 : 처녀로서 감당하기 어려운 미혼모로 자신을 헌신함
   요셉 : 이해할 수 없는 일에도 순종하여 마리아를 아내로 맞음
   천사 : 조용히 하나님의 일에 순종함
   목자 : 들에 있다가 큰 기쁨의 소식을 듣고 주님을 만남
   동방박사 : 주님께 경배하기 위해 동방에서부터 별을 따라온 자들

3. 당신의 가정에서 예전의 크리스마스와 요즘의 크리스마스가 다른 점이 있다면?

4. 이번 크리스마스를 세계 어느 곳에서, 누구하고든 보낼 수 있다면, 당신은 어디에서 누구와 크리스마스를 보내고 싶습니까?

크리스마스의 추억(2)

1. 크리스마스는 보통 가장 가까운 사람들과 지내곤 합니다. 이번 크리스마스는 누구와 함께 하고 싶으며 어떻게 보내고 싶습니까?

2. 당신의 생애에서 가장 기억에 남는 크리스마스 추억을 나누십시오.

3. 아래의 단어들을 각각 작은 종이에 적고, 종이를 반으로 접어서 바구니에 담습니다. 인도자부터 시작해서 하나씩 집어서 종이에 적힌 단어를 사용해 문장을 만들고, 그룹원들과 함께 나누십시오. 모든 사람이 다 나눌 때까지 바구니를 돌리면 됩니다.

크리스마스 트리	천사	동방박사
눈사람	선물	목자들
구유	별	캐롤
파티	양말	산타

4. 동방박사는 구주 예수님을 찾기 위해 밝은 별을 따라갔습니다. 당신을 인도하는 별은 무엇이며 지금 그것은 당신을 그리스도께로 인도하고 있습니까?

토크쇼 : 어린 시절 우리집 식사 시간

다른 한 사람과 짝을 이루어 일곱 살 때까지의 삶에서 일어났던 중요한 사건들에 대하여 이야기를 나누십시오. 여러분이 저녁 식사를 하던 식탁에 초점을 맞춥시다. 짝으로 하여금 토크쇼 진행자처럼 인터뷰하도록 하십시오. 제목은 "어린 시절 우리집 식사 시간"입니다. 그 다음에는 역할을 바꾸어서 인터뷰를 진행합니다.

우리 가족의 저녁 식탁

1. 당신은 일곱 살 때 어디에 살았습니까?

2. 당신이 저녁 식사를 하던 식탁의 모양은 어떠했습니까? (둥근 것, 정사각형, 직사각형)

3. 온 가족이 함께 둘러 앉아 식사할 기회가 자주 있었습니까? 항상 그랬습니까? 절반 정도였습니까? 아니면 거의 없었습니까?

4. 가족 이외에 다른 사람은 누가 있었습니까? 그들은 어느 자리에 앉았습니까?

5. 가장 이야기를 많이 한 사람은 누구입니까? 주로 무슨 이야기를 했습니까?

6. 식탁의 분위기를 어떻게 묘사할 수 있습니까?(여유로운, 긴장된, 조용한, 활기찬, 따분한, 평화스러운)

7. 누가 식사 기도를 했습니까?

8. 당신을 배려하고 대화에 참여시켜 준 사람은 누구입니까?

9. 어린 시절 저녁 식사 시간에 대해서 가지고 있는 좋은 기억은 무엇입니까?

재점검 : 시간이 있으면 짝으로 하여금 아래의 두 문장을 완성함으로써 인터뷰에 응답하도록 하십시오.

1. 당신의 어린 시절 식탁은 _____면에서 나의 어린 시절과 비슷합니다.

2. 당신의 어린 시절 식탁은 _____면에서 나의 어린 시절과 다릅니다.

특별한 처방전

거의 모든 사람이 열이나 감기를 치료하는 특별한 처방법을 알고 있습니다. 그러나 영적, 정서적 병에 대해서는 어떻습니까? 그룹 사람들과 다음 주어진 질문에 대답하는 시간을 갖습니다.

1. 이번 주 당신의 내적인 감정 상태를 온도계로 측정한다면, 온도는 얼마나 될까?

   ☐ 36. 5도-정상, 건강하고 생기로 가득하다.
   ☐ 35. 5도-과도한 스트레스와 요구로 인해 냉정한 폭발 직전이다.
   ☐ 37도-아무도 알아차리지 못하겠지만 내 기분은 그리 좋지 않다.
   ☐ 38도-열받은 상태이다.
   ☐ 40도-스트레스로 속이 부글부글 끓고 머리가 아프다. 내가 어쩌다 이 지경이 되었는지 모르겠다.

2. 이러한 일이 자기 내부에서 벌어지고 있다면 가장 잘 듣는 '해열제'는 무엇인가?

   ☐ 배우자나 가족의 격려
   ☐ 친구들이 내 이야기를 들어주는 것
   ☐ 기도와 말씀
   ☐ 소그룹 사람들의 도움

☐ 좋아하는 음악 듣기
☐ 그냥 혼자 있는 것
☐ TV 연속극에 나오는 다른 사람의 불행을 불쌍히 여기는 것
☐ 기타 : _____

팔복 지수

이 활동은 세렌디피티 전문서적에서 활용한 것으로 팔복으로 잘 알려진 마태복음 5:3-10의 말씀에 근거한 내용입니다. 성경구절을 큰소리로 읽은 후 아래의 질문에 답하시고 답한 것을 그룹원들과 나누십시오.

1. 심령이 가난함
내가 가장 부족하다고 느낄 때에도 하나님께서는 나를 받아주실 것이라고 생각합니다. 아무것도 내세울 것이 없는 존재일지라도 나는 귀하고 소중한 존재입니다.
    1 2 3 4 5 6 7 8 9 10

2. 애통함
나는 내가 상처받을 때 다른 사람에게 내 아픔을 보여줄 수 있습니다. 그리고 다른 사람들이 상처받을 때도 당황하지 않고 그들 곁에 있어줄 수 있습니다. 그때 나는 예수님이 그러셨던 것처럼 울 수 있습니다.
    1 2 3 4 5 6 7 8 9 10

3. 온유함
나는 영웅이나 아름다운 여왕처럼 행동할 수는 없습니다. 나는 다만 하나님이 만드신 내 자신이 될 수 있을 뿐입니다.
    1 2 3 4 5 6 7 8 9 10

4. 영적인 굶주림

나는 내 자신의 성공이나 인기, 즐거움보다도 나를 향한 하나님의 뜻에 더 관심이 있습니다. 그리고 하나님을 아는 것에 관심이 있습니다.

  1 2 3 4 5 6 7 8 9 10

5. 긍휼히 여김

나는 상처받은 자들의 고통을 느낄 수 있으며 하나님의 뜻을 따라 그들을 돌봅니다. 형제가 상처를 받을 때 나도 똑같이 상처를 받습니다.

  1 2 3 4 5 6 7 8 9 10

6. 마음이 청결함

나는 하나님과 사람들에게 자신을 숨기지 않고 정직합니다. 나는 거짓된 미소를 보이지 않으며 내가 아닌 다른 어떤 사람인 양 행동하지 않습니다.

  1 2 3 4 5 6 7 8 9 10

7. 화평케 함

나는 계속적으로 교제를 유지하고 충돌을 해소하는 일을 위해 노력합니다. 특히 내가 가장 사랑하는 가족과 친구들 사이에서 더욱 그러합니다.

  1 2 3 4 5 6 7 8 9 10

8. 핍박

나는 방어적인 반응이나 자기연민 없이 비판을 감수할 수 있습니다. 나는 필요하다면 혼자서 화를 가라앉히고 견뎌냅니다.

  1 2 3 4 5 6 7 8 9 10

표정 그리기

당신의 예술적 재능을 발휘해 당신이 살아가는 모습을 그룹원들에게 보여주십시오.

아래의 질문에 대답하되 질문에 해당하는 표정을 직접 얼굴 그림에 그려 넣으십시오. 만일 어제 하루를 당신이 즐겁게 보냈다면, 행복한 표정을 그려 넣으면 됩니다. 그러나 오늘 아침에 기분이 언짢았으면, 그 기분을 표정으로 그려 넣습니다. 그룹원들이 모두 표정을 그려 넣은 후 그림을 서로 보여주면서 그 느낌들을 나누십시오.

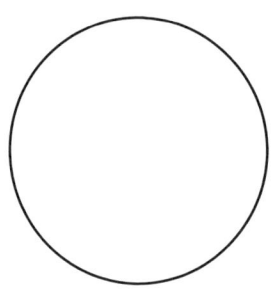

나는 어제 하루를 이렇게 보냈습니다.

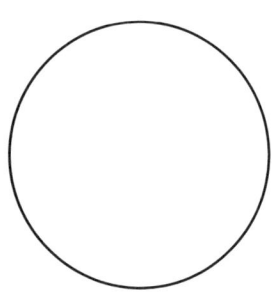

오늘 아침에 일어났을 때, 나는 이랬습니다.

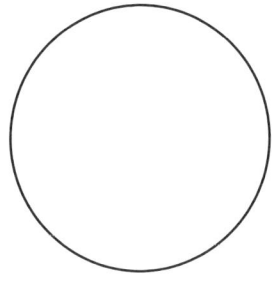

오늘 낮에는
주로 이런 표정으로 지냈습니다.

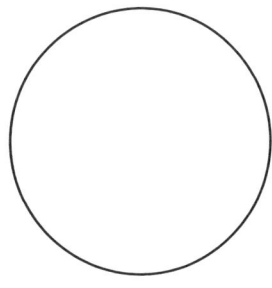

이 모임에 오기 바로 전,
나는 이랬습니다.

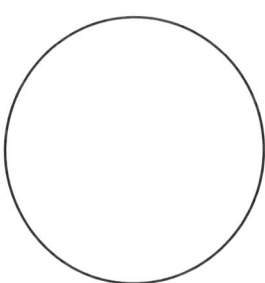

내일의 나는 이럴 것 같습니다.

표정 읽기

재미있는 마음열기는 그룹원들이 당신을 더 잘 알 수 있게 해줍니다. 규칙은 간단합니다. 당신이 생활하는 각각의 다른 영역에 대한 당신의 느낌을 표정으로 표현합니다. 그룹원들은 당신이 지은 표정을 보고 당신의 느낌을 추측합니다. 각 사람들이 다양한 주제들에 대한 얼굴 표정을 순서대로 나누어 보십시오.

1. 나의 과거 삶에 대한 오늘의 느낌은 :
2. 나의 일이나 학교에 대한 나의 느낌은 :
3. 나의 로맨틱한 관계에 대한 나의 느낌은 :
4. 나의 가족에 대한 나의 느낌은 :
5. 나의 영적인 생활에 대한 나의 느낌은 :
6. 나의 우정에 대한 나의 느낌은 :
7. 나의 경제적인 사정에 대한 나의 느낌은 :
8. 나의 건강에 대한 나의 느낌은 :
9. 나의 미래에 대한 나의 느낌은 :

하루가 25시간이라면?

당신은 시간 관리를 어떻게 하십니까? 아래에 열거된 일상적인 활동 목록을 살펴보고 다음에 나오는 물음에 대답해 보십시오.

집안 청소   수면
요리   운동
근무   사회 활동
사람 만나기   시간 외 근무
아이 돌보기   교회 활동
개인적 여가   취미생활
휴식   독서
TV 시청   회식/모임
몸치장   개인적인 경건의 시간

1. 만약 당신이 시간에 쫓긴다면 위의 항목 가운데 하루 일과표에서 제외시킬 수 있는 것은 무엇입니까?

2. 만약 하루가 25시간이라면 당신의 일과표에 무엇을 추가하겠습니까?

3. 만일 의사가 당신에게 여유 있는 생활을 하라고 충고한다면 당신은 일과표를 어떻게 조정하겠습니까?

4. 필요를 느끼면서도 현재의 일과표에 넣지 못하고 있는 것은 무엇입니까?

5. 당신의 시간을 가장 가치 있게 사용할 수 있게 해주는 일은 무엇입니까?

학창시절의 추억

　학창 시절, 수업이 끝난 직후 주어지는 10분간의 휴식은 마음속에 아름다운 추억으로 남아 있습니다. 수업과 수업 사이 짧은 시간이지만 활력을 불어넣어주었던 10분 휴식 때 당신은 무엇을 하셨습니까? 함께 나누어 보십시오.

　　□ 쉬는 시간 모자랐던 잠을 보충했다.
　　□ 허기진 배를 달래기 위해 매점으로 달려갔다.
　　□ 친구들과 수다를 떨었다.
　　□ 잠깐의 여유를 즐기며 교정을 산책했다.
　　□ 예습 복습과 함께 다음 수업시간을 미리 준비했다.
　　□ 기타 : _____

한 달 완성 속성반

만약 당신에게 한 달이라는 여유로운 시간과 어떠한 것이든지 배울 수 있는 수강권 한 장이 생겼습니다. 이제 당신은 무엇을 배우고 싶습니까? 한 달 동안 완성해 보고 싶은 것은 무엇입니까?

30일짜리 속성반 : 신청과목 _____

☐ 인간관계 특강
☐ 글쓰기 특강
☐ 요리 특강
☐ 운전면허 특강
☐ 성경 특강
☐ 악기 특강
☐ 외국어 특강
☐ ○○자격증 특강
☐ 스트레칭과 헬스
☐ 인문학 특강
☐ 수영 특강
☐ 기타

활동을 통한 마음열기(1)

1. **"참 잘했어요."** - 공을 준비한다.

    당신의 그룹에 질문합니다: 여러분은 "참 잘했어요."라는 말을 들으면, 가장 먼저 어떤 것이 떠오르나요? 그룹원들 가운데 원하는 사람이 먼저 자유롭게 의견을 나누고, 그 후에 각 사람이 과거나 현재의 삶 속에서 참 잘했다고 생각되는 한 가지가 행동을 이야기하게 한다.

    먼저 말한 사람이 공을 던져서 다음 사람을 지목하도록 한다. 이야기가 끝나면 "잘했어요" 박수를 친다. (대~~~한민국에 맞춰서 박수를 친다.)

2. **"나는 이런 사람이에요."** - 공을 준비한다.

    소그룹 모임에 고무공이나 비치볼과 같은 부드러운 공을 준비한다. 인도자는 누군가에게 공을 던지고 공을 받은 사람은 자신에 관한 한 가지 내용을 말한다. 그런 후에 그는 다른 그룹원에게 공을 던지고 공을 받은 사람은 또 자신에 관한 어떤 것을 말한다. 모든 사람이 적어도 공을 한 번 이상 받고 자신에 대해 나눌 수 있을때까지 계속한다. 이것은 적어도 10분 정도의 시간이 필요하다. 만약 그룹원들이 서로 이름도 모르고 낯설어 한다면, 공을 받은 사람이 자신의 이름을 말하고 자신에 대해 한 가지를 말하도록 한다.

3. **"누구에게 전화할까요?"** - 두 개의 주사위를 준비한다.

    그룹원들에게 두 개의 주사위를 굴리도록 하고 그들이 굴린 주사위

번호의 끝자리 숫자와 일치하는 번호의 질문에 대답하게 하십시오. 자신의 핸드폰 번호 끝자리 수에 해당하는 항목을 대답하게 할 수도 있습니다.(* 주사위가 없다면 사다리타기를 해도 무방합니다.)

여러분은 이럴 때(아래 상황), 누구에게 전화를 하겠습니까?
1) 위기에 처했을 때
2) 신나는 소식이 있을 때
3) 도움이 필요할 때
4) 영적 문제에 대한 자문이나 상담 필요할 때
5) 새벽 2시경 잠이 안올 때
6) 누군가를 격려하고 도와주어야 하는데 묘안이 떠오르지 않을 때
7) 가정 문제에 대한 조언이 필요할 때
8) 속상할 때
9) 스트레스로 짓눌릴 때
10) 외로워서 누군가와 함께 있고 싶을 때

4. **"문장을 만들어요."** - 단어 주사위를 준비한다.
작은 네모 상자나 네모난 나무 토막의 각 면에 아래의 단어들을 적어 넣습니다(주사위처럼).
- 모험, 눈물, 소망, 신뢰, 오락, 두려움

그룹원들은 모두 단어가 적힌 주사위를 순서대로 굴리되, 그들이 굴려서 나온 단어로 문장을 만들게 합니다.
(예 : "눈물? 나는 슬픈 영화를 보면 눈물을 흘립니다.")

더 재미있게 하기 위해서, 다른 주사위를 또 만들어 아래의 단어들을 쓰고 두 개의 주사위를 한꺼번에 굴려 두 개의 단어를 모두 사용해 한 문장을 만들게 할 수도 있습니다.
- 난폭, 고통, 위험, 낭만, 현란, 섬뜩

활동을 통한 마음열기(2)

1. 손으로 말해요.

아래의 여러 질문에 그룹원들이 대답하되 다음의 행동으로만 해야 한다. 질문에 대한 대답이 만약 "예"라면 엄지손가락을 세우고, 대답이 "아니오"면 엄지손가락을 거꾸로 내린다. 만약 답을 모르거나 질문을 이해하지 못할 때는 손을 X자로 한다. 그리고 인도자가 특정한 사람을 지목하여 세부적인 질문을 던진다. 예를 들어 "운동을 좋아하시나요?"라는 질문에 엄지손가락을 내린 사람에게 "영선 자매님은 왜 운동을 싫어하게 되었습니까?"라고 질문을 던지는 것이다. 이것은 모든 조원들이 한꺼번에 참여하기 때문에 재미있고, 인도자는 짧은 시간에 그룹원들에 대해 많이 알 수 있다.

초콜릿을 좋아하시나요?
영화를 볼 때 울기도 하나요?
비 올 때 걷는 것을 좋아하나요?
야구를 좋아하나요?
노래 부르는 것을 좋아하나요?
시 읽는 것을 좋아하나요?
줄서서 기다리면 짜증이 나나요?
도둑질을 해본 적이 있나요?
운동하는 것을 좋아하나요?
어떤 사람이 많은 사람들 앞에서 당황할 때 당신은 웃으시나요?
오늘 당신은 "사랑해"라는 말을 하신 적이 있나요?

자신이 적극적인 사람이라고 생각하나요?
사람들이 당신을 친절한 사람이라고 말하나요?
당신은 유명 인사가 되는 꿈을 꾸신 적이 있나요?
당신은 아이스 브레이크를 좋아하시나요?

2. 몸으로 말해요.

아래의 문장 중 한 가지를 마음속으로 정한 후, 한 사람씩 그룹원들을 향해 자기가 정한 문장 내용을 말 없이 표정이나 몸짓으로만 전달해 보십시오. 그리고 나머지 그룹원들은 그가 말하려는 것을 추측해서 맞추어 보시기 바랍니다. 모두 진행한 후 자신이 표현한 것에 대해 각자가 왜 그렇게 표현했는지 나누어 보십시오.

나는 지루해.	나는 화가 났어.
나는 너무 재미있어.	나는 소심해.
나는 창피해.	나는 미안해.
나는 재미없어.	나는 다쳤어.
나는 네가 바보라고 생각해.	나는 잘났어.
나는 포기했어.	나는 너를 믿을 수 없어.
나는 고집이 세 .	나는 가슴이 아파.
나는 충격받았어.	나는 혼란스러워.
나는 바빠.	나는 지쳤어.

활동을 통한 마음열기(3)

1. **버려요** - 종이, 휴지통

그룹원들을 위해 구겨진 종이 뭉치를 준비하고 그것을 그룹원들이 들어올 때 하나씩 준다. 그것을 지시가 있을 때까지 손에 가지고 있으라고 말한다. 모임 중앙에 휴지통을 놓고 말한다. "여러분은 여러분의 삶 속에서 없애고 싶은 것, 버리고 싶은 것을 생각하십시오. 그것은 물건일 수도 있고, 어떤 태도일 수도 있고, 오래된 나쁜 기억 등 다른 어떤 것일 수도 있습니다. 이제 그것이 무엇인지 조원들과 나누십시오. 나눈 후에 벌떡 일어나서 내가 아까 드린 구겨진 종이 뭉치를 휴지통에 던져버리십시오." 그룹원 모두가 종이 뭉치를 다 버린 후에 그들이 버리고 싶어 했던 것을 직접 말로 표현한 느낌이 어땠는지, 또 그것을 상징적으로 던져버릴 때의 느낌이 어땠는지 나누게 한다.

2. **사진 찍기** - 카메라

전체 성인 그룹원들은 재미있는 야외 놀이를 하게 될 것이다. 각 그룹별로 준비할 것은 필름, 후레쉬가 있는 카메라, 전도지, 그리고 용기가 필요하다(비디오 카메라로 할 수 있으면 더욱 좋다). 각 그룹은 아래에 지시된 장면들을 가능한 많이 사진으로 찍는다. 사진을 찍는 사람을 제외하고 모든 그룹원들은 사진에 찍혀야만 한다. 30분 안에 가장 많은 점수를 얻은 그룹이 1등이고 늦으면 10분당 200점을 감점한다. 즐겁게 할 수 있지만, 서둘러야 한다!

놀이터에서 미끄럼틀 타기 - 250점
아이스크림 먹기 - 300점
멋진 장소에서 모델처럼 포즈 취하기 - 300점
모르는 집 우체통에 전도지 넣기 - 400점
개 앞에서 짖기 - 600점
막대 사탕 빨아먹기 - 300점
얼굴을 모으고 사진 찍기 - 300점
욕조 안에 모두 들어가 "기쁘다 구주 오셨네" 노래 부르기 - 500점
운동장이나 옥상에서 "나는 하나님의 금지옥엽이다."라고 큰 소리로 세 번 말하기 - 500점

함께라서 참 좋습니다

한해를 마무리하며 함께 했던 소그룹원들과 축복을 선물하는 시간을 가져봅시다. 함께 한 시간의 길이와 상관없이 각각의 구성원들에게 느꼈던 고마운 마음이나 칭찬하고픈 내용이 있다면, 아래의 문장을 사용해서 누구에게 어떤 내용으로 축복하고 싶은지 함께 나누어 보십시오.

☐ 당신의 _____성격이 나를 감동시켰습니다.
☐ 당신의 _____면을 닮고 싶습니다.
☐ 당신의 신앙생활에서 정말 높게 평가하는 점은 _____
   입니다.

마음이 넓습니다.	모험심이 강합니다.	믿을 만합니다.
깨어있습니다.	자신만만합니다.	사려 깊습니다.
센스가 있습니다.	창조적입니다.	용기를 줍니다.
진실합니다.	친절합니다.	사랑스럽습니다.
충성스럽습니다.	활짝 열려 있습니다.	

후회와 근심

후회나 근심이 없는 삶은 행복할 것입니다. 후회는 우리를 과거에서 벗어나지 못하게 하는, 끝나지 않은 사건입니다. 근심은 아직 오지 않은 미래의 일에 대한 걱정입니다. 이 두 가지는 모두 우리가 현재를 즐겁게 살지 못하도록 하는 것들입니다. 현재를 즐겁게 살기 위해 당신의 과거에서 후회하는 일이나 지금도 당신을 괴롭히는 사건을 기록하고 또 미래에 일어날 것을 걱정하는 근심거리들을 기록하십시오. 당신이 적은 것을 그룹원들과 나누되 당신이 편안하게 나눌 수 있는 것만을 나누어도 좋습니다.

1. 당신의 과거에서 후회되는 것들과 아직도 당신을 괴롭히는 일들

2. 아직 다가오지 않은 미래의 일에 대한 근심거리들

하나님께서는 우리가 후회나 근심들을 하나님께 맡기기를 원하십니다. 그러나 그것을 알면서도 맡기지 못하고 있는 후회나 근심들이 있다면 그것을 놓고 서로 기도해 주십시오.

· 제 3 부 ·

—

보살핌

감사의 조건

비록 우리 앞에 화려한 식탁과 빛나는 보물이 없을지라도 우리는 언제나 감사하며 살아야 합니다. 이 시간에는 모임에 참여한 사람들 모두가 하나님께 '감사합니다'라고 말할 기회를 가질 것입니다. 아래의 목록들을 살펴보고 그 가운데 당신이 감사할 제목들을 골라 보십시오.

나는 _____으로 인하여 감사를 드립니다.

가족	이웃	목표의식
교회	집	소명
학교	나라	정신
유산	애완동물	감정
양심	성취	교육
영적은사	창의력	직업
친구들	건강	명성
재능	외모	자동차
취미	성격	추억
지혜	용기	미래

다음의 열거된 성경구절 가운데 하나를 택한 후 한 사람씩 돌아가면서 무엇이 감사한지, 또 왜 감사한지 말해 봅시다. 감사의 내용을 이야기한 후에 자신이 선택한 구절을 읽어 주십시오.

역대상 16:8,34
너희는 여호와께 감사하며 그 이름을 불러 아뢰며 그 행사를 만민 중에 알게 할지어다 여호와께 감사하라 그는 선하시며 그 인자하심이 영원함이로다

시편 7:17
내가 여호와의 의를 따라 감사함이여 지극히 높으신 여호와의 이름을 찬양하리로다

시편 9:1-2
내가 전심으로 여호와께 감사하오며 주의 모든 기사를 전하리이다 내가 주를 기뻐하고 즐거워하며 지극히 높으신 주의 이름을 찬송하리니

시편 100:4
감사함으로 그 문에 들어가며 찬송함으로 그 궁정에 들어가서 그에게 감사하며 그 이름을 송축할지어다

시편 107:21-22
여호와의 인자하심과 인생에게 행하신 기이한 일을 인하여 그를 찬송할지로다 감사제를 드리며 노래하여 그 행사를 선포할지로다

빌립보서 4:6
아무것도 염려하지 말고 오직 모든 일에 기도와 간구로 너희 구할 것을 감사함으로 하나님께 아뢰라

모두가 감사의 내용을 이야기하고 성경구절을 읽은 후에 감사기도로 모임을 마무리합니다.

건배!

어떤 좋은 일이 있을 때, 일어서서 건배를 하는 것은 기분 좋은 모습입니다. 당신의 그룹도 이런 기쁨을 나눌 가치가 있습니다. 유리잔 안에 그룹에 대한 당신의 느낌과 그룹원들을 위해 빌어주고 싶은 축복의 내용, 즉 건배할 내용을 적으십시오. 모든 사람이 다 적은 후에 음료수를 돌리고 차례대로 일어서서 그룹원들과 건배의 내용을 나누십시오.

Icon made by Freepik from www.flaticon.com

구호를 외쳐라

그룹원들 중에서 소그룹에서 하고 있는 역할을 가장 잘 나타내고 있는 구호 옆에 그 사람의 이름을 적으십시오. 예를 들어 상필씨가 모든 사람을 편하게 해준다면 "다가가서 만져준다"라는 구호 옆에 상필씨의 이름을 쓰면 됩니다. 그리고 자신이 어떤 사람의 이름을 어디에 썼는지, 또 왜 썼는지를 설명하는 동안에 그 사람은 가만히 앉아서 듣고있으면 됩니다.

_____ 다가가서 만져준다(전화).

_____ 코카콜라와 함께라면 더 좋아질거야.

_____ 부드럽게 하지만 효과적으로(세제)

_____ 당신이 원하는 것보다 조금 더

_____ 최상의 주행 경험(자동차)

_____ 이 느낌이야(자동차).

_____ 당신이 가고자 하는 곳 다음의 최고의 일 (항공사)

_____ 즐거운 시간이 되도록(운동용품)

_____ 이것 없이는 외출하지 마세요(신용카드).

_____ 이름보다는 품질입니다(전자제품).

_____ 우리의 도움이 모든 것을 가능하게 합니다.(전자제품)

_____ 친구같은 하늘(항공사)

_____ 첫인상은 다시 생기지 않습니다(화장품).

_____ 새로운 세대의 맛(음료수)

_____ 한 번 보기만 하면 반할 거예요(자동차).

_____ 그가 말하기만 하면 모두가 귀를 기울인다.

_____ 기타 :

그룹 기후

당신 그룹의 기후는 어떻습니까? 봄인가요 아니면 겨울인가요? 당신은 당신 그룹의 기후를 어떻게 표현하고 싶습니까? 아래의 질문에 따라 당신의 그룹을 평가해 보고 그 답을 그룹원들과 나누십시오. 이 보살핌은 당신의 그룹에 필요한 것들을 의논하고 변화를 가져올 수 있게 도와줄 것입니다.

1. 나는 우리 그룹의 날씨를 이렇게 표현하고 싶습니다 :
☐ 뜨겁고 무더움 - 한 여름 열대 무풍지대에 앉아 있는 느낌입니다.
☐ 시원한 미풍 - 우리 그룹은 나를 즐겁고 활기차게 해줍니다.
☐ 폭풍우 - 우리 그룹은 내 취향과 달리 다소 거칠고 소란스럽습니다.
☐ 단비 - 나는 우리 그룹을 통해 제공되는 하늘의 축복으로 성장합니다.
☐ 한여름의 눈 - 우리 그룹은 나를 어리둥절하게 합니다.
☐ 기타:_____

2. 나는 우리 그룹의 계절을 이렇게 표현하고 싶습니다 :
☐ 겨울 - 한 해 중에 가장 춥고 매섭고도 긴 겨울밤입니다.
☐ 여름 - 날씨도 덥고 우리도 답답합니다.
☐ 봄 - 우리는 싹이 나고 꽃이 핍니다. 좋은 일들이 있습니다.
☐ 가을 - 시원하고 낙엽이 집니다. 이제 우리 그룹은 겨울을 준비해야 할 것 같습니다.
☐ 기타:_____

3. 나는 우리 그룹의 상황을 이렇게 비유하고 싶습니다 :

늪
보이지 않는 위험이 도사리고
있는 두려운 곳입니다.

황량한 사막
아무리 둘러보아도
끝없는 모래뿐입니다.

신천지
나는 별로 접해보지 못했던 것을
여기에서 경험하고 있습니다.

알프스 초원
공기는 맑고 초원에는
꽃이 핍니다.

폭풍우 부는 해변
태풍이 불면서 문제가
닥쳐오고 있습니다.

달 착륙
흥미는 있지만, 우리는
우주복으로 격리되어 있습니다

그룹 문제 처방

그리스도인은 두 가지 영역의 시민으로 살아갑니다. 한 발은 세상에, 다른 한 발은 하나님의 나라에 딛고서 주님께서 우리에게 주신 명령들을 온전히 이루기 위해 노력해야만 합니다. 이것을 다른 말로 표현한다면, 우리 모두는 실수를 한다는 것입니다. 때때로 우리는 다른 사람에게 상처를 주거나 심지어 그룹에 영향을 미치는 실수들을 합니다. 이러한 실수와 문제들을 해결하는데는 시간과 노력이 필요합니다.

만약 당신의 그룹에 충돌이 있거나 누군가 상처를 받았거나 넘지 말아야 할 경계선을 지키지 못했다면, 이러한 상황을 극복하도록 돕는 아래의 활동들을 활용해 보십시오. 많은 경우, 그룹은 문제를 함께 해결하면서 더 친밀하게 자라갈 수 있습니다. 아래에 제시된 지침들을 활용하시되, 치유는 듣는 것으로부터 시작된다는 것을 기억하십시오.

1. 그룹원들이 돌아가면서 어떤 일에 대한 자신의 감정들을 나누십시오. 이 때 "당신은 어떻게 나한테 그럴 수가 있지요?"와 같은 표현 대신에 "나는 그 때 마음이 아팠습니다."와 같이 "나"를 기준으로 하는 말을 사용해야만 합니다. 당신 자신의 느낌과 경험들, 행동에 대해 말하십시오. 모든 사람들이 말한 다음에 서로 나눌 기회를 주십시오. 모든 사람이 말할 필요가 있는 어떤 일에 대한 자신들의 감정을 모두 말할 때까지 계속하십시오.

2. 사과보다 우선하는 것이 있습니다. 그것은 그룹원들이 잘못을 했거나 용서를 구할 때, 그룹은 그것을 받아들일 수 있는 안전한 곳이 되어주어야 한다는 사실입니다. 그룹에 이런 사항을 반드시 주지시키고 모든 그룹원들에게 자신들의 합당하지 않은 행동이나 적절하지 못한 반응을 인정할 기회를 주어야 합니다.

3. 각각의 그룹원들이 사과를 받아들이거나 자신들에게 한 사과에 "고맙습니다"라고 말할 수 있는 기회를 주십시오. 만약 누군가가 자신의 감정에 대해 적절한 사과가 이루어지지 않았다고 느낀다면 그 사람은 "나는 아직도…"라고 자유로이 말할 수 있습니다. 단, 이 때도 자신의 감정만을 말하는 "나"를 기준으로 하는 말을 사용해야만 한다는 사실을 기억하십시오. 이런 경우, 추가적인 사과로 원만히 해결될 수 있습니다.

4. 다음으로, 그룹이 비슷한 문제들을 피하기 위해서 필요하다면, 그룹 규칙이나 다른 변화들에 대해 논의해야 합니다. 너무 많은 규칙들이 그룹 내의 자유로운 표현을 질식시킬 수 있으나, 그룹원들이 서로를 배려하는 행동은 매우 가치있는 것임을 잊지 마십시오.

5. 그룹원들은 함께 기도해야 합니다. 서로 손을 잡고 기도하는 것이 좋습니다. 치유와 사랑, 하나됨을 위해 기도하십시오. 또 그룹원 모두에게 각각 기도할 기회를 주십시오.

6. 그룹을 마치기 위해 '우리 그룹은(p.415)', 당신이 영화라면(p.375)', 당신이 새라면(p.373)', 당신이 항해 중에 있다면(p.377)'을 사용해 보십시오. 또는 아래의 표현을 완성해서 각 사람에게 말해주어도 좋습니다.

"내가 이 상황을 통해 알게된 당신의 장점(강점)은 _____ 입니다."

그룹 언약서

　그룹 언약서를 만드는 것은 모든 그룹에 매우 유익합니다. 초기의 그룹 모임에서 아래의 질문들에 대한 대답을 의논할 시간을 가지십시오. 그룹의 모든 구성원들이 그룹에 대해 같은 목표들을 가질 때 모든 것이 순조롭습니다.

1. 우리 그룹이 모인 목적은 :

2. 우리 그룹의 구체적인 목표들은 :

3. 우리는 이 그룹 모임을 _____주 동안 계속 가질 것입니다. 만약 그 이상 모이기를 원한다면, 우리는 이 언약서를 재고할 것입니다.

4. 우리는 (매주, 격주, 매월) 만날 것입니다.

5. 우리 모임은 _____ 시에 시작할 것이며 우리는 정시에 시작하여 정시에 마칠 수 있도록 노력할 것입니다.

6. 우리 모임의 장소는 _____ 또는 그룹원들의 집을 돌아가면서 모일 것입니다.

7. 우리는 아래의 사항들을 이렇게 처리할 것입니다.
☐ 아이 돌보기 :
☐ 다과 :
☐ 주차 :

8. 우리는 우리 그룹을 위해 다음과 같은 기본 규칙들에 동의합니다.
☐ 우선 순위 : 이 그룹에 모이는 동안 우리의 우선 순위를 이 모임에 두겠습니다.
☐ 참여권 : 우리 모두는 각자의 의견을 말할 권리가 있고 모든 질문들도 존중합니다.
☐ 기밀성 : 이 모임에서 언급된 어떤 것도 모임 밖에서는 말하지 않겠습니다.
☐ 새 회원 : 그룹의 규모와 공간이 허락하는 한 새로운 사람을 받아들일 것입니다.
☐ 서로 돕기 : 그룹원들은 모두 필요할 때 서로에게 도움을 요청할 수 있습니다.
☐ 사역 계획 : 우리는 사역의 계획을 세우고 그것을 완성하는 일에 동의합니다.
☐ 충고하기 : 충고를 요청받지 않았을 때는 하지 않겠습니다.

그룹 평가

당신은 언제 그룹을 점검해 보셨습니까? 우리 그룹은 때때로 멈추어 자신을 평가해 보아야 합니다. 당신의 그룹에 대한 아래의 질문들에 대답해 보십시오. 그 답을 그룹원들과 나누고 결론을 의논하십시오.

각각의 질문에 다음과 같이 대답할 수 있습니다.
1 = 전혀 아니다
2 = 별로 그렇지 않다
3 = 그런 편이다
4 = 대부분 그렇다
5 = 항상 그렇다

1. 나는 내 스스로 이 그룹이 나에게 가치가 있다고 느낍니다.
    1   2   3   4   5
2. 나는 내가 말하고자 하는 것을 이 그룹에서 이해한다고 느낍니다.
    1   2   3   4   5
3. 우리 그룹은 나의 말을 가로막거나 무시합니다.
    1   2   3   4   5
4. 우리 그룹이 나에게 그리스도를 느끼게 해준다고 생각합니다.
    1   2   3   4   5
5. 나는 우리 그룹이 목표를 잘 이루어가고 있다고 생각합니다.
    1   2   3   4   5

6. 나는 우리 그룹이 내 감정을 잘 받아준다고 느낍니다.
   1   2   3   4   5

7. 나는 이 그룹이 나의 다른 관계들보다 더 중요한 관계를 제공해주고 있다고 느낍니다.
   1   2   3   4   5

8. 나는 우리 그룹이 위태로운 일은 감행하지 않는다고 생각합니다.
   1   2   3   4   5

9. 나는 우리 그룹이 내가 필요한 것을 공급해 준다고 느낍니다.
   1   2   3   4   5

10. 나는 이 그룹이 열린 대화를 가능하게 한다고 생각합니다.
    1   2   3   4   5

11. 우리 그룹은 그룹원들의 가치를 소중히 여깁니다.
    1   2   3   4   5

12. 우리 그룹은 위치적으로나 모이는 장소, 분위기, 어린이 돌보기 등 모든 여건이 좋습니다.
    1   2   3   4   5

그리스도의 몸

당신의 교회는 그리스도의 살아있는 몸으로 성령 안에서 살아가는 성도들이 그 지체를 구성하고 있습니다. 당신의 그룹원들은 어떻게 그리스도의 몸을 이루고 있습니까? 그들이 자신들의 교회에서 그리스도의 몸으로서 특별히 기여하고 있는 것은 무엇입니까? 그룹원들이 그리스도의 몸으로서 어떤 기능을 담당하는지 확인하면서 아래에서 적절한 것을 선택하십시오. 돌아가면서 각 사람이 자신의 오른쪽이나 왼쪽 사람의 지체됨을 확인해 주어도 좋고 차례대로 그룹원들 전체가 각 사람의 지체됨을 확인해 주는 것도 좋습니다.

손
당신은 다른 사람들이 스스로 할 수 없는 것에 도움을 주는 특별한 재능을 가지고 있으며 이것을 통해 예수님을 드러냅니다.

등
당신은 예수님께서 가까이 계시다는 것을 일깨우며 어떤 위기와 두려움, 의심도 견뎌내는 강한 신앙을 가지고 있습니다.

어깨
당신은 우리가 기대어 울 어깨가 필요할 때 우리가 기댈 수 있는 존재가 됨으로써 그리스도의 온화함을 우리에게 보여줍니다.

발
당신은 하나님께서 보내시는 곳이라면 어디든지 가서 그리스도의 사랑을 나누어 주는 실천적인 믿음을 가지고 있습니다.

입
당신은 예수님처럼 위로와 격려와 도전을 주는 말을 하는 사람입니다.

눈
당신은 다른 사람을 늘 이해하고 긍휼히 여기는 예수님의 눈을 가졌습니다.

귀
당신은 예수님처럼 사람들의 말을 사랑과 존중으로 들어주는 훌륭한 듣는 기술을 가지고 있습니다.

무릎
당신은 용사와 같이 하나님을 향한 믿음으로 용사처럼 기도함으로 기도에 대한 예수님의 신뢰를 증명해 주고 있습니다.

팔
당신은 예수님이 그랬던 것처럼 당신의 팔로 사람들을 껴안고 위로합니다.

다리
당신은 사람들이 알아주지 않아도 믿음 위에 굳게 서는 용기를 가졌습니다.

그림 그리기

겁내지 마십시오. 실제로 이것은 그림 전시회나 대회가 아닙니다. 이 보살핌은 그룹에 대한 당신의 느낌을 표현하기 위한 방법일 뿐입니다. 당신은 당신의 그룹에 대해 어떻게 느끼십니까? 그룹이 당신에게 어떤 의미를 주고 있습니까? 그룹이 당신의 삶에 어떤 영향을 주고 있습니까? 이러한 질문들에 대한 대답을 아래의 액자 안에 그린 후, 그룹원들과 당신의 그림에 대해 나누십시오.

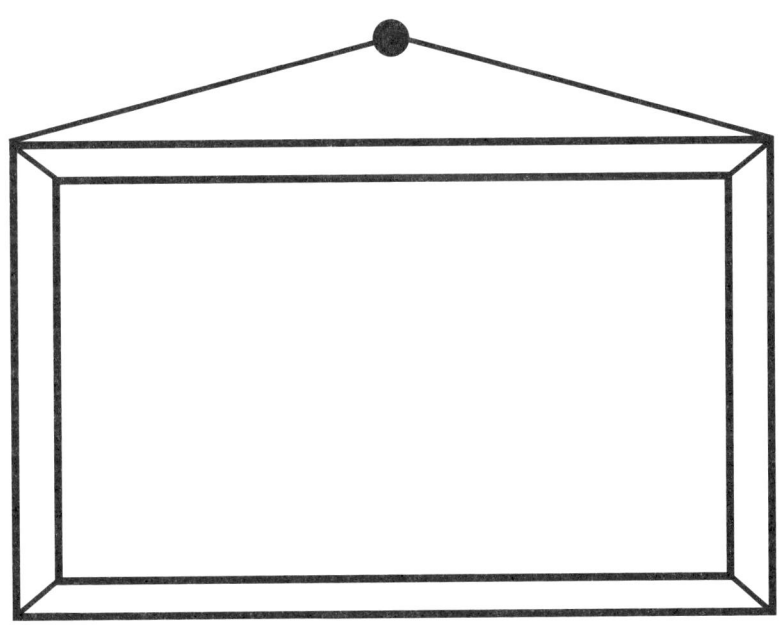

그분께 나아가 구하라!

하나님께 무언가를 구하는 것은 기도의 중요한 한 형태입니다. 이것은 자신을 위한 것일 수도 있고 다른 사람을 위한 기도일 수도 있습니다. 아래의 목록을 활용하면 우리가 무엇을 위해 기도할 것인지 정하는데 도움이 됩니다. 이 목록은 소그룹 모임에서 어떤 특정한 주제에 대해서 기도할 때 사용할 수도 있습니다. 어떤 사람은 전에 누군가 몸이 아프다고 이야기했던 것을 놓고 그것을 위해 기도할 수 있습니다. 또 다른 어떤 사람은 우리나라와 교회를 위하여 혹은 가족을 위해서도 기도할 수 있습니다. 이 목록은 여러분의 모임에서 기도가 필요한 사람들을 위하여 정기적으로 기도하는 데 도움이 될 것입니다.

1. 자신을 위하여
   - 인간 관계
   - 돈
   - 신앙 성장
   - 내면의 갈등과 위기
   - 건강
   - 자기 절제

2. 소그룹 모임을 위하여
   - 공동체가 견고히 세워지도록
   - 해야 할 임무와 과제를 선택하도록
   - 다음 모임에서 무엇을 공부할지 결정하기 위하여
   - 새로운 참여자들을 발견할 수 있도록

3. 가족을 위하여
    - 대화가 잘 이루어지도록
    - 아이들이 바르게 성장하도록
    - 화목하게 지낼 수 있도록
    - 서로 사랑할 수 있도록
    - 신뢰를 쌓을 수 있도록
    - 중요한 결정을 위하여

4. 교회를 위하여
    - 지도자들을 위하여
    - 복음 전파를 위하여
    - 사회 봉사를 위하여
    - 온전한 예배가 드려지도록
    - 특별 프로그램들을 위하여
    - 교회의 재정을 위하여
    - 새로운 계획을 위하여
    - 새 가족들을 위하여
    - 청소년과 어린이를 위하여

5. 나라를 위하여
    - 대통령과 행정부를 위하여
    - 국회의원을 위하여
    - 사법부와 법조인들을 위하여
    - 자치단체와 공무원들을 위하여
    - 지방의회 의원들을 위하여
    - 기업인과 노동자들을 위하여
    - 군인과 경찰을 위하여
    - 사회단체와 시민단체들을 위하여

6. 그리스도를 모르는 사람들을 위하여
    - 예수님이 필요한 가족/친구들을 위하여
    - 사랑 받기 원하는 사람들을 위하여
    - 피선교 국가와 미전도 종족들을 위하여

7. 사회를 위하여
- 도덕의 회복을 위하여
- 범죄문제를 위하여
- 가난한 사람들을 위하여
- 소외된 사람들을 위하여
- 실업문제를 위하여
- 청소년들을 위하여
- 폭력문제를 위하여
- 경제적 안정을 위하여

8. 세계를 위하여
- 전쟁
- 기근
- 환경문제
- 학대
- 빈부의 격차
- 증오와 편견

기도 만들기

  이 보살핌은 사람들이 자신을 하나님과 그룹원들에게 표현하도록 돕는 새로운 방법입니다. 각 그룹원들은 아래 목록의 빈칸 네 곳에 해당하는 것을 보기에서 골라 기록하면 됩니다. 그리고 기도 시간에 각 사람은 자신이 보기에서 고른 것을 읽은 후 거기에 따라 자신들의 기도를 합니다. 이 활동을 한 번 하게 되면, 모든 그룹원들은 편안하게 큰 소리로 기도하게 되며, 묵상 기도를 원하는 사람도 소리내어 기도하게 해줍니다.

"_____ _____!
     (보기 1)   (보기 2)

나는 _____
            (보기 3)

_____"
                   (보기 4)

보기 1	보기 2	보기 3
좋으신	하나님	겸손한 맘으로
거룩하신	아버지	간절한 맘으로
높으신	구세주 예수님	기쁜 맘으로
전능하신	주님	진실된 맘으로
만유의	왕이신 하나님	순종하는 맘으로
사랑이 많으신	어린양 예수님	애통하는 맘으로
은혜로우신	구원자 예수님	말씀에 의지하여
존귀하신	대속주 예수님	소망을 가지고
하늘의	삼위일체 하나님	믿음으로

보기 4

_____ 를 간구합니다.
_____ 를 감사드립니다.
_____ 를 통해 영광 받으시길 기도드립니다.
_____ 를 고백합니다.
_____ 를 기대합니다.
_____ 를 바랍니다.
_____ 도와주시기를 기도드립니다.
_____ 죄를 용서하여 주시길 기도드립니다.
_____ 인도하여 주시길 기도드립니다.

기도 제목을 나눕시다(1)

소그룹 모임에서 서로를 위해 기도할 수 있는 몇 가지 좋은 방법들을 알려드리겠습니다. 이 방법들은 특별히 누군가 처음으로 모임에 참석하게 되었거나, 소그룹 모임을 처음 시작할 때에나, 기도에 대하여 새롭게 이해하고자 하는 모임에서 유용하게 사용될 수 있습니다.

서로를 위하여 기도하는 시간은 소그룹 모임 시간 중에서 가장 힘 있는 시간이 될 것입니다. 닫혀 있던 마음을 열고, 말씀을 연구하고 토론한 다음, 마지막에 서로를 위해 기도해 주는 시간은 여러분에게 일주일 중에서 가장 의미 있는 시간이 될 것입니다. 함께 기도하며 서로 사랑하고 용납하는 소그룹 안에서 사람들은 서로의 마음을 활짝 열고 보다 특별한 방법으로 서로의 삶을 나눌 것입니다.

소그룹에서 함께 기도하는 방법에는 여러 가지가 있습니다. 이 방법들은 그 모임이 얼마나 오랫동안 함께 했는가를 기준으로 나누어졌습니다. 소그룹 모임을 마칠 때 다음 기도 방법 중 한 가지를 사용해 보십시오.

1. 인도자가 기도함으로 모임을 마치십시오. 인도자는 귀한 만남의 기회를 주신 하나님께 감사하고, 하나님께 영광과 찬양을 돌리며, 모임 중에 언급되었던 누군가의 상황을 위해 기도하고, 토론하고 깨달았던 메시지를 적용할 수 있도록 하나님의 도움을 구합니다.

2. 아래의 '주기도문'이나 '평화의 기도'와 같은 기도문을 소리내어 함께 읽으십시오. 반드시 모든 사람이 기도문을 보고 함께 읽을 수 있도록 하십시오.

주기도문
"하늘에 계신 우리 아버지여
이름이 거룩히 여김을 받으시오며
나라이 임하옵시며
뜻이 하늘에서 이룬 것같이 땅에서도 이루어지이다
오늘날 우리에게 일용할 양식을 주옵시고
우리가 우리에게 죄 지은 자를 사하여 준 것같이 우리 죄를 사하여 주옵시고 우리를 시험에 들게 하지 마옵시고
다만 악에서 구하옵소서
대개 나라와 권세와 영광이 아버지께 영원히 있사옵나이다. 아멘"

평화를 위한 기도
"하나님, 우리에게 우리가 어찌할 수 없는 것을 받아들이는 평정과, 우리가 할 수 있는 것을 변화시킬 용기와, 서로가 다른 것을 인정할 수 있는 지혜를 주시옵소서."

3. 인도자는 참가자들 각자에게 주중에 모임을 위해 기도할 것을 요청하며 기도로 모임을 마무리합니다. 이것은 각 사람들이 주중에 모임을 위해 하나님께 기도하며 몇 분간 조용히 혼자만의 시간을 갖는 것을 의미합니다. 모임을 위해 기도할 때에는 소그룹을 통하여 서로를 알 수 있는 기회를 주신 하나님께 감사하고, 특별히 기도가 필요한 지체들과 그들이 처한 상황을 위해 기도하며, 모임이 계속 자라가며 지체들을 잘 돌볼 수 있도록 기도합니다.

기도 제목을 나눕시다 (2)

서로가 조금 더 친숙해졌다면 이제는 다른 방식으로도 기도할 수 있습니다. 그러나 만약 원하지 않는 사람이 있다면, 반드시 소리를 내어 기도하지 않아도 됩니다. 기도는 강요되거나 누군가에게 불편함을 느끼게 하는 것이 되어서는 안됩니다.

아래의 기도하는 방법들은 인도자들이 '소리내어' 기도할 것을 제안하고 있습니다. 그러나 인도자는 먼저 사람들이 그것을 원하는지 물어보아야 합니다.

1. 모임에 관한 기도 제목을 나누기를 원하는 사람부터 시작합니다. 인도자는 함께 나눈 기도 제목을 위하여 함께 기도하면서 모임을 마무리할 수 있습니다. 이 시간에는 자신의 필요에 따라 기도를 요청하고 각자 관심을 갖고 있는 기도 제목을 나눌 수 있습니다. 당신이 앞두고 있는 취직시험, 몸이 아픈 자녀, 동료들에게 복음을 전하는 일 등 그들과 함께 기도하기 원하는 것들에 대하여 기도를 요청할 수 있습니다. 그러나 기도를 요청하는 시간이 충고하는 시간이 되어서는 안됩니다.
이 때 인도자는 "우리가 이번 한 주 동안 당신을 위해서 어떻게 기도해야 할까요?" 혹은 "요청할 기도 제목이 있으십니까?"라고 물어볼 수 있습니다. 그 후에 다음 한 주간 동안 함께 기도하기를 원하는 기도제목을 서로 돌아가며 나누십시오. 성경공부와 토론 시간에 생긴 관심사들에 대하여 나누는 것도 기도를 요청하기에 좋은 기회가 될 것입니다.

2. 각자 자신이 요청할 기도 제목을 나눈 후에 다함께 한 주간 동안 다른 사람들의 기도 제목을 위하여 꾸준히 기도할 것을 당부하십시오. 자신의 오른쪽이나 왼쪽에 앉아 있는 사람이 누구인지 확인하고 그의 기도 제목을 위해서 집중적으로 기도할 수도 있습니다. '기도 짝'을 정할 수도 있습니다. 모임 중에서 기도 짝이 정해지면 한 주간 동안 서로를 위해 기도해야 합니다. 인도자나 자원하는 사람이 대표로 기도하고 모임을 마칩니다.

3. 기도 요청이 이루어진 후에 각 사람들에게 자신의 오른쪽이나 왼쪽에 있는 사람을 위해 침묵으로 기도하게 하십시오. 인도자가 소리 내어 기도함으로써 기도를 마무리합니다.

기도 제목을 나눕시다(3)

소그룹 모임을 마무리하는 몇 가지 기도 방법이 더 있습니다. 이 기도의 방법들은 이미 몇 주 동안 함께 모임을 가졌거나 소리를 내어 기도하는 것에 익숙한 사람들에게 더욱 적합합니다.

1. 돌아가면서 문장을 계속해서 덧붙여 가는 기도 방법은 소그룹 모임 중에 소리내어 기도하는 것을 시작하기에 좋은 방법입니다. 다같이 원형으로 서거나 앉고, 원한다면 서로 손을 잡아도 좋습니다. 인도자가 먼저 '하나님 오늘 저는 ....으로 인하여 감사를 드립니다.'라는 말로 기도를 시작합니다. 다음으로 다른 멤버도 같은 말로 기도합니다. 그러나 거기에 감사한 이유를 한 단어나 한 구절로 덧붙입니다. 인도자는 모든 사람이 기도한 후에 기도를 마칩니다.

   이 기도는 다른 문장으로도 시작할 수 있습니다.

   "하나님, _____을 인하여 당신을 찬양합니다."

   "하나님, 우리는 _____에서 당신의 도움이 필요합니다."

   "하나님, _____일에 대하여 제가 어떻게 해야할지 가르쳐 주십시오."

또는

"하나님, 여기 당신의 도움이 필요한 _____가 있습니다."

2. 함께 기도 제목을 이야기할 때 인도자가 그것을 받아 적습니다. 기도 제목을 다 이야기한 후에 인도자는 특정한 기도 제목을 위해 기도할 것을 요청합니다. 예를 들어 인도자는 "어느 분이 김 집사님께서 하나님의 뜻을 알 수 있도록 기도하시겠습니까?"라고 이야기할 수 있습니다. 이렇게 모든 기도 제목을 위해 기도할 사람을 정합니다.

- 인도자가 기도하기를 시작하면 돌아가면서 자신이 담당한 기도 제목을 위해서 기도합니다.

- 인도자의 왼편이나 오른편에서부터 시작하여 돌아가며 기도하십시오. 모든 기도가 끝나면 기도 시간을 마무리합니다.

- 이 방법은 기도 시간에 인도자가 먼저 언급되었던 모든 기도 제목을 위해 기도하는 것으로 변화를 줄 수 있습니다. 그러나 인도자는 모든 기도 제목을 위해 기도한 후에 다른 그룹원이 관심있는 특정한 기도제목을 위해 덧붙여 기도할 수 있는 기회를 주어야 합니다.

3. 준비가 되었다면 좌, 우편에 있는 사람들을 위해서 소리내어 기도할 수 있습니다. 서로 손을 잡고 기도하는 것이 좋습니다. 인도자가 먼저 기도를 시작할 것입니다. 그리고 자신의 기도가 끝날 때 인도자는 왼편에 있는 사람의 손을 꽉 잡아서 기도가 끝난 것을 알립니다. 모든 사람은 모임의 참가자들을 위해 기도한 후에 옆사람의 손을 꽉 잡아서 그 사람의 차례가 되었음을 알리십시오. 만약 어떤 사람이 소리내어 기도하기를 원하지 않는다면 조용히 기도한 후에 옆

사람의 손을 다시 꽉 잡아서 기도가 끝난 것을 알릴 수 있습니다. 모든 사람이 기도한 후에 인도자가 기도로 이 시간을 마칩니다.

4. 기도를 위해 활용할 수 있는 다른 선택사항
■ 일주일 동안 기도 제목을 계속 보고 기도할 수 있도록 기도 편지(혹은 기도 소식지)를 만들 것을 요청하십시오.
■ 교회 광고나 지역 소식지에 실린 소식들을 보고 기도하십시오.
■ 주중에 기도 짝을 만나서 서로를 위해 기도하십시오.

기도문을 작성합시다

아래에 있는 종이에 자신의 기도를 써 보십시오. 아래의 주제들 가운데 한 가지를 택하여 그 주제에 기초한 기도문을 써 봅시다. 모든사람이 같은 주제로 기도문을 작성하도록 결정할 수도 있습니다.

찬양 : 하나님이 어떤 분인지 인정하는 기도
감사 : 하나님께서 당신에게 주신 것과 행하신 모든 것에 대한 감사의 기도
간구 : 모든 좋은 것을 주시는 하나님께 요청하는 기도
중보 : 당신이 사랑하는 누군가를 돕기 위한 기도
치유 : 누군가가 건강해지도록 하나님의 도우심을 바라는 기도
용서 : 당신이 범죄한 일에 대하여 하나님의 용서를 구하는 기도
하나님의 뜻 : 어디로 가야할지 헤매고 있을 때 하나님의 뜻을 발견하기 위한 기도
절제 : 당신이 무엇인가를 그만두어야 할 때
불신자 : 불신자를 사랑하고 그들을 잘 인도하도록 하나님의 도우심을 구하는 기도
불평과 분노 : 괜찮습니다. 하나님께서 다루실 것입니다.

몇 분 동안 모두가 각자의 기도문을 작성한 후에, 원하는 사람이 자신의 기도문을 소리내어 읽고 모임을 마칩니다.

기도하는 방법들

그룹원들이 함께 기도하는 방법은 매우 다양합니다. 모임의 기도는 그룹원 각자가 편안하게 기도할 수 있는 방법을 선택하는 것이 매우 중요합니다. 예를 들어, 어떤 사람들은 그룹 모임에서 큰 소리로 기도하는 것을 편안하게 느끼지 않을 수도 있습니다. 그러므로 아래의 내용을 활용해서 당신의 그룹에 가장 알맞은 기도 방법을 선택하십시오.

아래의 제안들은 기도하는 방법에 대한 다양한 아이디어를 제공하고 있습니다. 또 사람들이 편안함을 느낄 수 있도록 '적은 부담'을 주는 것으로 시작해서 각자가 큰 소리로 기도하는 것까지 준비되어 있습니다.

1. 미리 정해진 대표 기도자(또는 인도자)가 그룹 모임을 기도로 마치는 것이 좋습니다. 기도는 하나님을 찬양하는 것과 그분께 감사하되 그룹원들이 함께 만날 수 있도록 기회를 허락하신 하나님께 감사하는 내용이 포함될 수 있습니다. 또 모임을 갖는 동안 나누었던 그룹원들의 개인 사정에 대해 기도하고 논의한 메시지를 적용하며 살도록 하나님의 도움을 구하는 내용이 좋습니다. 그리고 다음 한 주 동안 각자가 서로를 위해 기도하도록 격려하는 것도 잊지 마십시오.

2. 그룹원들이 주님이 가르쳐 주신 기도(마6:9-13)나 에베소 교회를 위한 바울의 기도(엡3:14-21) 또는 다음과 같은 기도문을 함께 읽

는 것도 좋습니다.

"주님, 우리가 어찌할 수 없는 것들을 인정할 수 있는 **평온함**을 주시되 우리의 잘못된 것들은 고칠 수 있는 힘을 주시고 서로의 차이점들을 인정하는 지혜를 주시옵소서"

3. 그룹원들이 서로 "이번 주에 당신을 위해 무엇을 기도할까요?"라는 질문을 하게 하고 그 답을 나누는 시간을 가지십시오. 이 때 대답은 자기가 원하는대로 할 수 있다는 것을 알려주십시오. 또 정해진 대표 기도자(또는 인도자)가 서로 다른 기도 제목들을 위해 기도하는 것도 좋습니다. 토론 주제에 대한 기도 제목을 나누는 것은 항상 필요한 좋은 방법입니다.

4. '기도 짝'을 만드는 방법도 좋습니다. 먼저 그룹원들이 한 주 동안 어떤 기도로 서로를 도울 것인지, 기도 제목들을 나누게 합니다. 그런 후, 기도 짝을 맺어주고 한 주 동안 서로를 위해 기도하라고 권합니다. 인도자나 정해진 대표 기도자가 큰 소리로 기도함으로써 이 시간을 마칩니다.

5. 기도 제목을 나누고 서로를 위해 묵상으로 기도합니다. 그룹원들은 자신의 오른쪽이나 왼쪽에 있는 사람을 위해 묵상 기도할 수도 있습니다. 인도자나 정해진 대표 기도자가 큰 소리로 기도함으로 이 시간을 마칩니다.

6. 그룹원들이 기도 제목을 나누고 나서 원하는 사람이 서로의 기도 제목을 위해 기도하게 합니다. 이것은 서로를 위해 소리내어 기도하는 법을 익힐 수 있는 좋은 방법입니다. 예를 들어, 이한나 성도가 그의 아들을 위한 기도를 나누었으면, 인도자가 그룹원들에게 "누가 이한나 성도의 아들을 위해 기도해 주시겠습니까?"라고 묻습

니다. 실제 기도 시간은 모두 서서 하거나 원으로 둘러앉아 하는 것이 좋습니다. 인도자가 차례대로 기도하라고 말하거나 시계방향이나 시계 반대 방향으로 돌아가면서 기도하라고 권함으로 시작할 수 있습니다. 또 인도자가 각 사람을 위해 간단히 기도하고 나서 원하는 사람이 인도자를 위한 기도를 추가하는 방법도 좋습니다.

7. 아래의 문장은 당신의 그룹이 큰 소리로 기도하는 것을 익힐 수 있는 또 다른 좋은 방법입니다. 기도 시간에 각 사람이 아래의 문장들을 완성하고 이에 따라 차례대로 소리내어 기도하게 하십시오.

"주님, 저는 _____ 때문에 주님을 찬양합니다."
"주님, 제가 _____ 하기 위해 해야 할 것들을 깨닫게 해 주시옵소서."
"주님, 저는 _____ 때문에 당신께 감사드립니다."
"주님, 제가 사랑하는 사람이 _____ 하도록 도와주십시오."

8. 그룹원들이 모두 편안하게 소리내어 기도하게 되었을 때, 각 사람의 오른쪽이나 왼쪽에 있는 사람을 위해 기도하게 하십시오. 이때 묵상 기도를 선택한다면, 조용히 기도할 수도 있습니다. 가장 중요한 것은 기도를 마쳤을 때 그들 옆에 있는 사람들의 손을 부드럽게 꼭 잡는 것처럼, 서로의 손을 잡아주는 것입니다. 인도자는 모든 사람이 기도를 다 한 후에 기도 시간을 마칩니다.

이것이 그룹 규칙입니다.
질문있나요?
좋아요. 그럼, 잘 해봅시다.

9. 그룹원들은 주제별로도 기도할 수 있습니다. 예를 들어, 리더가 "찬양과 감사의 기도를 드리겠습니다."라고 말하고 나면, 이 주제의 기

도를 하고 싶은 사람들은 인도자의 주제 제시를 따라 찬양과 감사의 내용을 기도할 수 있습니다. 다른 주제 제시는 다음과 같은 것들이 있을 수 있습니다.

"서로를 위해 기도하겠습니다."
"우리 마음의 고백을 하나님께 드리겠습니다."
"우리 교회를 위해 기도하겠습니다."
"우리 주변의 예수님을 믿지 않는 사람들을 위해 기도하겠습니다."

기뻐하기 위해

우리는 상황에 관계없이 모든 것이 하나님의 장중에 있다는 것을 깨달을 때 기뻐할 수 있습니다. 그리스도인은 위기 속에서나 불쾌하고 언짢을 때도 기쁨이 존재합니다. 그러나 때때로 우리는 기쁨을 스스로 고취시켜야 할 때가 있습니다. 아래의 구절들 가운데 당신의 마음을 움직이는 것을 고르십시오. 당신이 선택한 것과 그 이유를 그룹원들과 나누십시오. 각자가 선택한 구절을 외워서 다음 모임 때 암송하는 것도 좋습니다.

이사야 51:11
여호와께 구속된 자들이 돌아와서 노래하며 시온으로 들어와서 그 머리 위에 영영한 기쁨을 쓰고 즐거움과 기쁨을 얻으리니 슬픔과 탄식이 달아나리이다

이사야 61:10
내가 여호와로 인하여 크게 기뻐하며 내 영혼이 나의 하나님으로 인하여 즐거워하리니 이는 그가 구원의 옷으로 내게 입히시며 의의 겉옷으로 내게 더하심이 신랑이 사모를 쓰며 신부가 자기 보물로 단장함 같게 하셨음이라

시편 89:15-16
즐거운 소리를 아는 백성은 유복한 자라 여호와여 저희가 주의 얼굴빛

에 다니며 종일 주의 이름으로 기뻐하며 주의 의로 인하여 높아지오니

시편 118:15
의인의 장막에 기쁜 소리, 구원의 소리가 있음이여 여호와의 오른손이 권능을 베푸시며

시편 4:7
주께서 내 마음에 두신 기쁨은 저희의 곡식과 새 포도주의 풍성할 때보다 더하니이다

요한복음 15:10-11
내가 아버지의 계명을 지켜 그의 사랑 안에 거하는 것 같이 너희도 내 계명을 지키면 내 사랑 안에 거하리라 내가 이것을 너희에게 이름은 내 기쁨이 너희 안에 있어 너희 기쁨을 충만하게 하려함이니라

요한복음 16:22
지금은 너희가 근심하나 내가 다시 너희를 보리니 너희 마음이 기쁠 것이요 너희 기쁨을 빼앗을 자가 없느니라

베드로전서 1:8
예수를 너희가 보지 못하였으나 사랑하는도다 이제도 보지 못하나 믿고 말할 수 없는 영광스러운 즐거움으로 기뻐하니

스가랴 2:10
여호와의 말씀에 시온의 딸아 노래하고 기뻐하라 이는 내가 임하여 네 가운데 거할 것임이니라

빌립보서 4:4
주 안에서 항상 기뻐하라 내가 다시 말하노니 기뻐하라

누가복음 10:20
그러나 귀신들이 너희에게 항복하는 것으로 기뻐하지 말고 너희 이름이 하늘에 기록된 것으로 기뻐하라 하시니라

기쁨을 찾아봅시다!

스스로 자신을 돌봅시다! 여기 당신을 기쁘게 해줄 만한 일들이 있습니다. 아래의 목록을 살펴보십시오. 다음 모임이 있을 때까지 당신 자신을 위해 하기로 작정한 일을 골라봅시다(목록에서 택하는 대신, 당신이 한가지를 생각해내어도 좋습니다). 돌아가면서 무엇을 택했는지 말해봅시다. 다음 모임에서 정말로 당신이 계획한 대로 자신을 돌봤는지 나눌 것입니다.

"다음 모임까지 나는 _____(으)로 나 자신을 돌볼 것입니다."

☐ 깨끗이 목욕하기 ☐ 옷장이나 책상, 책장 정리하기
☐ 새 옷 한 벌 사기 ☐ 맛있는 저녁 먹기
☐ 개인적인 묵상 시간 갖기 ☐ 매일 _____분씩 기도하기
☐ _____km 이상 걷거나 뛰기
☐ 친구들을 모아서 평소에 하고 싶었던 일 하기
☐ 여행하기 ☐ 예쁜 꽃 사기
☐ 실컷 자기 ☐ 좋은 책 읽기
☐ 제일 좋아하는 간식 만들기 ☐ 아침밥 꼭 챙겨 먹기
☐ TV/인스턴트 음식/술 끊기 ☐ 기타 : _____

나와 동행하신 하나님은?

아래에 있는 예수님의 다양한 명칭들을 각각 다른 종이에 적고, 이것들을 모임 중앙에 모아놓습니다. 그룹원들은 지난 주 자신들에게 예수님은 어떤 분이셨는지를 생각하고 거기에 해당하는 종이를 선택한 후 이제 자신이 선택한 명칭과 그 이유를 나눕니다.

조언자, 친구, 구세주, 주인, 하나님의 어린양
구원자, 신랑, 생명의 떡, 천국 문, 목자
길, 진리, 생명, 선생, 왕중의 왕
빛, 개척자, 변호자, 포도나무, 영광, 새벽 별
알파와 오메가, 임마누엘, 안식일의 주인, 창조자

이번 주에 당신이 경험하고 싶은 하나님의 모습을 골라 서로 함께 기도하세요.

하나님의 세미한 음성을 듣습니다.
하나님의 선하심을 맛보고 있습니다.
하나님 은혜의 달콤함을 느낍니다.
하나님의 임재를 느낍니다.
기타 : _____

내가 꿈꾸는 생활

아래의 원 그래프에 당신의 현재 삶의 시간표를 그려 보십시오. 다른 그래프에는 당신이 꿈꾸는 생활을 그려 보십시오.
(원 안의 숫자는 하루 24시간을 의미합니다.)

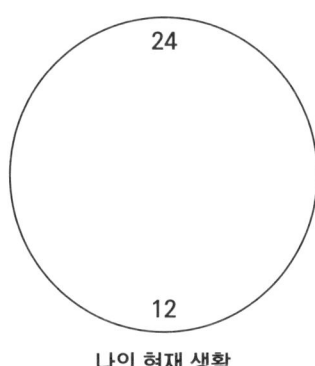

나의 현재 생활

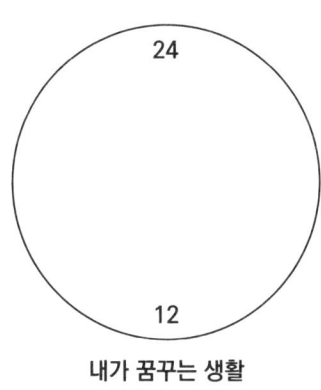

내가 꿈꾸는 생활

내가 붙잡은 인생의 말씀은?

　후회 없이 멋지게 살아가기 위해서 사람들은 인생 좌우명이나 사명선언문을 가지고 있습니다. 예수님께서 자신의 생애를 온전히 드렸던 것처럼 그리스도인들은 시간을 허비하지 않고 하나님의 뜻대로 살기 위해 최선을 다해야 합니다. 그렇다면 나에게 항상 도전을 주고 용기를 주는 말씀은 어떤 것인지, 그리고 그것을 실행하기 위해 어떤 각오를 가지고 있는지 함께 나누어 봅시다.

　내가 붙잡은 인생의 말씀은 ＿＿＿＿＿＿＿＿＿＿＿＿＿＿이며,

말씀에 따라＿＿＿＿＿＿＿＿＿＿＿＿＿＿＿를 실천합니다.

내가 실패하지 않을 것을 전제한다면...

때때로 우리는 실패에 대한 두려움 때문에 새로운 일을 시도하지 못하거나 어떤 일을 이루기 위한 노력을 포기합니다. '실패하지 않을 것을 전제'하고 당신 삶 속에서 하고 싶은 것이 있다면 어떤 것인지 함께 나누어 보십시오.

내가 실패하지 않을 것을 전제한다면...

1. 나는 우리 가족을 위해 이런 일을 하고 싶습니다.
   _____

2. 나는 직장이나 학교, 내가 소속한 공동체에서 이런 일을 꼭 해보고 싶습니다.
   _____

3. 나는 지금 우리 교회를 위해 이런 일을 하고 싶습니다.
   _____

4. 나는 하나님을 위해 이것을 하고 싶습니다.
   _____

내가 알고 있는 당신은...

시간이 지나면서, 당신은 그룹원들에 대해 많은 좋은 점들을 알게 됩니다. 또 그들이 하나님을 섬기는 여러 모습들도 알 수 있을 것입니다. 아래의 목록들을 보고 당신이 알고 있는 그룹원들의 봉사나 그들이 하는 다른 일들과 일치하는 곳에 그룹원의 이름을 쓰십시오. 이 활동은 그룹원들의 강점을 확인할 수 있게 해주며, 각 사람이 본 다른 사람들의 강점을 나눌 수 있게 해줍니다. 당신의 대답을 그룹원들과 나누십시오.

_____노숙자를 위한 봉사　　_____ 제직회원

_____ 노인을 위한 성경 읽어주기　　_____ 헌금 안내

_____ 교회 화단(나무) 가꾸기　　_____ 장로

_____ 플랜카드 만들기　　_____ 워십 댄스 팀

_____ 주일 좌석 안내　　_____ 새신자 양육

_____ 소그룹 지도자　　_____ 대표 기도

_____ 미혼모 돌보기　　_____ 예배 사회

_____ 새신자 도우미　　_____ 재난 구조

_____ 장년 성경 교사　　_____ 주차 도우미

_____ 기계실 작업　　_____ 차량 운전

_____ 소년 소녀 가장 돌보기　　_____ 청년부 리더

_____ 주일학교 성경 교사　　_____ 교회학교 부장

_____ 장례 가정 음식 봉사   _____ 교회 도서관원
_____ 장례부   _____ 세미나 기획
_____ 기악 연주   _____ 병원 전도
_____ 청소 봉사   _____ 축호 전도
_____ 헌혈   _____ 교회 사무
_____ 교회 식사 봉사   _____ 영아 돌보기
_____ 유아 돌보기   _____ 새소자 방문
_____ 여름성경학교 봉사   _____ 주보 작성
_____ 무의탁 노인 돌보기   _____ 중보기도 팀
_____ 각종 위기의 전화 상담자   _____ 치유 사역
_____ 각종 행사 관련 봉사   _____ 성가대
_____ 중독자 지원   _____ 청소년 상담
_____ 설교 테이프 작성   _____ 교회 음향
_____ 노방 전도   _____ 권사
_____ 영성 수련회 기획   _____ 복지관 협력
_____ 의료 상담   _____ 교회 사진 봉사
_____ 외국 선교 후원   _____ 교회 서점 봉사
_____ 레크레이션 지도   _____ 결혼 교실
_____ 비디오 카메라 봉사   _____ 고아원 돌보기
_____ 교회 홈페이지 담당   _____ 장애인 돌보기
_____ 교회 소식지 편집   _____ 성전 꽃꽂이
_____ 외국인 노동자 사역   _____ 헤비타트
_____ 교회 소식지 레이 아웃   _____ 가정 사역
_____ 주일학교 교사 리더   _____ 재정 관리 봉사
_____ 교회 손님 돌보기   _____ 기타

누구일까요?

　이것은 약간의 시간을 투자해서 할 수 있는 재미있는 보살핌으로 그룹을 친밀하게 하는데 효과적입니다. 한 사람은 모인 장소 바깥으로 나가고, 남은 사람들은 자신들 가운데 한 사람을 선택합니다. 나머지 사람들은 아래의 문장 가운데 하나를 선택하되 선택된 한 사람을 설명하는 것을 하나씩 고릅니다(선택된 사람도 역시 자신을 잘 설명하는 것을 하나 선택해야 합니다). 모임 장소 밖으로 나갔던 사람이 들어오고 방에 있던 사람들은 자신이 선택한 문장을 함께 나눕니다. 다 끝난 후, 모임 장소 밖으로 나갔던 사람은 그룹원들이 묘사한 사람(방 안에서 선택된 한 사람)이 누구인지 알아맞춥니다.

　"이 사람이 _____이라면, 아마도 _____일 것입니다."

[보기]

색깔	행성(해, 달, 별자리, 목성...)	
소설 주인공	차	역사적인 인물
나라	보석	동물
날씨 현상	공휴일	만화 주인공
영화	노래	그림　　장난감

다른 사람 돕기

성경을 통해 우리는 다른 사람들을 돕는 것이 얼마나 중요한지를 잘 알고 있습니다. 확실히, 예수님도 측은히 여기는 마음을 가지고 주변 사람들을 배려하는 삶을 사셨습니다. 아래의 구절 가운데 특별히 당신에게 의미를 주는 것을 선택하십시오. 당신이 선택한 구절과 그 이유를 그룹원들과 나누십시오. 각자가 선택한 구절을 외워서 다음 모임 때 암송하는 것도 좋습니다.

마태복음 25:44-45
저희도 대답하여 가로되 주여 우리가 어느 때에 주의 주리신 것이나 목마르신 것이나 나그네 되신 것이나 벗으신 것이나 병드신 것이나 옥에 갇히신 것을 보고 공양치 아니하더이까 이에 임금이 대답하여 가라사대 내가 진실로 너희에게 이르노니 이 지극히 작은 자 하나에게 하지 아니한 것이 곧 내게 하지 아니한 것이니라 하시리니

갈라디아서 2:10
다만 우리에게 가난한 자들 생각하는 것을 부탁하였으니 이것을 나도 본래 힘써 행하노라

고린도후서 9:7
각각 그 마음에 정한대로 할 것이요 인색함으로나 억지로 하지 말찌니 하나님은 즐겨 내는 자를 사랑하시느니라

야고보서 2:15-16
만일 형제나 자매가 헐벗고 일용할 양식이 없는데 너희 중에 누구든지 그에게 이르되 평안히 가라, 더웁게 하라, 배부르게 하라 하며 그 몸에 쓸 것을 주지 아니하면 무슨 이익이 있으리요

히브리서 13:2
손님 대접하기를 잊지 말라 이로써 부지중에 천사들을 대접한 이들이 있었느니라

요한일서 3:17
누가 이 세상 재물을 가지고 형제의 궁핍함을 보고도 도와줄 마음을 막으면 하나님의 사랑이 어찌 그 속에 거할까보냐

마가복음 9:41
누구든지 너희를 그리스도에게 속한 자라 하여 물 한 그릇을 주면 내가 진실로 너희에게 이르노니 저가 결단코 상을 잃지 않으리라

사도행전 20:35
범사에 너희에게 모본을 보였노니 곧 이같이 수고하여 약한 사람들을 돕고 또 주 예수의 친히 말씀하신바 주는 것이 받는 것보다 복이 있다 하심을 기억하여야 할지니라

베드로전서 4:9-10
서로 대접하기를 원망 없이하고 각각 은사를 받은 대로 하나님의 각양 은혜를 맡은 선한 청지기 같이 서로 봉사하라

닮고 싶은 점

 당신의 그룹원들은 모두 부러워할 만한 좋은 성격이나 재능을 가졌습니다. 당신이 칭찬해 주고 싶은 각자의 특성은 무엇입니까? 특히 당신이 닮고 싶은 점은 무엇입니까? 왼쪽의 빈칸에 그룹원들의 이름들을 적고 오른쪽의 빈칸에 당신이 닮고 싶은 한 가지 특성을 적으십시오. 그룹원들과 함께 당신의 답을 나누십시오.

그룹원 성명	내가 닮고 싶은 점

당신은 예수님을 닮은 사람입니다

모든 그리스도인은 어떠한 면에서든 예수님을 닮은 모습이 있습니다. 모임을 통해서 여러분이 서로에 대해 알게 된 것처럼 모임의 각 사람들은 그들의 개성을 통해 예수님을 모습과 성품을 떠올리게 합니다.

한 사람씩 돌아가면서 그 사람이 어떤 면에서 예수님을 떠올리게 하는지 말해 보십시오. 왜 그것을 골랐는지 이야기해 보십시오.

당신을 보면 예수님의 _____ 모습이 떠오릅니다.

치료자 예수님
당신은 다른 사람의 삶을 깊은 연민으로 만져줄 수 있습니다. 그리고 그들이 완전해지도록 도울 수 있습니다.

스승이신 예수님
당신은 성경말씀을 삶에 적용하여 소망을 주고 진리를 깨닫게 해주는 재능을 가지고 있습니다.

섬김의 종으로 오신 예수님
당신이 하는 모든 일은 타인을 위한 것입니다.

비판자 예수님
당신은 비록 환영받지 못한다 할지라도 말해야 하는 것이라면 말하는 용기를 가지고 있습니다.

선포자 예수님
당신은 믿음을 나누어 주며 사람들에게 용기와 감동을 줍니다.

지도자 예수님
당신의 선지자다운 면모 때문에 사람들은 당신을 따릅니다.

행정가(통치자) 예수님
예수님께서 제자들에 대해 계획하셨던 것처럼, 당신은 하나님의 큰 일을 계획하고 이루어낼 수 있습니다.

기적을 일으키시는 예수님
당신은 하나님 나라를 실현하기 위하여 자연 법칙조차 초월할 수 있는 사람처럼 보입니다.

저항자 예수님
당신은 예상치 못했던 일을 독특하고 놀라운 방법으로 함으로써 하나님을 계시하셨던 예수님을 생각나게 합니다.

희생양이신 예수님
당신도 예수님처럼 하나님께 영광을 돌리기 위하여 당신의 모든 것을 희생하려는 것 같습니다.

당신을 보면 떠오르는 것들(1)

 자신의 이름을 쪽지에 적어서 그것을 모자에 넣으십시오. 그 다음 모든 사람이 돌아가며 모자에서 쪽지를 하나씩 골라 갖습니다. 장소와 날씨, 예술 작품 가운데 한 가지를 골라서 당신이 집은 쪽지에 적혀있는 사람의 특징을 표현해 보십시오. 모두들 잠시 생각할 시간을 가진 후에 한 사람이 자신이 집은 쪽지에 적혀 있는 사람을 표현해 주는 한 가지 내용을 소리내어 읽습니다. 그리고 다함께 그 사람이 묘사한 사람이 누구인지 알아 맞춰 보십시오.

〈장소〉
▪ 설악산 산장
당신은 사람들이 모험을 즐기는 가운데서 그들이 진정한 휴식을 맛볼 수 있도록, 우람하면서도 전원의 느낌이 묻어나는, 겉치레가 요란하지 않으면서도 견고하게 지어진 산장과도 같은 사람입니다.

▪ 국제평화센터
당신은 평화와 협력이 넘치도록 영감을 불어 넣어주는 평화센터와 같은 사람입니다. 동서남북 어디에서 온 사람이든지 모두 당신이 자신의 안내자가 되어주기를 원합니다.

▪ 63빌딩
당신을 보려면 고개를 뒤로 젖혀야 합니다. 당신은 하늘을 향해 높이 솟구쳐 오른 다른 빌딩들보다도 훨씬 높습니다. 그 엄청난 높이 때문에 수 킬로미터 밖에서도 당신을 볼 수 있습니다.

■ 국립 박물관
당신은 창조적인 작품과 여러 가지 걸작으로 가득 차 있습니다. 당신의 안을 들여다 본 사람이라면 누구나 그 아름다움에 깜짝 놀랍니다.

■ 제주도의 리조트 호텔
사람들은 당신에게 찾아와서 그들의 일상 속에 찌들었던 모든 압박으로부터 벗어나 심신의 건강을 회복하고자 합니다. 당신은 넉넉한 마음으로 그들이 편안한 휴식을 가질 수 있도록 기꺼이 맞이해 줍니다.

■ 고대 유적의 석탑
당신에게는 무언가 알 수 없는 신비함이 느껴집니다. 그리고 화평과 조화를 보여줍니다.

■ 아이스크림 가게
당신은 부드럽고 달콤한 사람입니다. 당신을 찾아오는 사람이라면 누구든지 자유롭게 해주고 깜짝 놀랄 선물을 받을 수 있는 즐거운 잔칫집과도 같은 사람입니다.

■ 월드컵 경기장
당신은 모든 사람들이 와서 기뻐하고 환호하고 즐거운 시간을 보낼 수 있는 축제의 마당입니다.

■ 지하 동굴요새
당신은 값진 보석을 숨겨두기에 가장 안전한 곳인 커다란 보물창고와 같은 사람입니다. 당신이 지니고 있는 가치는 보통 사람들은 상상할 수도 없습니다.

■ 오래된 예배당의 종탑
당신 곁에 가까이 다가서면 사람들은 거룩한 향취를 느낄 수 있습니다.

〈날씨〉
■ 무지개
당신은 화려하고 화사한 형형색색의 빛으로 어둠을 몰아냅니다. 당신을 통하여 하나님께서 창조하신 세상의 아름다움이 밝히 드러납니다.

■ 화창한 봄날
밝게 빛나는 따스한 햇살, 당신은 모든 사람들이 밖으로 나가 활기 있게 움직이게 만드는 재주가 있습니다.

■ 저녁 노을
당신은 붉고 화려한 색채로 온 세상을 물들입니다. 사람들은 당신을 통하여 비록 밤이 올지라도 세상은 아름다움으로 가득 차 있다는 것을 알게 됩니다.

■ 함박눈
온 세상을 순백색으로 덮어버리는 당신은 이 세상에서 가장 거룩한 장소를 떠올리게 하는 존재입니다.

■ 유성
당신은 별이 가득한 밤하늘을 현란하게 가르며 어둠 속을 아름답게 장식합니다. 모든 사람들은 당신으로 인해 저 하늘에 놀랍고 화려한 일들이 가득 차 있음을 기억하게 됩니다.

■ 번쩍이는 번개
당신으로 번쩍거리며 어두운 하늘을 가릅니다. 당신의 힘과 에너지는 어디에서나 느낄 수 있습니다.

■ 봄비
당신은 초봄의 메마른 땅에 촉촉함과 생기를 선물합니다. 당신이 어루만진 모든 곳에는 새생명이 자라납니다.

■ 시원한 소나기
당신이 쏟아 붓는 엄청난 생수로 모든 사람들이 갈증에서 벗어나고, 풍성한 양분과 신선함을 얻으며 자라납니다.

■ 선선한 가을바람
모든 사람이 지쳐서 기운이 빠져 있고 불쾌지수가 최고조에 달할 때, 당신은 시원한 가을바람을 선사해 줍니다. 당신 덕분에 다시금 활력이 생겨나기 시작합니다.

■ 보름달
칠흙같이 어두운 밤에도 당신의 밝은 빛은 어두움과 공포를 멀리 몰아냅니다.

〈예술 작품〉
■ 모나리자
당신의 온화하고 신비로운 미소는 당신을 보는 모든 사람에게 인생의 신비하고 오묘한 단면을 떠올리게 합니다.

■ 민속 목공예
당신의 실용적인 멋과 '자연미'는 단순한 것이 우리 인생에서 가장 귀한 것임을 보여줍니다.

■ 전쟁기념관 청동상
당신은 강하고 끈기 있는 사람입니다. 당신을 보면 모두가 힘을 합쳐 혼란과 어려움을 극복하던 시대가 떠오릅니다.

■ 모네의 '수선화'
당신의 부드러운 색조와 평온한 풍경은 우리에게 차분하고 감성적인 사람에게서만 느낄 수 있는 진한 감동을 줍니다.

■ 밀로의 '비너스'
당신은 수세기 동안 귀하게 여겨지던 고전적인 아름다움을 형상화한 존재입니다.

■ 어린아이의 크레파스 그림
당신은 밝고 유쾌한 사람입니다. 당신의 순수하고 천진난만한 마음은 모든 사람을 미소짓게 합니다.

■ 피카소의 추상화
당신은 매우 이국적인 개성의 소유자입니다. 당신은 우리가 이제까지 보지 못했던, 그러나 보고 싶어하는 인생의 다른 면을 보여줍니다.

■ 모빌
당신은 타고난 은사와 균형 감각을 가지고 주위 사람들이 우왕좌왕하지 않고 평정을 유지하도록 도와줍니다.

■ 로뎅의 '생각하는 사람'
당신의 지적인 모습은 우리에게 문제 해결 능력을 개발하게 하는 자극제가 됩니다.

■ 정선의 '진경산수화'
당신은 인생의 풍부한 멋과 자연에 대한 예리한 감각을 함축적으로 보여줍니다.

당신을 보면 떠오르는 것들(2)

자신의 이름을 쪽지에 써서 모자에 넣습니다. 모두 넣은 후에 돌아가며 모자에서 쪽지를 하나씩 뽑으십시오. 그러나 자신이 누구의 이름을 뽑았는지 이야기하면 안됩니다. 다음의 비행기, 관광지, 유명인사 중에서 당신이 고른 사람을 가장 잘 묘사할 수 있는 것을 골라보십시오. 잠시 생각할 시간을 가진 후에 자신이 선택한 것을 돌아가며 소리내어 읽어봅시다. 그리고 다른 사람들은 그것이 누구에 대한 것인지 맞춰보십시오.

〈비행기〉

■ 초음속 여객기
하늘을 가르는 거대하고 화려한 비행기. 당신은 세련되고 매력적이며 첨단 기술로 가득 차 있습니다.

■ 라이트 형제가 발명한 최초의 비행기
창의력과 발명가 정신이 무엇인지 보여주는 상징. 당신은 언제나 이루려고 하는 목표에 다른 사람들 보다 앞서 달려갑니다.

■ 열 기구
당신은 품위 있고 평화롭게 매일매일 푸른 창공을 날아다닙니다.

■ 우주 왕복선
당신과 함께라면 사람들은 어디든, 얼마나 높은 곳이든 하늘 끝까지라도 원하는 곳에 갈 수 있습니다.

■ 공중곡예용 쌍발비행기
화려한 색상과 강력한 엔진을 가진 당신. 당신은 모든 사람이 두려운 눈빛으로 바라보는 가운데 공중제비돌기, 급강하, 공중 회전 등의 묘기를 보여줍니다.

■ 통신용 인공위성
당신은 높은 곳에 올라 사람들이 서로서로 연결되고 대화하고 또 함께 이해할 수 있도록 도와줍니다.

■ 수직 이착륙기
당신은 믿을 수 없을 만큼 강한 힘과 잠재력으로 갑자기 급상승하여 다른 사람을 놀라게 합니다.

■ 행글라이더
당신은 언덕을 박차고 인생 가운데로 높이 솟아올라 우리에게 스릴을 가져다 줍니다. 꽉 붙잡으세요!

■ 보잉 747 점보여객기
당신은 현대 사회에서 없어서는 안될 존재입니다. 당신은 사람들을 그들이 원하는 곳까지 안전하게 실어다 줍니다.

■ 12인승 자가용 비행기
당신은 온가족이 환상적이고 멋진 곳으로 여행할 수 있게 해주는 가장 멋진 선택입니다.

〈관광지〉
■ 금강산 일만이천봉
이 얼마나 놀라운 광경입니까! 당신은 오랜 세월 동안 인내하고 노력하여 모두가 주목하고 감탄할 만한 성품을 이루었습니다.

■ 자유의 여신상
당신은 주위 사람들에게 살아있는 자유와 희망 그리고 새로운 삶의 상징입니다.

■ 서해대교
당신은 떨어져 있던 사람들을 함께 모일 수 있도록 해주고 아름답고 환상적인 해안 경치를 즐기며 기분 좋게 목적지까지 달려갈 수 있도록 연결해 줍니다.

■ 백두산 천지
당신은 지도력과 고상한 인격의 변치 않는 증거입니다.

■ 광릉수목원
당신은 하늘을 찌를 듯이 자라서 다른 사람들이 그 그늘 아래 쉼을 얻을 수 있을 만큼 놀랄만한 성장을 이루었습니다.

■ 설악산 오색온천
당신이 뿜어내는 뜨거운 온천수로 당신을 가까이 하는 사람들의 마음에 따스한 온기를 더해줍니다.

■ 테마파크 놀이공원
신나고 즐겁게 놀고 싶을 때 당신은 모든 사람이 원하는 가장 인기 있는 대안입니다.

■ 지리산 깊은 계곡
당신은 사람들로 하여금 우러러 보게 만들고, 당신의 높은 기준들은 사람들이 감히 접근하기 어렵게 합니다.

■ 고수동굴
깊고 어두운 천연 동굴 속으로 조심스럽게 들어갈 때 느끼는 것처럼 당신은 깊고, 신비롭고, 감추어진 보화와도 같은 사람의 전형입니다.

■ 독립기념관
당신은 모든 사람들에게 용기와 끈기와 결단력을 심어줍니다.

〈유명인사〉
■ 신사임당
당신은 우아함과 고상함 그리고 창조력의 살아있는 표상입니다.

■ 알렉산더 대왕
당신은 이루려고 마음먹은 모든 것을 정복한 사람, 당신의 성공에 찬사를 보냅니다!

■ 테레사 수녀
당신은 많은 생명이 하나님을 위해 살기로 작정하게 만드는 열심있는 하나님의 종입니다.

■ 산악인 허영호
당신은 다른 사람이 가기를 꺼려하는 곳을 용감하게 탐험하는 모험정신을 가진 사람입니다.

■ 허준
당신은 치료하는 손을 가지고 있습니다. 당신이 만지는 모든 것은 건강해지고 완전해집니다.

■ 유관순
당신의 신앙이 당신의 삶을 통해 입증됩니다. 자신의 신념을 위해 기꺼이 희생하는 당신의 모습은 당신을 아는 모든 사람들에게 큰 감동을 줄 것입니다.

■ 발명왕 에디슨
당신은 결코 게으름 피우지 않을 사람으로 보입니다. 당신은 모든 것을 새롭게 창조해내는 정신을 가지고 있습니다.

■ 록펠러
당신은 마치 부유한 자선사업가인 것처럼, 당신이 하는 모든 일로 세상을 더 좋은 곳으로 바꾸어 놓았습니다.

당신을 위한 선물

 아래에 많은 선물 그림이 있습니다. 누가 그 선물을 받게 될까요? **바로 당신입니다!** 위 부분에 당신의 이름을 적고 종이를 돌리십시오. 다른 사람의 종이를 받으면 그 종이의 주인에게 주고 싶은 선물을 그리거나 상자에 내용을 써넣은 후 꼬리표에 선물을 주는 사람의 이름을 기록하십시오. 그리고 왜 그 선물을 준비했는지 이유를 함께 나누어 보십시오.

Icon made by Freepik from www.flaticon.com

당신이 새라면

그룹 모임에서 발견한 그룹원들의 특성을 확인하면서 그 모임을 마치는 것은 아주 좋은 방법입니다. 아래의 예문 가운데 각각의 그룹원들을 가장 잘 묘사한 종류의 새를 고르고 그것을 그룹원들과 나누십시오.

독수리
당신은 예리한 눈으로 다른 사람들이 놓치는 것도 확실히 알아냅니다.

부엉이
당신보다 지혜로운 사람이 있을까요? 당신의 지혜는 우리 그룹의 값진 자산입니다.

비둘기
당신은 분쟁을 도와서 가는 곳마다 평화를 가져옵니다.

카나리아
아름다운 노래를 부르는 카나리아처럼 당신의 감미로운 영혼은 우리를 감화시킵니다.

도널드 덕
당신은 사랑스럽고 순진하며 익살스런 행동으로 우리를 즐겁게 해줍니다.

박쥐
어두워지면, 당신은 우리의 갈 길을 안내해 줍니다.

백조
당신은 품위 있으며 어디에서든 고상합니다.

벌새
당신은 몸짓이 가장 빠른 벌새처럼 놀라운 열정으로 어려운 일도 너끈히 해냅니다.

공작새
당신은 예상치 못한 개성과 재치로 항상 우리를 놀라게 합니다.

당신이 영화라면

소그룹으로 모이는 동안 당신이 알게 된 그룹원들의 좋은 특성들을 인정해줌으로써 모임은 더 유익해질 수 있습니다. 그룹원들을 묘사해주는 영화를 아래에서 선택하고 그것을 함께 나누십시오.

스파이 스릴러
모험적인 당신은 정말 예측 불가능한 사람입니다.

고전적 사랑이야기
당신을 통해 우리는 얼마나 아름다운 사랑이 가능한지를 깨닫고 있습니다.

액션 모험물
당신의 진지한 접근과 좋은 성격은 항상 우리를 기분 좋게 합니다.

컬트 영화
당신은 무뚝뚝하고 엉뚱해서 항상 우리를 즐겁게 해 줍니다.

미스테리 영화
당신은 비밀과 경이로움으로 가득합니다.

외계인 영화

당신은 놀라운 상상력과 특수 효과를 가졌습니다.

만화 영화

당신은 어린아이 같이 순진해서 우리는 당신의 천진난만함에 매료됩니다.

유익한 다큐멘터리

당신의 지성과 진기함은 우리를 더욱 풍요롭게 해줍니다.

슬픈 영화

당신은 감성적이고 표현력이 뛰어나서 우리에게 인간미를 일깨워줍니다.

당신이 항해 중에 있다면

이번 항해에 참여하신 것을 환영합니다. 그룹원들이 서로 사랑하고 격려하기 위해 서로의 존재를 확인하는 것은 유익합니다. 또 서로를 확인해 주는 것은 그룹을 마감하는 좋은 방법입니다. 우리가 모임을 갖는 동안 다른 그룹원들에 대해 알게 된 좋은 점들을 나눌 수 있기 때문입니다. 아래의 설명 가운데 당신의 그룹원들 각자를 가장 잘 설명한 것을 고르고 그것을 함께 나누십시오.

해도
당신은 우리가 있는 곳과 우리가 갈 곳을 알려줍니다.

부표
당신은 당신의 훌륭한 신앙을 우리와 나눔으로 우리의 영성을 고양시켜 줍니다.

다이버
당신은 일상적인 것을 넘어 우리에게 당신의 깊은 맛과 지혜를 나누어 줍니다.

등대
당신은 빛을 밝히고 훌륭한 영성으로 우리에게 깨달음을 줍니다.

항구
당신의 온화하고 사랑하는 모습들은 우리에게 안전함과 보호받는 느낌을 줍니다.

그물
당신은 "사람 낚는 어부"가 된다는 것이 무엇인지를 우리에게 보여줍니다.

쾌속범선
당신은 삶은 감동적이며 풍랑으로 인해 더 빨리 가는 배를 연상하게 합니다.

예인선
당신은 강인함과 큰 인내로 우리의 항해를 돕습니다.

닻
폭풍과 해류가 우리의 진로를 위협할 때 당신은 우리를 꾸준히 붙잡아 줍니다.

닮은꼴 찾기

　사람은 누구나 유전적으로 자신의 부모와 닮게 되어 있습니다. 그리고 그 닮음의 정도는 시간이 지나감에 따라 외적인 부분 뿐 아니라 내면적인 요소들도 서서히 닮아가게 됩니다. 자신을 볼 때 부모님을 빼닮은 모습에는 어떤 것이 있습니까? 외적인 부분 뿐 아니라, 내면적인 것, 행동 등 부모의 닮은꼴이 되어가는 자신의 모습을 함께 나누어 보십시오.

　외모적인 부분 _____

　내면적인 부분 _____

　행동들 _____

돌림편지

MT나 수련회 마지막 날에 자신의 이름을 적고 돌리던 돌림편지를 기억하십니까? 지금은 소그룹 구성원들에게 서로를 위해 오래도록 간직할 특별한 글을 쓸 수 있는 기회입니다.

당신의 이름을 적으시고 교재를 돌리십시오. 돌아가며 그 이름의 주인공이 앞으로 얼마나 그리울 것인지, 얼마나 자신에게 특별한 사람인지, 앞으로 어떻게 더욱 많이 알아갈 것인지를 적어 보십시오.

책이 다시 자신에게 돌아온 후에 그것을 조용히 읽으십시오. 그 가운데 함께 나누고 싶은 것을 소리내어 읽으십시오.

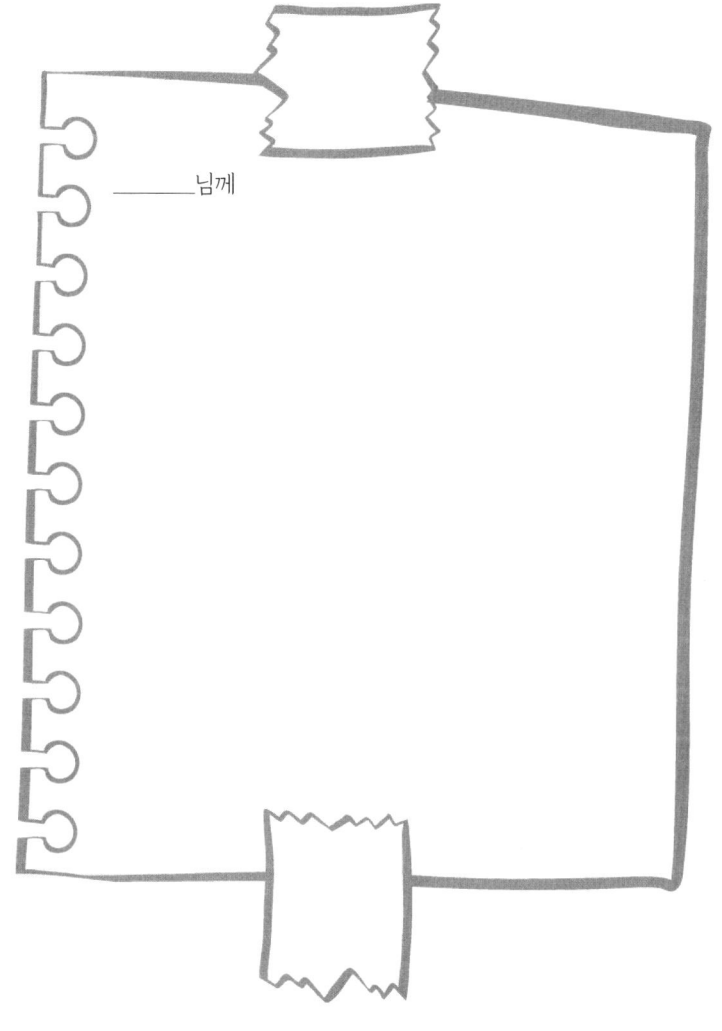
_____님께

돌보는 사역

　예수님은 사람들을 돌보는 사역의 중요성을 잊지 않으셨습니다. 때때로 우리 교회의 그룹들은 다른 사람들을 위한 실제적인 도움을 주는 사역의 중요성을 잊어버리곤 합니다. 많은 그룹들이 자신들의 다른 목적에 그저 추가로 돕는 사역을 덧붙이는 결정을 합니다. 당신의 그룹이 돌보는 사역을 의논하도록 아래의 활동들을 활용해 보십시오. 각기 다른 연령 구분과 기본적인 필요들, 특별한 상황들에 대한 당신의 의견을 나누십시오. 그룹원들과 함께 당신의 생각과 계획을 나누고 돌보는 사역의 일치점을 모색해 보십시오.

1. 우리는 돌보는 사역 계획을 위한 준비가 되어 있습니까?

2. 이 계획의 성격은?
□ 단회적 사역
□ 단기 사역
□ 장기 사역
□ 계속적 사역

3. 누구를 도울 것입니까?
□ 그룹원
□ 같은 교인
□ 다른 사람들

4. 우리가 도울 사람들의 필요는 무엇입니까?

연령 구분	기본적 필요	특별한 상황
유아	거주 문제	영적인 방황
어린이	식생활	빈곤이나 노숙
십대	의생활	육체적 질병
청년기	사랑의 보살핌	육체적 무능
중년기	청결	정서적 고통
노년기	안전	중독
가족	목적 분별	가정문제
모든 연령	직업 훈련	이혼가정
기타 : _____	기타 : _____	기타 : _____

5. 당신의 그룹이 예수님의 이름으로 어떻게 이 일을 이룰 수 있을까요?

돌아보기

종종 우리는 소그룹 멤버들을 충분하게 돌아보지 않는 것처럼 보입니다. 다음 모임까지 모임의 멤버들을 어떻게 돌아볼 것인지 적어 봅시다. 다 적은 후에 돌아가면서 적은 것을 함께 이야기해 보십시오.

듣고 싶은 말들

어떤 사람에게 당신을 기분 좋게 하는 말을 들은 적이 있습니까? 당신이 특별히 듣고 싶은 말, 들으면 기분이 좋아지는 말은 어떤 것입니까?

아래의 열거된 주제 가운데 한 가지를 택하십시오. 그리고 왜 그것을 골랐는지 말해 봅시다. 당신이 듣고 싶어 했던 이야기를 해줄 때 그것을 기분 좋게 들으시면 됩니다.

나는 누군가가 이렇게 이야기할 때 정말 기분이 좋다...

☐ 나의 능력을 인정하는 이야기
☐ 나의 개인적인 성장을 인정하는 이야기
☐ 내가 어떤 식으로 그들을 감동하게 했는가 하는 이야기
☐ 나의 시각을 긍정적으로 평가하는 이야기
☐ 무엇인가 다른 이들이 나와 경쟁하기를 원하는 것이 있을 때
☐ 내가 어떻게 생각하는지 신경써 줄 때
☐ 내가 조건 없이 사랑 받는다고 누군가 나에게 말해줄 때
☐ 내가 용서받았다는 것을 이야기해 줄 때
☐ 나에게 예수님을 떠올리게 하는 무엇인가가 있다고 말할 때
☐ 기타

따스한 용서

이 '보살핌'은 다른 '보살핌'과 같이 사용할 수도 있고, 단독으로 사용할 수도 있습니다.

다음의 성경구절은 '하나님의 용서'에 대한 것입니다. 당신의 마음에 와 닿는 성구를 골라보십시오. 그것을 소리내어 읽은 후에 왜 그것을 골랐는지 말해 봅시다.

에스겔 36:25-26
맑은 물로 너희에게 뿌려서 너희로 정결케 하되 곧 너희 모든 더러운 것에서와 모든 우상을 섬김에서 너희를 정결케 할 것이며 또 새 영을 너희 속에 두고 새 마음을 너희에게 주되 너희 육신에서 굳은 마음을 제하고 부드러운 마음을 줄 것이며

로마서 6:11
이와 같이 너희도 너희 자신을 죄에 대하여는 죽은 자요 그리스도 예수 안에서 하나님을 대하여는 산 자로 여길지어다

요한일서 3:5
그가 우리 죄를 없이 하려고 나타내신 바 된 것을 너희가 아나니 그에게는 죄가 없느니라

히브리서 12:10-11
저희는 잠시 자기의 뜻대로 우리를 징계하였거니와 오직 하나님은 우

리의 유익을 위하여 그의 거룩하심에 참여케 하시느니라 무릇 징계가 당시에는 즐거워 보이지 않고 슬퍼 보이나 후에 그로 말미암아 연달한 자에게는 의의 평강한 열매를 맺나니

베드로전서 2:24
친히 나무에 달려 그 몸으로 우리 죄를 담당하셨으니 이는 우리로 죄에 대하여 죽고 의에 대하여 살게 하려 하심이라 저가 채찍에 맞음으로 너희는 나음을 얻었나니

이사야 1:18
여호와께서 말씀하시되 오라 우리가 서로 변론하자 너희 죄가 주홍같을지라도 눈과 같이 희어질 것이요 진홍같이 붉을지라도 양털같이 되리라

시편 51:7-10
우슬초로 나를 정결케 하소서 내가 정하리이다 나를 씻기소서 내가 눈보다 희리이다 나로 즐겁고 기쁜 소리를 듣게 하사 주께서 꺾으신 뼈로 즐거워하게 하소서 주의 얼굴을 내 죄에서 돌이키시고 내 모든 죄악을 도말하소서 하나님이여 내 속에 정한 마음을 창조하시고 내 안에 정직한 영을 새롭게 하소서

요한일서 1:9
만일 우리가 우리 죄를 자백하면 저는 미쁘시고 의로우사 우리 죄를 사하시며 모든 불의에서 우리를 깨끗케 하실 것이요

욥기 5:17-18
볼지어다 하나님께 징계받는 자에게는 복이 있나니 그런즉 너는 전능자의 경책을 업신여기지 말지니라 하나님은 아프게 하시다가 싸매시며 상하게 하시다가 그 손으로 고치시나니

마음의 물병

준비물 : 깨끗한 빈 물병 한 개, 물이 차 있는 물병 한 개, 조약돌, 물

일주일 중 어떤 특정한 때에(인도자가 정하세요) 마음 속에 자리 잡고 있던 일들이 무엇인지 돌아가면서 말합니다. 한 사람씩 말할 때마다 조약돌을 물병 속에 하나씩 넣습니다. 순서가 모두 돌아간 후에 물 한 컵을 조약돌을 담은 물병에 붓습니다.

물병은 우리의 마음을 의미하고, 물은 하나님을 의미하고, 물병 속에 있는 조약돌들은 우리의 마음에 있는 걱정거리들을 의미합니다. 우리 마음이 걱정과 근심과 염려로 가득 차 버렸다면 하나님을 생각할 땐 이미 우리 마음에는 그분을 위한 자리가 하나도 없다는 사실을 잘 보여줍니다. 하지만 하나님이 먼저 내 마음에 충만하게 자리 잡고 계시다면 (물로 가득 찬 다른 병 하나를 보여주세요), 다른 염려가 내 마음에 들어오게 될 때(그 병에 조약돌을 하나씩 넣습니다), 하나님의 은혜가 우리에게 더욱 넘치게 됩니다(물병에서 물이 넘쳐 나오듯이).

우리의 마음에 하나님이 먼저 충만하게 자리 잡으실 수 있도록 다함께 기도합시다. 그리고 우리의 걱정과 근심들이 하나님의 넘치는 은혜의 통로가 될 수 있도록 기도합시다

마지막 결의와 언약

아래의 내용은 당신의 삶에서 의미 있는 것들의 항목입니다. 조용한 가운데 그룹원들을 생각하면서 천천히 아래의 항목을 읽어 보고, 내 삶에 꼭 필요한 것들을 한 사람에 한 가지씩 연결해 봅시다. 다른 사람들을 어떤 것에 연결했는지 아무에게도 말하지 않습니다. 이것은 마지막에 발표할 것입니다. 그저 항목을 읽고 그룹원들의 이름을 그 사람에게 적합한 곳에 표시하면 됩니다.

_____내 사랑 : 눈에 넣어도 아프지 않을 정도로 친밀한 애정이 느껴지는 사람이다.

_____내 방 열쇠 : 이 사람은 내가 가진 귀한 것들을 지켜줄 수 있는 사람이다.

_____나의 지갑 : 이 사람은 돈을 올바로 사용하는 법을 배울 수 있게 해줄 것이다.

_____나의 책 : 이 사람은 내가 좋아하는 책들의 진가를 제대로 평가한다.

_____나의 음악/음반집 : 이 사람은 내가 연주하는 음악을 진지하게 들어줄 것이다

_____나의 보석 : 이 사람은 이것들이 나에게 얼마나 중요한지 알고 소중히 다루어 준다.

_____나의 스포츠 장비 : 이 사람은 나의 자질을 높이 평가해 주고 적절히 활용할 것이다.

_____나의 성경책 : 이 사람은 영적인 일들의 중요성을 바로 이해하고 올바로 사용한다.

_____나의 자동차/자전거 : 이 사람은 좋은 성능을 발휘할 수 있도록 수리해 줄 것이다.

_____나의 다이어리 : 이 사람은 필요할 때마다 친구의 전화번호를 알려줄 것이다.

_____나의 유니폼 : 이 사람과 같은 유니폼을 입고 다닌다는 사실이 자랑스럽다.

_____나의 부모님 : 이 사람은 어떤 일이 일어나든지 나를 이해해주고 친절하게 대해 준다.

만약 ~ 이라면

이 보살핌은 그룹원들이 서로를 확인할 수 있는 재미있는 방법입니다. 먼저 아래에 있는 빈칸 왼쪽 부분에 그룹원들의 이름들을 써넣습니다. 각 사람이 앉아 있는 순서대로 이름을 쓰거나 시계 방향으로 돌아가면서 적습니다. 이제 문장들을 그룹원들이 함께 완성합니다. 예를 들면, 이렇습니다. "만약 김모세 님이 책이었다면, 브리태니커 백과사전이 되었을 것입니다. 왜냐하면, 그분은 많은 것을 잘 알고 있기 때문입니다." 모두 마치고 서로 그 대답들을 나누십시오.

1. 만약 _____ 님이 책이라면, 이 분은 _____ 이었을 것입니다. 왜냐하면…

2. 만약 _____ 님이 항공기이라면, 이 분은 _____ 이었을 것입니다. 왜냐하면…

3. 만약 _____ 님이 박물관이라면, 이 분은 _____ 이었을 것입니다. 왜냐하면…

4. 만약 _____ 님이 가구라면, 이 분은 _____ 이었을 것입니다. 왜냐하면…

5. 만약_____님이 꽃이라면, 이 분은 _____이었을 것입니다. 왜냐하면...

6. 만약_____님이 스포츠 스타라면, 이 분은 _____이었을 것입니다. 왜냐하면...

7. 만약_____님이 건물이라면, 이 분은 _____이었을 것입니다. 왜냐하면...

8. 만약_____님이 아이스크림이라면, 이 분은 _____이었을 것입니다. 왜냐하면...

9. 만약_____님이 빵이라면, 이 분은 _____이었을 것입니다. 왜냐하면...

10. 만약_____님이 역사적 인물이라면, 이 분은 _____이었을 것입니다. 왜냐하면...

11. 만약_____님이 나무라면, 이 분은 _____이었을 것입니다. 왜냐하면...

12. 만약_____님이 유명한 그림이라면, 이 분은 _____이었을 것입니다. 왜냐하면...

13. 만약_____님이 디저트라면, 이 분은_____이었을 것입니다. 왜냐하면...

14. 만약_____님이 바닷속 생물이라면, 이 분은 _____이었을 것입니다. 왜냐하면...

15. 만약_____님이 연예인이라면, 이 분은 _____이었을 것입니다. 왜냐하면...

16. 만약_____님이 곤충이라면, 이 분은 _____이었을 것입니다. 왜냐하면...

17. 만약_____님이 동물이라면, 이 분은 _____이었을 것입니다. 왜냐하면...

18. 만약_____님이 자동차라면, 이 분은 _____이었을 것입니다. 왜냐하면...

사랑나누기

그룹원들을 통해서도 당신의 교회는 사랑이 넘치는 장소가 되어야합니다. 많은 사람들이 교회는 사랑을 배울 수 있는 곳으로 생각하고 그런 이유로 그들은 교회 구성원이 되기도 합니다. 교인이나 당신의 그룹원들이 서로 사랑을 나눌 수 있는 방법은 다양합니다. 아래의 제안들을 생각해 보십시오. 이번 주에 당신의 교회 교인들에게 사랑을 나누기 위해 당신이 활용할 수 있는 방법은 다음 중 어느 것입니까? 또 당신의 그룹원들을 위해서는 어떤 방법이 좋을까요? 여기 기록된 방법들을 통해 사랑을 확인시켜 줄 필요가 있는 사람은 누구입니까? 결정적으로, 사랑을 표현하는 이 모든 방법들 가운데 당신이 이번 주에 받고 싶은 사랑의 표현은 어떤 것입니까?(그룹원들 가운데 누군가가 당신의 소망을 이루어 줄 수 있을지도 모릅니다!) 이런 질문들에 대한 답을 그룹원들과 나누십시오.

1. 누군가에게 당신이 어떤 기도로 그를 도울 수 있을지 물어 보십시오.

2. 누군가에게 그가 위로나 도움이 필요할 때 당신이 그를 받아들일 것이라는 사실을 느낄 수 있게 해주십시오.

3. 누군가에게 당신이 그를 격려하기 위해 할 수 있는 것이 무엇인지 물어보십시오.

4. 당신을 감동시킨 누군가에게 그가 어떻게 당신을 감동시켰는지 말하십시오.

5. 삶 속에서 예수님의 모습을 보여준 누군가에게 그 사실을 말하십시오.

6. 듣는 기술이 좋은 누군가를 칭찬하십시오.

7. 누군가에게 카드나 편지를 보내십시오.

8. 누군가에게 직업이나 학업, 계획하는 일과 같은 그의 삶이 현재 어떠한지 물어 보십시오.

9. 누군가에게 당신의 기도 제목을 나눌 만큼 그를 신뢰한다는 것을 말하십시오.

10. 누군가와 영감된 성경 말씀을 나누십시오.

11. 교회나 교인들에게 도움을 주는 누군가에게 감사를 표하십시오.

12. 누군가에게 그가 말하고 싶은 것은 무엇이든지 당신이 듣기 원한다는 것을 말하십시오.

13. 영적인 은사들을 통해 교회를 든든하게 해준 누군가에게 당신이 얼마나 감사하는지 말하십시오.

14. 그리스도의 사랑을 나누고 복음을 전파하는 누군가에게 당신이 도울 일이 없는지 물어 보십시오.

15. 어떤 일이나 문제를 해결하는데에 있어서 누군가가 당신의 보조를 필요로 하는지 물어 보십시오.

16. 누군가에게 그 가족의 안부를 물어 보십시오.

17. 누군가에게 단순한 안부 전화를 하십시오.

18. 누군가에게 "잘 지내세요?", "정말로 잘 지내세요?"라고 두 번 물어 보십시오.

19. 슬프거나 몸이 불편한 누군가에게 꽃을 선물해 주십시오.

20. 누군가에게 당신이 그를 위해 어떻게 기도하는지를 말하고 그밖에 그를 위해 어떤 기도를 더 해야 하는지를 물어 보십시오.

21. 겸손과 사랑으로 누군가에게 복종해 보십시오.

22. 당신이 잘못한 누군가에게 가서 그에게 용서를 구하십시오.

23. 누군가에게 그들이 예배에 와서 섬김으로 당신이 풍성한 은혜를 받을 수 있었음을 말하십시오.

24. 예배에 참석할 수 없었던 사람에게 전화를 걸어 예배에 대해 말해 주십시오.

25. 누군가를 마주보고 사랑스런 마음으로 그들이 듣기 원하는 말을 해 주십시오.

26. 누군가를 위해 사려 깊고 인정 어린 특별한 기도를 하십시오.

27. 누군가를 위해 그가 좋아하는 과일들로 만든 선물 바구니에 어떤 격려가 되는 품목을 덧붙여 선물해 보십시오.

28. 누군가를 위해 당신의 예술성과 재능을 활용해 만든 것을 선물해 보십시오.

29. 누군가에게 식사나 차 또는 아이스크림 같은 것을 대접하십시오.

성경 속 인물들

당신의 그룹원들은 성경에 나오는 사람들처럼 놀라운 사람들입니다. 그들은 훌륭한 신앙을 가지고 있으며 다양한 방법으로 하나님을 영화롭게 하고 있습니다. 아래에 기록된 성경 속 인물들과 어울리는 그룹원들이 누구인지 말해 보십시오. 그룹원들이 돌아가면서 각 사람을 비교해도 좋고 각 사람의 오른쪽이나 왼쪽 사람을 비교해도 좋습니다. 당신의 답을 그룹원들과 나누십시오.

노아(창세기 6-9장)
이 사람은(는) 노아와 같이 자신의 신앙으로 다른 사람들을 위험으로부터 보호하는 큰 능력을 가지고 있습니다.

모세(출애굽기 2-20장)
이 사람은 모세와 같이 신앙을 통해 다른 사람들을 리드하는 놀라운 능력을 가지고 있습니다.

마리아(누가복음 1:26-56)
이 사람은 늘 겸손하지만, 사실 믿음의 사람으로 하나님의 계획에 중요하게 쓰이는 사람입니다.

베드로(사도행전 2-4장)
이 사람은 믿음이 놀랍게 성장하고 성숙하는 사람이라서 우리를 기쁘게 합니다.

에스더(에스더서)
이 사람의 신앙은 내면의 아름다움을 드러내주고 어떤 상황에서도 빛이 납니다.

뵈뵈(로마서 16:1-2)
이 사람의 다른 사람을 향한 사랑과 섬김은 모든 사람이 인정하는 바입니다.

욥(욥기서)
이 사람은 고통스런 환란 속에서도 믿음으로 굳건합니다.

브리스길라(사도행전 18장)
이 사람은 신앙적 지식과 성경에 대한 깊은 이해를 가지고 있습니다.

아브라함(창세기 12-22장)
이 사람은 하나님께 순종하기 위해 어떤 것도 희생할 수 있는 헌신된 신앙을 가지고 있습니다.

바울(사도행전 19-20장)
이 사람의 신앙에는 교회를 향한 깊은 사랑이 자리잡고 있습니다.

솔로몬(열왕기상 3-4장)
이 사람이 놀라운 지혜를 소유했다는 것을 우리 모두 인정합니다.

야고보(야고보서)
이 사람은 우리에게 꼭 필요한 말을 해줄 수 있는 확실한 신앙인입니다.

드보라(사사기 4-5장)

이 사람은 다른 사람들을 안내하고 감화시키는 소중한 능력의 신앙인입니다.

요셉(창세기 37-50장)

이 사람은 하나님의 도우심으로 최고의 자리에까지 나아갈 수 있다는 신실함을 가지고 있습니다.

백부장(마태복음 8:5-13)

이 사람의 신앙은 믿음의 가치를 인정하지 않는 환경에서조차 빛이납니다.

룻(룻기)

이 사람은 신앙을 기반으로 다른 사람들을 돌보는 아름다운 마음을 가지고 있습니다.

동방박사(마태복음 2:1-12)

이 사람은 동방박사처럼 예수님을 만나기 위해 어떠한 먼 거리라도 갈 수 있는 분명한 신앙을 가지고 있습니다.

성도는 세상의 OOO이다

　예수님께서는 제자들에게 '너희는 세상의 빛과 소금이라'고 말씀하셨습니다. 세상 속의 그리스도인이 어떤 자세와 태도로 살아야 하는지를 가르쳐 주신 것입니다. 당신이 생각하기에 '빛과 소금' 외에 세상 속의 성도의 삶을 잘 보여줄 수 있는 다른 물건이 있다면 그 이유를 함께 나누어 보십시오.

　성도는 세상의 (ex : 빗자루)＿＿＿＿＿＿＿(이/가) 되어야 한다.

　그렇게 생각한 이유는 (ex: 성도는 세상을 깨끗하게 만들어야 할 존재이기 때문이다.) ＿＿＿＿＿＿＿＿＿＿＿＿＿＿＿＿＿＿＿＿＿＿＿＿.

성령의 열매

우리 믿는 사람들은 예수 그리스도를 닮아가는 삶을 살아가느냐의 여부에 따라 성령 충만한지를 알 수 있습니다. 갈라디아 교회에 보내는 서신에서 바울은 교인들이 행동을 통해 그들 자신이 그리스도인임을 나타내 줄 수 있어야 한다고 말하고 있습니다.

오직 성령의 열매는 사랑과 희락과 화평과 오래 참음과 자비와 양선과 충성과 온유와 절제니 이 같은 것을 금지할 법이 없느니라

갈라디아서 5:22-23

아래에 있는 성령의 열매 가운데 당신의 그룹원들이 보여 주는 열매는 어떤 것들입니까? 그룹원들의 삶 속에서 당신이 본 열매들을 조화시켜, 적합하다고 생각되는 이름을 아래 빈칸에 적으십시오. 그룹원들과 당신의 답을 나누십시오.

_____ 사랑의 쥬스: 당신은 달콤하고 생기가 넘쳐서 항상 다른 사람들을 흡족하게 해줍니다.

_____ 희락의 잼 : 당신의 말과 행동하는 모든 것이 행복과 기쁨을 나누어줍니다.

_____ 화평의 과일 샐러드 : 사람들 사이에서 당신의 섬김과 모든 행동은 더할 나위없이 좋습니다.

_____ 인내의 수박 : 당신은 하나님을 기대해야 할 때, 인내로 무르익는 수박과 같습니다.

_____ 자비의 메론 : 우리는 늘 당신이 사려 깊다는 것을 느끼고 있습니다.

_____ 양선의 귤 : 당신의 행동은 우리에게 모범이 됩니다.

_____ 충성의 사과 : 당신은 마치 하나님께서 당신 앞에 계신 것처럼 생활합니다.

_____ 온유의 배 : 당신은 다른 사람의 감정을 배려 하는 아름다운 마음을 가졌습니다.

_____ 절제의 포도 : 당신은 포도 한 알, 한 알을 맺어내는 것과 같은 절제로 아름답습니다.

소그룹 모임 평가

가끔은 모임을 잠시 멈추고 스스로를 되돌아 볼 필요가 있습니다. 이것은 특히 소그룹의 언약을 다시 한 번 재고할 준비가 되어있는 모임에서 필요합니다.

몇 분 동안 다음의 질문에 답하십시오. 모든 사람이 마친 후 돌아가면서 자신이 답한 것에 대해 이야기해 봅시다. 또는 답을 완성한 후에 소그룹 모임에 대한 각자의 의견을 논의해 볼 수도 있습니다. 어떠한 모임도 완전하지 않다는 것과 모든 소그룹에게는 자라고 성숙해질 시간이 필요하다는 것을 잊지 마십시오.

자신의 의견에 해당되는 숫자에 표시를 하십시오.
1 = 결코 그렇지 않다. 2 = 거의 드물다.
3 = 때때로 그렇다. 4 = 거의 그런 편이다.
5 = 항상 그렇다.

대체로 나는 우리 소그룹 모임에 대해서 이렇게 생각한다.
■ 내가 말하려고 하는 것을 이해한다. 1 2 3 4 5
■ 내가 말하는 것을 가로막거나 방해한다. 1 2 3 4 5
■ 나를 있는 그대로 받아들인다. 1 2 3 4 5
■ 내가 그들을 괴롭힐 때에도 내가 부끄럽지 않은 방법으로 깨닫게 해준다. 1 2 3 4 5

- 내가 하나님을 더 잘 알 수 있도록 도와준다. 1 2 3 4 5
- 나의 감정을 받아들이려고 노력한다. 1 2 3 4 5
- 내가 나의 감정을 나눌 때에 잘 들어준다. 1 2 3 4 5
- 그룹이 어떻게 돌아가는지 나도 알고 있다. 1 2 3 4 5
- 나에 대해서 도덕적으로 행동한다. 1 2 3 4 5
- 나를 괴롭게 하는 문제가 있을 때 이야기할 수 있다. 1 2 3 4 5
- 이 그룹은 나에 대해서 완벽하게 솔직하다. 1 2 3 4 5
- 이 그룹은 나에게 알맞은 지원을 해준다. 1 2 3 4 5
- 나를 그리스도인의 양심 안에서 자라게 한다. 1 2 3 4 5
- 이 그룹은 그룹의 잠재력을 모두 발휘하고 있다. 1 2 3 4 5
- 문제 해결에 성공적이다. 1 2 3 4 5

소망을 가지세요!

여기 '소망'을 주제로 한 성구들이 있습니다. 당신의 인생을 가장 잘 보여주는 구절을 하나 골라서 소리내어 읽어 보십시오. 그리고 왜 그것을 골랐는지 이야기해 봅시다.

시편 42:11
내 영혼아 네가 어찌하여 낙망하며 어찌하여 내 속에서 불안하여 하는고 너는 하나님을 바라라 나는 내 얼굴을 도우시는 내 하나님을 오히려 찬송하리로다

베드로전서 1:13
그러므로 너희 마음의 허리를 동이고 근신하여 예수 그리스도의 나타나실 때에 너희에게 가져올 은혜를 온전히 바랄지어다

시편 31:24
강하고 담대하라 여호와를 바라는 너희들아

시편 71:5
주 여호와여 주는 나의 소망이시요 나의 어릴 때부터 의지시라

베드로전서 1:3
찬송하리로다 우리 주 예수 그리스도의 아버지 하나님이 그 많으신 긍휼대로 예수 그리스도의 죽은 자 가운데서 부활하심으로 말미암아 우리를 거듭나게 하사 산 소망이 있게 하시며

히브리서 10:23
또 약속하신 이는 미쁘시니 우리가 믿는 도리의 소망을 움직이지 말고 굳게 잡아

신명기 7:9
그런즉 너는 알라 오직 네 하나님 여호와는 하나님이시요 신실하신 하나님이시라 그를 사랑하고 그 계명을 지키는 자에게는 천 대까지 그 언약을 이행하시며 인애를 베푸시되

로마서 8:11
예수를 죽은 자 가운데서 살리신 이의 영이 너희 안에 거하시면 그리스도 예수를 죽은 자 가운데서 살리신 이가 너희 안에 거하시는 그의 영으로 말미암아 너희 죽을 몸도 살리시리라

요한계시록 21:4
모든 눈물을 그 눈에서 씻기시매 다시 사망이 없고 애통하는 것이나 곡하는 것이나 아픈 것이 다시 있지 아니하리니 처음 것들이 다 지나갔음이러라

고린도후서 5:1
만일 땅에 있는 우리의 장막 집이 무너지면 하나님께서 지으신 집 곧 손으로 지은 것이 아니요 하늘에 있는 영원한 집이 우리에게 있는 줄 아나니

로마서 5:2하-5

하나님의 영광을 바라고 즐거워하느니라 다만 이뿐 아니라 우리가 환난 중에도 즐거워하나니 이는 환난은 인내를, 인내는 연단을, 연단은 소망을 이루는 줄 앎이로다 소망이 부끄럽게 아니함은 우리에게 주신 성령으로 말미암아 하나님의 사랑이 우리 마음에 부은 바 됨이니

새해 소원

새해가 밝았습니다. 아래의 삶의 각 영역에서 하나님의 뜻과 계획 안에서 새해에 이루고 싶은 소원을 함께 나누어 보십시오.

삶의 영역	
개인	
가정	
직장/학교	
영성	
기타	

약속의 말씀

아래에 있는 성경의 약속들 가운데 한 가지를 선택하십시오. 왜 그것을 선택했는지 다른 사람들에게 이야기합니다. 당신은 그 약속을 당신의 것으로 만들 수 있습니다. 한 말씀을 선택하여 그 문장의 주어를 일인칭(나)으로 바꾸어 보십시오. 예를 들어 첫번째 말씀을 선택해서 주어를 바꾸면 다음과 같이 바뀔 것입니다. "그런즉 내가 그리스도 안에 있으면 나는 새로운 피조물이라 이전 것은 지나갔으니 보라 새것이 되었도다!"

고린도후서 5:17
그런즉 누구든지 그리스도 안에 있으면 새로운 피조물이라 이전 것은 지나갔으니 보라 새것이 되었도다

빌립보서 1:6
너희 속에 착한 일을 시작하신 이가 그리스도 예수의 날까지 이루실 줄을 우리가 확신하노라

예레미야 33:3
너는 내게 부르짖으라 내가 네게 응답하겠고 네가 알지 못하는 크고 비밀한 일을 네게 보이리라

고린도후서 9:8
하나님이 능히 모든 은혜를 너희에게 넘치게 하시나니 이는 너희로 모든

일에 항상 모든 것이 넉넉하여 모든 착한 일을 넘치게 하게 하려 하심이라

빌립보서 4:13
내게 능력 주시는 자 안에서 내가 모든 것을 할 수 있느니라

로마서 8:28
우리가 알거니와 하나님을 사랑하는 자 곧 그 뜻대로 부르심을 입은 자들에게는 모든 것이 합력하여 선을 이루느니라

마태복음 7:7-8
구하라 그러면 너희에게 주실 것이요 찾으라 그러면 찾을 것이요 문을 두드리라 그러면 너희에게 열릴 것이니 구하는 이마다 얻을 것이요 찾는이가 찾을 것이요 두드리는 이에게 열릴 것이니라

고린도전서 10:13
사람이 감당할 시험밖에는 너희에게 당한 것이 없나니 오직 하나님은 미쁘사 너희가 감당치 못할 시험 당함을 허락지 아니하시고 시험 당할 즈음에 또한 피할 길을 내사 너희로 능히 감당하게 하시느니라

요한계시록 3:20
볼지어다 내가 문 밖에 서서 두드리노니 누구든지 내 음성을 듣고 문을 열면 내가 그에게로 들어가 그로 더불어 먹고 그는 나로 더불어 먹으리라

요한복음 14:27
평안을 너희에게 끼치노니 곧 나의 평안을 너희에게 주노라 내가 너희에게 주는 것은 세상이 주는 것 같지 아니하니라 너희는 마음에 근심도 말고 두려워하지도 말라

영생의 소망

영생에 대한 소망을 가지고 사는 것은 그리스도인 생활의 근간이 됩니다. 우리의 미래가 하나님과 함께 한다는 것을 아는 것은 말할 수 없는 위로가 됩니다. 아래의 구절들 가운데 당신에게 소망을 주는 것을 하나 선택하시고 그 이유를 나누십시오. 각자가 선택한 구절을 외워서 다음 모임 때 암송하는 것도 좋습니다.

요한복음 11:25-26
예수께서 가라사대 나는 부활이요 생명이니 나를 믿는 자는 죽어도 살겠고 무릇 살아서 나를 믿는 자는 영원히 죽지 아니하리니 이것을 네가 믿느냐

데살로니가전서 4:16
주께서 호령과 천사장의 소리와 하나님의 나팔로 친히 하늘로 좇아 강림하시리니 그리스도 안에서 죽은 자들이 먼저 일어나고 그 후에 우리 살아 남은 자도 저희와 함께 구름 속으로 끌어 올려 공중에서 주를 영접하게 하시리니 그리하여 우리가 항상 주와 함께 있으리라

요한계시록 21:4
모든 눈물을 그 눈에서 씻기시매 다시 사망이 없고 애통하는 것이나 곡하는 것이나 아픈 것이 다시 있지 아니하리니 처음 것들이 다 지나갔음이러라

고린도후서 5:1
만일 땅에 있는 우리의 장막 집이 무너지면 하나님께서 지으신 집 곧 손으로 지은 것이 아니요 하늘에 있는 영원한 집이 우리에게 있는 줄 아나니

베드로전서 1:3-4
찬송하리로다 우리 주 예수 그리스도의 아버지 하나님이 그 많으신 긍휼대로 예수 그리스도의 죽은 자 가운데서 부활하심으로 말미암아 우리를 거듭나게 하사 산 소망이 있게 하시며 썩지 않고 더럽지 않고 쇠하지 아니하는 기업을 잇게 하시나니 곧 너희를 위하여 하늘에 간직하신 것이라

고린도전서 15:51-52
보라 내가 너희에게 비밀을 말하노니 우리가 다 잠잘 것이 아니요 마지막 나팔에 순식간에 홀연히 다 변화하리니 나팔 소리가 나매 죽은 자들이 썩지 아니할 것으로 다시 살고 우리도 변화하리라

요한복음 6:40
내 아버지의 뜻은 아들을 보고 믿는 자마다 영생을 얻는 이것이니 마지막 날에 내가 이를 다시 살리리라 하시니라

요한복음 6:54
내 살을 먹고 내 피를 마시는 자는 영생을 가졌고 마지막 날에 내가 그를 다시 살리리니

요한복음 10:28
내가 저희에게 영생을 주노니 영원히 멸망치 아니할 터이요 또 저희를 내 손에서 빼앗을 자가 없느니라

영적 처방

살면서 우리는 병이 나곤 합니다. 때때로 우리는 영적으로나 정신적으로 또 여러 관계 속에서 병을 앓습니다. 당신의 영적인 병을 위해 어떤 처방이 필요할까요? 영적인 치료제 진열장으로 가서 당신이 필요한 치료를 해줄 수 있는 성경말씀을 찾아보십시오. 그룹원들과 당신이 선택한 구절들을 나누고 그 이유도 설명하십시오(이를 위해 각 사람들은 자신의 성경을 준비하십시오).

분 노
야고보서1:19-20
전도서7:9
잠언14:17
잠언15:18
잠언22:24-25
에베소서:4:26
마태복음5:22

죽음과 슬픔
시편23편
고린도전서15:55
로마서5:9
히브리서2:14-15
요한복음8:51
시편48:14
로마서8:38-39

시 기
신명기5:21
야고보서3:16
야고보서4:5
전도서4:4
잠언23:17-18
잠언14:30

두려움
누가복음12:32
마가복음4:40
이사야41:13
잠언1:33
디모데후서1:7
잠언3:24
베드로전서3:12-14
로마서8:15
요한복음14:27
시편27:1-3
시편27:14

외로움
요한복음14:18
이사야58:9
고린도후서6:18
창세기28:15
시편40:17
시편139:1-10

용 서
에베소서4:31-32
요한일서1:9
누가복음17:3-4
마가복음11:25
이사야1:18
시편51
마태복음6:14-15
마태복음18:23-35

우리 그룹은...

그룹원들에게 서로의 존재를 확인시켜주는 것은 유익합니다. 그리고 그룹 전체를 확인해 보는 것도 좋습니다. 그룹원 각자는 모두 자신만의 장점과 재능을 가지고 있습니다. 마찬가지로 그룹도 자신만의 개성을 가지고 있습니다. 아래 제시된 것 가운데 그룹에 대한 당신의 느낌을 가장 잘 설명한 것을 고르고, 그 답을 서로 나누십시오.

신입사원 연수단
얼떨떨하지만 잘 굴러가는 것 같습니다.

공중 곡예사
우리 그룹은 공중 곡예사처럼 아슬아슬하지만, 아직까지는 잘 견디고 있습니다.

모스크바 발레단
우리는 아름답고 우아한 그룹으로, 보는 모든 사람들에게 감화를 주고 있습니다.

로마지하교회
힘들지만, 우리는 친밀감을 가지고 진정으로 하나님의 존재를 경험하고 있습니다.

해양 구조선
우리는 고통 가운데 있는 사람들을 돕는 훌륭한 그룹입니다.

신혼부부
우리는 서로를 존중하면서 정확한 목표를 향해 함께 정진하고 있습니다.

레크레이션 진행팀
우리는 계획대로 잘 진행되고 있으며 무척 재미 있습니다.

소방관
우리는 우리의 목표들을 이루기 위해 어떤 어려움도 이겨낼 것입니다.

교향악단
우리는 각자의 역할을 음악을 함께 만들어 내고 있습니다.

시사100분토론
우리는 논쟁하는 것에서도 분명한 목적이 있습니다.

우리 소그룹은...

여러분의 소그룹을 어떻게 묘사할 수 있을까요? 아래의 그림들 가운데 여러분의 소그룹을 가장 잘 나타낼 수 있는 것을 하나 선택하십시오. 다 고른 후에 한 사람씩 돌아가면서 무엇을, 왜 골랐는지 이야기 해 봅시다.

과수원

이 모임에 올 때마다 나는 향기롭고 건강한 사과나무 아래 있는 것 같은 기분이 듭니다. 왜냐하면 여기서 내 자신이 성장했고 그 열매들을 함께 나눌 수 있었기 때문입니다.

깊은 산중의 텐트 속

우리가 서로서로 기대어 있지 않다면 우리는 서 있을 수도, 함께 있는 사람들을 따뜻하게 해줄 수도 없습니다.

새 둥지

나는 둥지 속의 아기 새가 어떤 기분인지 알 수 있을 것 같습니다. 왜냐하면 이 모임에서 내가 양육받고 보호받고 있다는 것을 느낄 수 있기 때문입니다.

두뇌집단

이 모임에는 천재들만 모인 것이 분명합니다. 우리는 어떤 사건이라도 모두 이해하고, 어떤 문제라도 창의력과 깊은 통찰력으로 해결할 수 있습니다.

삼총사
'하나는 전체를 위하여, 전체는 하나를 위하여!' 나는 여기에서 팀의 일원으로서 소속감을 느낄 수 있습니다.

화기애애
나는 행복한 대가족의 일원이 된 것 같습니다. 우리 각자는 완벽하지는 않지만 서로 사랑하고 용납합니다.

오아시스
이 세상은 거칠고 무자비한 곳이지만, 우리 모임은 인생의 긴 여행에서 상쾌함과 안식을 주는 곳입니다.

고교동창회
우리 모임의 사람들은 모두 친절하고 재미있고 언제나 나를 즐겁게 해줍니다. 우리가 함께 있을 때 나는 젊어지는 느낌이 듭니다.

야전 병원
우리 모임은 야전 병원과 같습니다. 나는 상처받고 지쳐서 이곳에 왔습니다. 하지만 여기서 나는 건강해져 기운을 얻었고 게다가 친구들까지 생겼습니다.

Icon made by Freepik from www.flaticon.com

이별 챙기기

　안녕이라고 말하는 것은 결코 쉬운 일이 아닙니다. 때때로 그룹원들은 안녕이라고 말해야 할 때가 있습니다. 쉽게 다시 만날 수 있다 할지라도 말입니다. 이 보살핌은 그룹원들이 그룹을 해산하고 자신들의 삶을 계속할 때를 잘 준비하게 해줍니다. 그룹원들이 헤어질 때 당신은 그들이 무엇을 챙기기 바라십니까? 선물, 행복한 마음, 전화번호와 같은 것 가운데 당신은 그룹원들 각자가 무엇을 챙기기 바라십니까? 그룹원의 이름을 쓰고 그들이 챙기기 바라는 것을 적으십시오. 그 내용을 그룹원들과 나누십시오.

그룹원 성명	항목
_____	_____
_____	_____
_____	_____
_____	_____
_____	_____
_____	_____
_____	_____
_____	_____

일곱 가지 결심

  모임을 더욱 유익하게 하기 위한 훌륭한 방법 가운데 하나는 당신의 생활에 대해 어떤 적극적인 결심을 하는 것입니다. 일주일 동안 하루에 한 가지씩, 당신 생활에 대해 중요한 일곱 가지 결심을 기록한 아래의 주간 계획표를 활용해 보십시오. 당신이 실천하고자 하는 개선안들을 결심한 후에 그룹원들과 그것들을 나누십시오. 당신의 그룹원들은 다음 모임에서 그룹원들이 결심한 개선안들을 각자가 잘 실천했는지 서로에게 물어볼 수도 있습니다.

1. 자신을 배려하는 주일 - 자신을 소중히 하기 위해 내가 해야 할 한 가지 일 :

2. 건강을 돌보는 월요일 - 건강을 증진시키기 위해 내가 해야 할 한 가지 일 :

3. 재정을 돌보는 화요일 - 경제적인 상황을 향상시키기 위해 내가 해야 할 한 가지 일 :

4. 노력하는 수요일 - 직업이나 매일의 삶 속에서 그리스도인답게 살기 위해 내가 해야 할 한 가지 일 :

5. 사려 깊은 목요일 - 친절함으로 누군가를 놀라게 해주기 위해 내가 해야 할 한 가지 일:

6. 가족을 위한 금요일 - 가족과의 관계를 향상시키기 위해 내가 해야 할 한 가지 일 :

7. 영을 돌보는 토요일 - 영적인 삶을 성숙시키기 위해 내가 해야 할 한 가지 일 :

일상의 축복

　모두 함께 자신의 옆자리에 앉은 사람에 대하여 잠시 생각해 봅시다. 아래 그림과 같은 생활용품들 가운데서 그 사람이 소유하고 있는 특별한 가치를 떠올리게 해주는 것을 골라 보십시오. 여러분은 이 방 안의 분위기를 환하고 밝게 만들어 주는 사람을 생각하며 전구를 택하거나 우리 그룹이 하나가 되도록 엮어 주는 사람을 생각하며 클립을 택할 수도 있습니다. 아래의 그림들 가운데 한 가지를 이용하거나 적당한 다른 것을 택해도 좋습니다. 모두들 준비가 되었다면 자신이 누구를 생각하며 무엇을 택했는지 왜 그렇게 연상되는지 이야기합니다.

적합한 사람

　당신의 그룹원들은 매우 다양한 성격과 장점들을 가지고 있습니다. 당신이 그룹원들과 시간을 함께 보낼 방법을 선택할 수 있다면, 당신은 무엇을 함께 하고 싶습니까? 오른쪽 빈칸에 순서와 상관없이 그룹원들의 이름을 적으십시오. 이제 각 그룹원들과 왼쪽에 적힌 활동을 연결하십시오. 그룹원과 당신이 함께 하고 싶은 활동을 선으로 연결하십시오. 그리고 그룹원들과 당신이 선택한 것들을 나누십시오.

1. 무인도에서 두 주간을 함께 보낼 사람 _____

2. 논쟁 할 때, 내 편이 되어줄 사람 _____

3. 마음이 낙심될 때 내 곁에 있어줄 사람 _____

4. 내가 슬프거나 속이 상할 때 전화할 사람 _____

5. 영적인 위기 때 나를 도와줄 사람 _____

6. 함께 소풍갈 사람 _____

7. 함께 운동할 사람 _____

8. 중요한 결정을 도와줄 사람 _____

9. 내 고백을 들어줄 사람 _____

10. 내 가능성을 키워주고 꿈을 도와줄 사람 _____

11. 함께 쇼핑할 사람 _____

12. 나에게 모범을 보여줄 사람 _____

13. 파티를 도와줄 사람 _____

14. 내 전기문를 써 줄 사람 _____

15. 자동차 수리를 도와줄 사람 _____

16. 예수님을 함께 증거할 사람 _____

17. 내 삶에 새로운 모험심을 불어넣어 줄 사람 _____

18. 함께 등산할 사람 _____

좋은 성품

그룹 멤버들의 좋은 성품을 살펴 봅시다. 잠깐 생각해 보고 아래의 성품을 가장 많이 가지고 있는 멤버의 이름을 성품 곁에 쓰도록 합니다. 그리고는 한 사람에게 자리에 앉으라고 말하고 다음과 같이 말해줍니다. "수정씨 당신에게는 일관성이라는 장점이 있어요. 당신은 의지할 수 있는 사람이어서 당신을 믿고 싶어요." 그리고 그 다음 사람에게도 동일한 방법으로 전체가 다 할 때까지 진행합니다.

_____ 친절하다.

_____ 긍휼히 여기는 마음이 있다.

_____ 남의 이야기를 잘 들어준다.

_____ 열정적이다.

_____ 용서를 잘 한다.

_____ 든든하다.

_____ 믿을 수 있다.

_____ 개방적이고 정직하다.

_____ 민감하다.

_____ 영리하다.

_____ 자신만만하다.

_____ 부드럽다.

_____ 겸손하다.

_____ 털털하다.

_____ 예수님 닮아서 사랑이 많다.

_____ 성장하고 있다.

_____ 꾸준하다.

주기도문

하루는 한 제자가 예수님께 청하였습니다. "주여, 우리에게 기도하는 것을 가르쳐 주십시오." 예수님께서는 우리가 '주기도문'이라고 부르는 이 기도를 가르쳐 주셨습니다. 이 주기도문을 여러분의 모임을 위한 기도문을 작성할 때 모델로 사용하실 수 있습니다.

이 '보살핌'에는 두 가지 방법이 있습니다. 첫번째는 주기도문의 각 행을 각 사람에게 할당하는 것입니다. 각 사람들은 주기도문의 각 행을 그들 자신의 언어로 바꾸어 봅니다. 각자가 돌아가며 자기가 바꾼 주기도문의 행을 읽으며 기도함으로써 모임을 마칩니다. 또 한 가지 방법은 모든 참가자들이 각자 주기도문 전체를 자신의 말로 바꾸어 보는 것입니다. 그 가운데 원하는 사람에게 자신의 주기도문을 읽게 하여 모두가 그것을 함께 나눔으로 모임을 마칩니다.

"하늘에 계신 우리 아버지여
이름이 거룩히 여김을 받으시오며
나라이 임하옵시며
뜻이 하늘에서 이룬 것같이 땅에서도 이루어지이다
오늘날 우리에게 일용할 양식을 주옵시고
우리가 우리에게 죄 지은 자를 사하여 준 것같이
우리 죄를 사하여 주옵시고
우리를 시험에 들게 하지 마옵시고
다만 악에서 구하옵소서
대개 나라와 권세와 영광이 아버지께 영원히 있사옵나이다 아멘"

진정한 고백

고백은 그리스도인이 해야 할 중요한 일입니다. 사랑이 넘치는 소그룹은 용서와 치유가 넘쳐나는 공간이 될 수 있습니다. 그러나 이와 같은 것을 훈련할 때, 고백은 조심해서 다루어져야 합니다.

고백으로 모임을 마치기 위해서 기본적인 규칙들이 몇 가지 있습니다. 먼저 소그룹 안의 모든 사람들을 사랑으로 대해야 하며, 그것들을 받아들일 자세가 되어 있어야 합니다. 판단하거나 충고하거나 창피를 주어서는 절대 안됩니다. 둘째로 모든 사람들은 침묵으로 고백하거나 혹은 고백하지 않을 자유가 있습니다. 셋째, 모임 안에서 이야기한 모든 것은 철저하게 비밀로 지켜져야 합니다.

고백은 예민한 문제이기 때문에 소그룹은 고백의 시간을 어떻게 진행할지 결정해야 합니다. 인도자는 고백 시간을 위해서 다음 중 한 가지를 선택할 수 있습니다.

"우리는 이 시간을 위해서 선택1을 택할 것이다."
혹은
"우리는 이 시간을 위해서 선택1 또는 선택2를 택할 것이다."
혹은
"우리는 이 시간을 위해서 선택1 또는 선택2 또는 선택3을 택할 것이다."

선택1

모든 참가자들은 조용히 하나님께 자신의 죄를 고백하십시오. 그 다음 인도자가 다음과 같이 기도하십시오.

"하나님, 우리가 기억하지 못하고 아뢰지 못한 죄악들까지도 용서하여 주옵소서. 아멘."

그 다음에 모든 참가자들이 다음 페이지에서 용서에 관한 성경구절을 하나씩 선택한 후 그 성구를 소리내어 읽으십시오. 끝으로 인도자가 다음과 같이 기도하며 모임을 마칩니다.

"하나님, 우리를 있는 모습 그대로 용서하여 주시고 믿음 안에서 계속 자랄 수 있게 해주시니 감사합니다. 아멘."

선택2

이번 선택은 선택1과 한 가지만 다릅니다. 침묵하며 기도하는 대신에 원하는 사람은 다음의 문장을 소리내어 기도하십시오.

"나는 이러한 죄에서 벗어나기를 간절히 바랍니다."

가족 관계	재정적 문제	몸
업무 관계	개인적 도덕	감정
성적 문제	친구 관계	기타 :

이 방법의 나머지 부분은 선택1과 같습니다. 고백의 기도를 드린 후에 용서에 대한 성경구절을 하나씩 골라 읽은 후에 리더가 감사의 기도로 모임을 마칩니다.

선택3

침묵기도와 한 단어로 된 고백 대신에 선택3에서는 원하는 사람은 그들의 이야기를 모임 안에서 나눌 수 있습니다.

"나는 이러한 죄에서 벗어나고 싶습니다."

선택3의 경우에는 인도자가 모임의 앞부분에서 소그룹을 네 명씩 나누거나, 남, 여를 분리해서 진행하십시오.

이 방법을 선택할 때에는 신중하게 진행해야 합니다.

이 선택의 나머지 부분은 선택1과 같습니다. 고백의 기도를 드린 후에 용서에 대한 성경구절을 하나씩 골라 읽은 후에 인도자가 감사의 기도로 모임을 마칩니다.

찬양하라!

하나님을 찬양하는 것은 우리의 특권이며 우리는 모두 하나님을 찬양할 이유를 생각할 수 있습니다. 하나님을 찬양하는 것은 소그룹이 해야 할 멋진 일입니다. 이 '보살핌'은 당신의 소그룹 모임이 하나님을 찬양하며 끝날 수 있도록 도울 것입니다. 하나님을 찬양하는 것은 하나님의 놀라운 성품들을 진심으로 감사하며 고백하는 것입니다.

먼저 하나님의 성품에 대한 목록을 보시고 당신이 가장 찬양하기 원하는 하나님의 성품을 고르세요.

거룩하신 분	주권자	전지자
창조자	이해가 불가능함	긍휼이 많으신 분
성령님	법칙의 제정자	영광스러운 분
용서하시는 분	만물에 목적을 주신 분	전능자
조건 없는 사랑	하나님의 말씀	하나님의 아들
위엄	영원히 현존하심	교회

다음으로 아래의 목록에서 한 구절을 선택합니다. 한 사람씩 돌아가면서 자기가 선택한 구절을 읽어 봅시다.

시편 46	시편 117	골로새서 1:13-22
시편 36:5-10	시편 121	히브리서 1:1-4
시편 65	시편 145	히브리서 5:5-10

시편 93	시편 146:5-10	요한계시록 4:8
시편 95	시편 147	요한계시록 4:11
시편 96	시편 148	요한계시록 5:5-10
시편 98	시편 149	시편 5:12-13
시편 100	시편 150	요한계시록 7:12
시편 103	이사야 53:1-6	요한계시록 11:17-18
시편 104	누가복음 1:46-55	요한계시록 15:3-4
시편 111	누가복음 1:68-79	요한계시록 19:6-8
시편 113	요한복음 1:1-16	

끝으로 찬양의 기도문을 써서 모두가 함께 읽거나 둥글게 서서 다음의 기도문을 완성합니다.

"하나님! 우리는 _____ 으로 인하여 당신을 찬양합니다."

책임감

다른 그리스도인에게 책임감 있게 행동하는 것은 우리의 삶에 중요한 변화를 일으킬 수 있는 확실한 방법입니다. 소그룹은 책임감을 기르기에 가장 완벽한 장소입니다.

아래의 목록에서 한두 가지를 선택하십시오. 이것은 모두에게 자신에게 필요한 변화를 가져올 수 있는 기회를 줄 것입니다. 선택한 항목을 서로 이야기해 보십시오. 무엇을 선택했는지, 왜 그것을 선택했는지 말해 보십시오. 당신이 선택한 것과 다른 사람이 선택한 것을 기록해 봅시다. 모든 사람이 이야기를 마친 후에는 아마도 두 가지 변화가 생길 것입니다.

첫번째로 당신은 다음 번 모임을 가질 때까지 다른 사람들이 책임감있게 행동하는 데 특별히 필요한 것들을 위하여 기도할 수 있을 것입니다.
두번째로 다음 모임에서 당신은 이번 모임에서 이야기했던 것들이 어떻게 진행되었는지 알 수 있을 것입니다.

여기에는 두 가지 규칙이 있습니다. 본인이 원하지 않으면 당신의 차례에 그냥 지나가게 할 수 있습니다. 둘째로 여기서 이야기된 것들은 비밀을 지켜야 합니다.

1. 경건한 생활 : 나는 기도하고 성경을 공부하는 일에 좀 더 오랜 시간을 할애하기 원합니다.

2. 기도 : 나는 우리 소그룹의 모든 사람들을 위해 기도할 것입니다.

3. 관계 : 나는 나의 삶 속의 관계들을 좀 더 발전시키고 싶습니다. 이것을 위해서 나는...

4. 성실 : 나는 어떤 부분에 있어서 좀 더 성실하기를 원합니다. 이것을 위해 나는...

5. 죄 : 어떤 죄가 최근까지 나를 괴롭게 했습니다. 나는 이것을 해결하기 원합니다. 이를 위해서 나는....

6. 영적인 목표 : 이번 주 안에 이루기를 원하는 어떤 영적인 목표가 있습니다. 그것은....

7. 재정 : 나는 하나님의 일에 재정적으로 더욱 헌신하고 싶습니다. 이를 위해서 나는...

8. 봉사 : 나는 이번 주님을 위해 자원하는 종의 마음을 가지고 살고 싶습니다. 이를 위해서 나는...

9. 일 : 나는 나의 동료를 하나님께 사랑 받는 사람으로 대접하고 싶습니다. 이를 위해서 나는...

10. 가족 : 나는 가족과 무엇인가 의미 있는 일을 하고 싶습니다. 이를 위해서 나는...

11. 노력 : 나는 마음에 실망이 다가올 때 좀 더 의연하게 행동하고 싶습니다. 이를 위해서 나는...

12. 감사 : 좋은 일이 생겼을 때 하나님께 감사하겠습니다. 이를 위해 나는...

13. 개인적 필요 : 나는 나 자신을 보살피기 원합니다. 이를 위해서 다음과 같이 내게 필요한 것을...

14. 영적인 생활 : 나는 이번 주에 얼마간의 시간을 하나님과 지내고 싶습니다. 이를 위해서 나는...

15. 연민 : 나는 다른 사람들을 더 많이 돕겠습니다. 이를 위해서 나는...

16. 언어 생활 : 나는 내 혀를 잘 다스리고 싶습니다. 이를 위해서 나는...

17. 성격 : 나는 다른 사람을 대할 때 어떠한 숨은 의도 없이 진실하게 선을 베푸는 사람이 되고 싶습니다. 이를 위해서 나는...

18. 관계 : 나는 배우자/친구/다른 중요한 사람들과의 관계를 더욱 돈독히 하고 싶습니다. 이를 위해서 나는...

19. 가족에 대한 헌신 : 개인에 대한 헌신 외에 나는 가족(혹은 다른 특별한 사람)을 위해 헌신하는 시간을 갖고 싶

습니다. 이를 위해서는 나는...

20. 자녀 : 나는 자녀들과의 관계를 더욱 돈독히 하고 싶습니다. 이를 위해서 나는...

21. 정욕 : 나는 어떤 여자/남자라도 정중하지 못한 태도로 바라보는 것을 피하겠습니다.

22. 영적인 목표 : 나는 예수님과의 관계를 더욱 발전적으로 만들고 싶습니다. 이를 위해서 나는...

23. 유혹 : 나는 이번 주에 어떠한 유혹에도 미혹되지 않기를 바랍니다. 이를 위해서 나는...

24. 영적인 목표 : 나는 이번 주일에 온전한 예배를 드리기 원합니다. 특별히 나는 예수님께 큰 영광을 돌리고 싶습니다. 이를 위해서 나는...

25. 믿음 : 나는 나의 믿음을 다른 이들과 함께 나누기 원합니다. 이를 위해서 나는...

26. 생각/감정 : 나는 어떤 생각/감정 때문에 발버둥치고 있습니다. 나는 이 생각들을 적절하게 다스리기 원합니다. 이를 위해서 나는...

27. 봉사 : 나는 이번 주에 다른 사람들을 섬기기 위해서 무엇인가 하

기를 원합니다...

28. 성격 : 나는 남들이 바라보는 '밖으로 드러나는 나'와 '실제의 나'를 일치시키고 싶습니다. 이를 위해서 나는...

29. 성격 : 나는 내가 말한 모든 약속을 지키기를 원합니다. 이러한 약속을 포함해서...

30. 건강 : 나는 나의 신체를 더욱 건강하게 유지하고 싶습니다. 이를 위해서 나는...

31. 영적 목표 : 내가 나의 삶 속에 구체적으로 나타나기 원하는 영적 열매는...

축복하기

　아마도 당신은 소그룹의 다른 구성원들로부터 많은 축복을 받았을 것입니다. 이제 당신이 어떻게 축복을 받았는지 말해 보십시오.

　여러분은 이 '보살핌'을 두 가지 방법으로 사용할 수 있습니다. 먼저 돌아가면서 당신의 오른쪽이나 왼쪽에 앉은 사람이 당신의 삶을 어떻게 축복하였는지 이야기할 수 있습니다. 또는 돌아가면서 모든 사람이 당신을 어떻게 축복하였는지 이야기할 수도 있습니다. 두 번째 방법은 이 소그룹 모임이 한 과정을 끝마칠 때 사용하면 더욱 좋을 것입니다.

　당신은 최근에 _____ 이야기로 나를 축복하였습니다.

　당신의 _____ 성격이 나를 감동시켰습니다.

　나는 당신의 _____ 면을 닮고 싶습니다.

　당신은 _____ 면에서 감탄할 만큼 다른 사람들과 좋은 관계를 맺고 있습니다.

　내가 당신이 하나님을 믿는 모습 가운데 정말 높게 평가하는 점은 _____ 입니다.

당신을 묘사하기 위해서 나는 다음 중에서 두 가지를 사용할 것입니다. 당신은...

마음이 넓습니다.	용기를 줍니다.
모험심이 강합니다.	친절합니다.
믿을 만합니다.	사랑스럽습니다.
깨어 있습니다.	충성스럽습니다.
자신만만합니다.	활짝 열려 있습니다.
사려 깊습니다.	생산적입니다.
창조적입니다.	진실합니다.
용기를 줍니다.	의롭습니다.
믿을 만합니다.	센스가 있습니다.
선한 마음을 가지고 있습니다.	자발적으로 행동합니다.
계속 성장하고 있습니다.	남을 잘 돕습니다.
동정심이 많습니다.	사려 깊습니다.
정직합니다.	예민합니다.
영향력 있는 사람입니다.	따뜻합니다.

하나님과 돈

돈과 성공은 우리의 문화에서 중요한 목표들입니다. 성경은 돈에 대한 우리의 시각이 어떠해야 하는지, 또한 진정한 성공이 무엇인지에 대해 우리에게 교훈합니다. 아래의 구절들 가운데 당신에게 가장 의미를 주는 구절을 하나 선택하십시오. 그 구절과 선택한 이유를 그룹원들과 나누십시오. 각자가 선택한 구절을 외워서 다음 모임 때 암송하는 것도 좋습니다.

잠언 23:4-5
부자 되기에 애쓰지 말고 네 사사로운 지혜를 버릴지어다 네가 어찌허무한 것에 주목하겠느냐 정녕히 재물은 날개를 내어 하늘에 나는 독수리처럼 날아가리라

야고보서 2:5
내 사랑하는 형제들아 들을지어다 하나님이 세상에 대하여는 가난한 자를 택하사 믿음에 부요하게 하시고 또 자기를 사랑하는 자들에게 약속하신 나라를 유업으로 받게 아니하셨느냐

디모데전서 6:18-19
선한 일을 행하고 선한 사업에 부하고 나눠주기를 좋아하며 동정하는 자가 되게 하라 이것이 장래에 자기를 위하여 좋은 터를 쌓아 참된 생명을 취하는 것이니라

에스겔 7:19
그들이 그 은을 거리에 던지며 그 금을 오예물 같이 여기리니 이는 여호와 내가 진노를 베푸는 날에 그 은과 금이 능히 그들을 건지지 못하며 능히 그 심령을 족하게 하거나 그 창자를 채우지 못하고 오직 죄악에 빠지는 것이 됨이로다

전도서 5:19
어떤 사람에게든지 하나님이 재물과 부요를 주사 능히 누리게 하시며 분복을 받아 수고함으로 즐거워하게 하신 것은 하나님의 선물이라

누가복음 16:13
집 하인이 두 주인을 섬길 수 없나니 혹 이를 미워하고 저를 사랑하거나 혹 이를 중히 여기고 저를 경히 여길 것임이니라 너희가 하나님과 재물을 겸하여 섬길 수 없느니라

시편 112:3
부요와 재물이 그 집에 있음이여 그 의가 영원히 있으리로다

디모데전서 6:10
돈을 사랑함이 일만 악의 뿌리가 되나니 이것을 사모하는 자들이 미혹을 받아 믿음에서 떠나 많은 근심으로써 자기를 찔렀도다

빌립보서 4:12-13
내가 비천에 처할 줄도 알고 풍부에 처할 줄도 알아 모든 일에 배부르며 배고픔과 풍부와 궁핍에도 일체의 비결을 배웠노라 내게 능력 주시는 자 안에서 내가 모든 것을 할 수 있느니라

욥기 41:11
누가 먼저 내게 주고 나로 갚게 하였느냐 온 천하에 있는 것이 다 내 것이니라

하나님께서 돌보신다 (그 선하심에 감사하며...)

하나님께서는 우리를 돌보십니다! 때때로 우리는 하나님께서 돌보시는 모든 일에 대하여 우리가 걱정함으로 심한 압박을 받곤 합니다. 아래의 성경구절들 가운데 하나님께서 오늘 당신에게 주시는 말씀이라고 생각되는 구절을 한 가지 선택한 다음, 왜 그것을 골랐는지 이야기해 봅시다. 성경구절들을 각자 자신에게 적용하는 것은 큰 유익을 줄 것입니다. 그것을 위한 좋은 방법 가운데 하나는 주어진 문장을 당신에게 말해진 것처럼 바꿔 보는 것입니다. 예를 들어 아래의 첫 번째 구절을 '개인화'한다면 다음과 같이 될 것입니다. "나는 나의 염려를 주님께 맡길 것입니다. 왜냐하면 그가 나를 권고하시기 때문입니다."

베드로전서 5:7
너희 염려를 다 주께 맡겨 버리라 이는 저가 너희를 권고하심이니라

잠언 3:5-6
너는 마음을 다하여 여호와를 의뢰하고 네 명철을 의지하지 말라 너는 범사에 그를 인정하라 그리하면 네 길을 지도하시리라

시편 46:1-3
하나님은 우리의 피난처시요 힘이시니 환난 중에 만날 큰 도움이시라 그러므로 땅이 변하든지 산이 흔들려 바다 가운데 빠지든지 바닷물이 흉용하고 뛰놀든지 그것이 넘침으로 산이 요동할지라도 우리는 두려워 아니하리로다 (셀라)

시편 4:8
내가 평안히 눕고 자기도 하리니 나를 안전히 거하게 하시는 이는 오직 여호와시니이다

시편 121:7-8
여호와께서 너를 지켜 모든 환난을 면케 하시며 또 네 영혼을 지키시리로다 여호와께서 너의 출입을 지금부터 영원까지 지키시리로다

신명기 33:12
베냐민에 대하여는 일렀으되 여호와의 사랑을 입은 자는 그 곁에 안전히 거하리로다 여호와께서 그를 날이 맞도록 보호하시고 그로 자기 어깨 사이에 처하게 하시리로다

시편 18:2
여호와는 나의 반석이시요 나의 요새시요 나를 건지시는 자시요 나의 하나님이시요 나의 피할 바위시요 나의 방패시요 나의 구원의 뿔이시요 나의 산성이시로다

요한복음 16:33
이것을 너희에게 이름은 너희로 내 안에서 평안을 누리게 하려 함이라 세상에서는 너희가 환난을 당하나 담대하라 내가 세상을 이기었노라 하시니라

로마서 8:37-39
그러나 이 모든 일에 우리를 사랑하시는 이로 말미암아 우리가 넉넉히 이기느니라 내가 확신하노니 사망이나 생명이나 천사들이나 권세자들이나 현재 일이나 장래 일이나 능력이나 높음이나 깊음이나 다른 아무 피조물이라도 우리를 우리 주 그리스도 예수 안에 있는 하나님의 사랑에서 끊을 수 없으리라

하나님의 눈으로 나를 보기

하나님께서 우리를 보시는 것과 동일한 사랑과 가치로 우리 자신을 보는 법을 배우는 것은 우리 일생의 특권입니다. 아래의 구절들 가운데 당신이 하나님의 눈으로 당신 자신을 볼 수 있게 해주며 자기 평가를 향상시킬 수 있게 해주는 것을 하나 선택하십시오. 당신이 선택한 말씀과 그 이유를 나누십시오. 각자가 선택한 구절을 외워서 다음 모임 때 암송하는 것도 좋습니다.

스바냐 3:17
너의 하나님 여호와가 너의 가운데 계시니 그는 구원을 베푸실 전능자시라 그가 너로 인하여 기쁨을 이기지 못하여 하시며 너를 잠잠히 사랑하시며 너로 인하여 즐거이 부르며 기뻐하시리라 하리라

요한일서 3:1
보라 아버지께서 어떠한 사랑을 우리에게 주사 하나님의 자녀라 일컬음을 얻게 하셨는고, 우리가 그러하도다 그러므로 세상이 우리를 알지 못함은 그를 알지 못함이니라

베드로전서 2:9-10
오직 너희는 택하신 족속이요 왕 같은 제사장들이요 거룩한 나라요 그의 소유된 백성이니 이는 너희를 어두운데서 불러내어 그의 기이한 빛에 들어가게 하신 자의 아름다운 덕을 선전하게 하려 하심이라 너희가 전에는 백성이 아니더니 이제는 하나님의 백성이요 전에는 긍휼을 얻

지 못하였더니 이제는 긍휼을 얻은 자니라

요한복음 15:9
아버지께서 나를 사랑하신 것 같이 나도 너희를 사랑하였으니 나의 사랑 안에 거하라

창세기 1:27
하나님이 자기 형상 곧 하나님의 형상대로 사람을 창조하시되 남자와 여자를 창조하시고

예레미야 31:3
나 여호와가 옛적에 이스라엘에게 나타나 이르기를 내가 무궁한 사랑으로 너를 사랑하는고로 인자함으로 너를 인도하였다 하였노라

에베소서 3:17-19
믿음으로 말미암아 그리스도께서 너희 마음에 계시게 하옵시고 너희가 사랑 가운데서 뿌리가 박히고 터가 굳어져서 능히 모든 성도와 함께 지식에 넘치는 그리스도의 사랑을 알아 그 넓이와 길이와 높이와 깊이가 어떠함을 깨달아 하나님의 모든 충만하신 것으로 너희에게 충만하게 하시기를 구하노라

로마서 8:35
누가 우리를 그리스도의 사랑에서 끊으리요 환난이나 곤고나 핍박이나 기근이나 적신이나 위험이나 칼이랴

요한복음 13:1
유월절 전에 예수께서 자기가 세상을 떠나 아버지께로 돌아가실 때가 이른 줄 아시고 세상에 있는 자기 사람들을 사랑하시되 끝까지 사랑하시니라

하나님의 뜻

때때로 우리 삶에 대한 하나님의 뜻을 안다는 것은 어려울 수 있습니다. 아래의 구절들 가운데 당신이 하나님의 뜻을 아는데 있어서 위로를 주는 것을 고르고 그것을 그룹원들과 나누되 그 이유도 함께 설명하십시오. 각자가 선택한 구절을 외워서 다음 모임 때 암송하는 것도 좋습니다.

요한복음 14:6
예수께서 가라사대 내가 곧 길이요 진리요 생명이니 나로 말미암지않고는 아버지께로 올 자가 없느니라

예레미야 29:11
나 여호와가 말하노라 너희를 향한 나의 생각은 내가 아나니 재앙이 아니라 곧 평안이요 너희 장래에 소망을 주려는 생각이라

이사야 30:21
너희가 우편으로 치우치든지 좌편으로 치우치든지 네 뒤에서 말 소리가 네 귀에 들려 이르기를 이것이 정로니 너희는 이리로 행하라 할것이며

시편 48:14
이 하나님은 영영히 우리 하나님이시니 우리를 죽을 때까지 인도하시리로다

잠언 16:9
사람이 마음으로 자기의 길을 계획할지라도 그 걸음을 인도하는 자는 여호와시니라

잠언 3:6
너는 범사에 그를 인정하라 그리하면 네 길을 지도하시리라

시편 32:8
내가 너의 갈 길을 가르쳐 보이고 너를 주목하여 훈계하리로다

이사야 42:16
내가 소경을 그들의 알지 못하는 길로 이끌며 그들의 알지 못하는 첩경으로 인도하며 흑암으로 그 앞에 광명이 되게 하며 굽은 데를 곧게 할 것이라 내가 이 일을 행하여 그들을 버리지 아니하리니

시편 73:24
주의 교훈으로 나를 인도하시고 후에는 영광으로 나를 영접하시리니

요한복음 16:13
진리의 성령이 오시면 그가 너희를 모든 진리 가운데로 인도하시리니 그가 자의로 말하지 않고 오직 듣는 것을 말하시며 장래 일을 너희에게 알리시리라

데살로니가후서 3:5
주께서 너희 마음을 인도하여 하나님의 사랑과 그리스도의 인내에 들어가게 하시기를 원하노라

야고보서 4:13-15

들으라 너희 중에 말하기를 오늘이나 내일이나 우리가 아무 도시에 가서 거기서 일년을 유하며 장사하여 이를 보리라 하는 자들아 내일 일을 너희가 알지 못하는도다 너희 생명이 무엇이뇨 너희는 잠간 보이다가 없어지는 안개니라 너희가 도리어 말하기를 주의 뜻이면 우리가 살기도 하고 이것 저것을 하리라 할 것이거늘

하나님의 위로

당신은 위로가 필요하십니까? 하나님께서는 우리가 어찌할 수 없는 문제로 씨름할 때나 우리가 무력함을 느낄 때마다 우리를 위로하신다고 약속하셨습니다. 아래의 구절들 가운데 당신의 상황에 맞는 말씀을 선택하십시오. 당신이 선택한 구절과 그 이유를 나누십시오. 각자가 선택한 구절을 외워서 다음 모임 때 암송하는 것도 좋습니다.

예레미야애가 3:31-33
이는 주께서 영원토록 버리지 않으실 것임이며 저가 비록 근심케 하시나 그 풍부한 자비대로 긍휼히 여기실 것임이라 주께서 인생으로 고생하며 근심하게 하심이 본심이 아니시로다

시편 18:2
여호와는 나의 반석이시요 나의 요새시요 나를 건지시는 자시요 나의 하나님이시요 나의 피할 바위시요 나의 방패시요 나의 구원의 뿔이시요 나의 산성이시로다

시편 22:24
그는 곤고한 자의 곤고를 멸시하거나 싫어하지 아니하시며 그 얼굴을 저에게서 숨기지 아니하시고 부르짖을 때에 들으셨도다

시편 27:14
너는 여호와를 바랄지어다 강하고 담대하며 여호와를 바랄지어다

시편 46:1-3
하나님은 우리의 피난처시요 힘이시니 환난 중에 만날 큰 도움이시라 그러므로 땅이 변하든지 산이 흔들려 바다 가운데 빠지든지 바닷물이 흉용하고 뛰놀든지 그것이 넘침으로 산이 요동할지라도 우리는 두려워 아니하리로다

시편 55:22
네 짐을 여호와께 맡겨 버리라 너를 붙드시고 의인의 요동함을 영영히 허락지 아니하시리로다

요한복음 16:33
이것을 너희에게 이름은 너희로 내 안에서 평안을 누리게 하려함이라 세상에서는 너희가 환난을 당하나 담대하라 내가 세상을 이기었노라 하시니라

마태복음 11:28
수고하고 무거운 짐진 자들아 다 내게로 오라 내가 너희를 쉬게 하리라

고린도후서 1:5
그리스도의 고난이 우리에게 넘친 것 같이 우리의 위로도 그리스도로 말미암아 넘치는도다

시편 32:7
주는 나의 은신처이오니 환난에서 나를 보호하시고 구원의 노래로 나를 에우시리이다

함께라서 참 좋습니다

한해를 마무리하며 함께 했던 소그룹원들과 축복을 선물하는 시간을 가져봅시다. 함께 한 시간의 길이와 상관없이 각각의 구성원들에게 느꼈던 고마운 마음이나 칭찬하고픈 내용이 있다면, 아래의 문장을 사용해서 누구에게 어떤 내용으로 축복하고 싶은지 함께 나누어 보십시오.

☐ 당신의 _____ 성격이 나를 감동시켰습니다.
☐ 당신의 _____ 면을 닮고 싶습니다.
☐ 당신의 신앙생활에서 정말 높게 평가하는 점은 _____ 입니다.

마음이 넓습니다.	모험심이 강합니다.	믿을 만합니다.
깨어있습니다.	자신만만합니다.	사려 깊습니다.
센스가 있습니다.	창조적입니다.	용기를 줍니다.
진실합니다.	친절합니다.	사랑스럽습니다.
충성스럽습니다.	활짝 열려 있습니다.	

행복 만들기

마지막으로 당신이 누군가를 행복하게 해주었던 때는 언제입니까? 행복 만들기는 누군가를 행복하게 만들어 주는 말이나 행동을 가리키는 말입니다. 아래의 목록에서 당신이 그룹원들에게 해주고 싶은 행복 만들기를 선택하십시오. 또는 자신의 오른쪽이나 왼쪽에 앉은 사람에게 해주고 싶은 행복 만들기를 선택해도 좋습니다.

애완견들
귀여운 강아지를 얻었을 때와 같은 행복한 기쁨을 주고 싶습니다.

캐시미어 스웨터
당신이 무엇을 하든지 보호받을 것이라는 확신을 주고 싶습니다.

두터운 정장
당신이 어디를 가든지 특별한 사람이 될 것이라는 자신감을 주고 싶습니다.

곰 인형
당신이 슬프거나 홀로 있다고 느낄 때 포근하고 친근하게 껴안을 수 있는 존재가 되고 싶습니다.

모자와 장갑
세상이 아무리 추워도 당신은 안전하고 따뜻할 것이라는 믿음을 주고 싶습니다.

크고 통통한 고양이
당신에게 따뜻한 모피 같은 친구가 되고 싶습니다.

푹신한 매트
당신은 안락한 곳에서 편히 쉴 수 있다고 말해주고 싶습니다.

큼직한 털실내화
당신이 다른 사람들을 위해 수고로운 일을 하더라도 더 행복해질 것이라고 말해주고 싶습니다.

공기 소파
당신은 고달픈 삶을 살지만, 안락한 삶을 살 날이 올 것이라는 소망을 주고 싶습니다.

환호하기

때때로 서로에게 박수 갈채와 환호를 보내는 것은 분명히 신나는 일입니다. 이 보살핌은 그룹원들에게 당신의 사랑과 감사를 표현하는 방법들을 담고 있습니다. 환호하기는 몇 가지 방법으로 활용할 수 있습니다. 한가지 방법은 자신들이 환호 받고 싶은 방법을 각자가 선택하게 하는 것입니다. 예를 들어, 어떤 형제나 자매가 코끼리처럼 나팔 부는 환호를 좋아한다면, 그것을 선택할 수 있습니다. 또한 그룹원들이 각기 다른 경우에 적합한 환호법을 제안할 수도 있습니다. 만약 어떤 형제나 자매가 모임을 활기차게 하는 환호를 제안한다면, 그룹원들은 "우리 그룹 만세!"를 할 수도 있습니다.

기립 박수 : 환호를 받은 사람은 자리에 앉고 나머지 그룹원들은 일어서서 그 사람에게 박수를 보냅니다. 앉아 있는 사람은 "고맙습니다", " 대단히 감사합니다"와 같은 말을 할 수도 있습니다.

동그라미 그리기 : 박수를 치는 대신에 그룹원들은 일어서서 그들의 팔을 머리 위로 올려 동그라미를 만들고 "좋~습니다"를 합창합니다.

골프 박수 : 자제하면서도 힘 있는 골프 박수는 애정어린 표현입니다. 각 사람은 골프 경기를 관람하는 것처럼 조용히 박수를 칩니다.

파도 환호 : 축구 경기장에서 팬들이 파도타기 응원을 하는 것처럼 당신의 그룹도 그렇게 할 수 있습니다. 모든 그룹원이 돌아가면서 자기 팔을 공중으로 올리고 소리치면서 일어섰다 앉으십시오.

아자, 아자, OOO 화이팅! : 이것은 오래된 환호법이지만 언제 해도 좋습니다. 그룹원들이 환호할 사람의 이름을 부르며 "아자, 아자, OOO 파이팅!"이라고 함께 소리칩니다. 이 환호를 받는 사람은 이 말을 듣고 싶은 만큼 계속 요구할 수 있습니다.

휘파람 불고 발 구르면서 환호하기 : 이 환호법은 박수를 치는 것은 아니지만, 그룹원들이 낼 수 있는 모든 소리를 동원해 자기 감정을 표현하면 됩니다.

비행 접시 : 어떤 사람들은 이 별난 방법을 더 좋아할지도 모릅니다. 그룹원들이 모두 자기 집게손가락을 세우고 나선형을 그리면서 최대한 높이 올립니다. 이 동작을 할 때 비행접시 날아가는 소리를 낸다면 더욱 좋습니다. 필요한 만큼 반복할 수도 있습니다.

카 퍼레이드 : 이 방법은 말 그래도 유명인의 카 퍼레이드를 상상하면서 하면 됩니다. 환호 받는 사람은 답례하는 것처럼 웃으면서 손을 흔들고 나머지 사람들은 박수도 치고 원하는 찬사의 말을 해도 좋습니다.

물개와 원숭이 : 이것은 가장 인기 있는 동물의 환호법입니다. 각 사람은 관객 앞에서 묘기를 마친 물개나 원숭이처럼 소리 내고 박수를 칩니다. 물개처럼 박수를 칠 때는 손등으로 치고, 원숭이가 환호하는 흉내를 냅니다.

우아한 환호 : 이것은 재미있는 환호법입니다. 모든 사람은 자신이 오페라나 시 낭독 모임에 있는 것처럼 행동하면 됩니다. 박수를 치는 대신에 "브라보!", " 앵콜"등을 외치고 골프 박수를 함께 쳐도 좋습니다. 이 환호를 받는 사람은 몇 차례 인사를 해도 좋고 한두 번 커튼콜을 받은 것처럼 행동해도 좋습니다.

수박 : 이 환호법은 판토마임과 두 가지 음향 효과가 필요합니다. 먼저 각 사람이 큰 수박 조각을 재빨리 먹는 것과 같은 행동을 합니다. 이 때 먹을 때 나는 적당한 소리를 함께 내야 합니다. 그런 후 모든 사람이 수박씨를 뱉어내는 흉내와 소리를 냅니다. 이것은 다소 덜 흥분되었을 때나 마지못해 하는 익살스런 환호법입니다.

왕 코끼리 : 이 방법은 모든 사람이 코끼리처럼 행동하고 소리를 내면서 환호하는 방법입니다. 환호를 효과적으로 하기 위해 코끼리 코처럼 자기 얼굴에 팔을 올리고 소리를 내면 좋습니다.

단체 응원 : 이 환호법은 그룹원들이 단체 응원을 상상하면서 하면 좋습니다. 상황에 맞게 말을 바꿀 수도 있으며 아래의 예처럼 해도 좋습니다.

"힘내라, 힘!
OOO! 완전 짱!
힘내라, 힘!
OOO! 영원 짱!"

손가락 두드리기 : 이런 환호법을 좋아하는 사람도 있습니다. 박수를 치는 대신에 모든 사람이 자기 손가락을 동원해 탁자를 두드리는 것입니다. 이 때 환호성을 울려도 좋습니다.

크레센도 : 이 방법은 그룹원들이 박자를 맞춰서하는 박수 환호법입니다. 처음에 한 번 박수를 치고 아주 천천히 계속 박수를 칩니다. 점점 속도가 빨라져서 그룹원들이 나중에 열광적으로 박수를 치게 될 때까지 계속합니다.

동물 농장 : 이것은 다른 동물 환호법으로 동물 농장을 상상하면서 하면 됩니다. 각 사람은 소, 말, 돼지, 당나귀, 염소, 개, 오리, 닭 등, 농장에 있는 동물의 소리를 한 가지씩 선택해서 그 소리를 내면서 모두 함께 환호하는 것입니다. 한 가지 주의할 것은, 그냥 꿀꿀대는 돼지와 누군가를 환호하는 돼지의 꿀꿀 소리는 전혀 다르다는 것을 기억해야 합니다.

C.E.O.

축하합니다! 당신은 유수한 회사의 사장으로 선임되셨습니다. 당신이 제일 먼저 해야 할 일은 고위 관리직원들을 구성하는 것입니다. 당신의 새 회사에서 서로 다른 부서들을 이끌어 주기 원하는 사람은 누구입니까? 그룹원들로 구성된 고위 관리팀을 구성한다면, 아래의 빈칸에 어떤 이름을 쓸 수 있을까요? 답을 쓰시고 그룹원들과 당신의 답을 나누십시오.

_____ 부사장 : 중요한 결정이나 계획들을 위해 내 오른팔이 되어줄 사람을 선택하십시오.

_____ 마케팅 부장 : 우리 회사의 제품을 사람들에게 알리는 중요한 일을 할 사람을 선택하십시오.

_____ 관리 부장 : 높은 생산성을 위해 일을 유연하게 하며 효과적인 조직력을 갖춘 사람을 선택하십시오.

_____ 인사 관리 부장 : 사람의 재능을 잘 파악해서 사람들이 효과적으로 일을 하도록 도울 수 있는 사람을 선택하십시오.

_____ 법률 자문가 : 지식이 뛰어나고 빈틈이 없으며 우리

가 하는 모든 일에 공정성을 유지시켜 줄 수 있는 사람을 선택하십시오.

_____ 영업 부장 : 뛰어난 추진력으로 실적 향상을 주도할 사람을 선택하십시오.

_____ 재정 운영 부장 : 재정 운영력이 뛰어나고 세부 사항까지 꼼꼼히 챙길 수 있는 사람을 선택하십시오.

_____ 연구소장 : 놀라운 창의성과 다른 사람이 보지 못하는 것을 볼 수 있는 특성을 가진 사람을 선택하십시오.

· 부록 ·

아이콘별 찾아보기

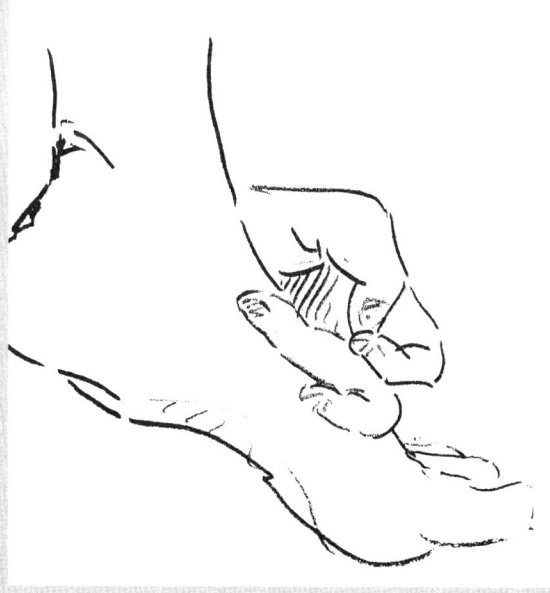

새그룹

그룹에 대한 느낌은/59 자기 광고/252 나는 누구일까요/78 나의 역할/91 몸으로 표현하기/146 대신 대답해주기/124 요즘 저의 생활에 대해 말씀드리자면/223 스며들기/194 소방훈련/185 음료수/234 바겐세일/164 오늘 어땠어요?/218 인간빙고/247 주제 선택하기/264 불안/168 추억의 오솔길/283 활동을 통한 마음열기1/303 소품을 통해 나를 보여주는 마음열기 활동/192 인생지도/248 나 자신을 어떻게 볼것인가/66 축구로 나를 소개합니다/284 나의 기질/89 믿음의 기초들(1)/160 믿음의 기초들(2)/162 총합계/276

새그룹 & 3개월~1년

가상의 시간/33 크리스마스의 추억1/288 성경 설문지/179 재능과 취미/256 야외 활동/208 배우고 싶은 것/166 이상적인 그룹 알아보기/238 국가에 대한 마음/52 활동을 통한 마음열기2 - 행동으로 말해요/305 나는 이렇습니다/82 귓속말/53 가족의 추억/38 나의 가족들/96 기억, 니은, 디귿/64 퀘이커교도들의 네 가지 질문/287 아는 것이 힘이다/204 나눔을 위한 20가지 질문(4)/74 나눔을 위한 20가지 질문(1)/68

3개월~1년

나의 인간관계/92 아버지란 누구인가/207 가족들간의 관계/37 장난감/255 영성 일람표/214 "서로"/176 시간과 나/198 한 달 완성 속성반/302 로마서 일람표/136 최고의 직업/279 주식투자/262 무인도 GoGo/151 멋진 우리집/142 표정 그리기/296 존 웨슬리의 질문/258 도로 표지판/126 특별한 처방전/292 하루가 25시간이라면/299 숨겨진 재능/193 내 인생 최고대상/101 어린 시절에/211 그리운 할아버지와 할머니/60 살아가는 스타일/173 스트레스 해소법/196 사랑 지수/171 나의 기념관/88

3개월~1년 & 성숙그룹

무엇을 할까요?/147 관계성적표/48 우리 가족을 소개합니다/228 내가 하는 일은.../110 내가 다니는 학교는.../103 이상적인 직업/240 이상적인 학교/242 좋은 사장(상관)과 선생님/259 영감/213 크리스마스의 추억2/289 내가 좋아하는 물건/109 날씨 어때요?/99 좋은 직원과 학생들/261 진실된자랑/274 괴상한 질문들/50 팔복 지수/294 건강 점검/42 직장과 학교에서의 만족도/271 영적인 여정/216 자기긍정/254 내가 실패하지 않을 것을 전제한다면/106 우정/232 내가 원하는 관계/107 표정 읽기/298 인생 지도/248 중요한 사람들/266 실직/202 이상과 현실/237 나눔을 위한 20가지 질문(5)/76 나눔을 위한 20가지 질문(2)/70

성숙그룹

지금 내게 필요한 것은/268 돈과 나/127 추억의 앨범/282 상승기와 침체기/175 인생 챠트/249 후회와 근심/310 극복하는 기술/61 인생의 한 단면/250 나의 증권 시장/93 이정표/244 100일 후에 죽는다면.../32 능력 있는 사람들/115 걱정 근심/40 관계개선/47

새그룹

그룹 언약서/321 기도제목을 나눕시다(1)/333 기도하는 방법들/342 기도만들기/331 누구일까요?/356 기도제목을 나눕시다(2)/335 하나님께서 돌보신다/442

3개월~1년

만약 ~이라면/391 당신을 보면 떠오르는 것들(1)/362 소망을 가지세요/406 일상의 축복/422 당신을 보면 떠오르는 것들(2)/367 좋은 성품/425 구호를 외쳐라/315 책임감/433

3개월~1년 & 성숙그룹

소그룹 모임 평가/404 적합한 사람/423 사랑 나누기/394 그분께 나아가 구하라/328 감사의 조건/312 일곱 가지 결심/420 영적 처방/414 주기도문/427 성령의 열매/402 닮고 싶은 점/359 내가 알고있는 당신은.../354 C.E.O./458 행복 만들기/452 마음의 물병/388 성경 속 인물들/398 하나님의 눈으로 나를 보기/444 영생의 소망/412 찬양하라/431 기도제목을 나눕시다(3)/337 기쁨을 찾아봅시다/349 하나님과 돈/440 축복하기/438 그룹기후/317 우리 그룹은.../415 당신이 영화라면/375 기뻐하기 위해/346 당신이 새라면/373 당신이 항해 중에 있다면/377

성숙그룹

하나님의 위로/449 그룹 평가/323 진정한 고백/428 따스한 용서/386 그룹 문제 처방/319 기도문을 작성합시다/340 당신을 위한 선물/372 듣고 싶은 말들/385 우리 소그룹은/417 돌아보기/384

모임을 마치기로 한 그룹

그림 그리기/327 건배!/314 당신은 예수님을 닮은 사람입니다/360 이별 챙기기/419 돌림편지/380 마지막 결의와 언약/389

모임의 주제별

스트레스와 시간관리

걱정 근심/40 건강점검/42 관계 성적표/48 극복하는 기술/61 몇 시입니까?/145 살아가는 스타일/173 서커스 아래에서/178 소중한 시간/186 스트레스 해소법/196 시간과 나/198 이상과 현실/237 인생의 한 단면/250 중요한 사람들/266 하루가 25시간 이라면?/299

관계중심

관계개선/47 관계 성적표/48 그곳에 참가할 사람이 누구일까/54 내가 원하는 관계/107 능력있는 사람들/115 문제 순서 매기기/158 몸으로 표현하기/146 우정/234 이상과 현실/237 진실게임/273 진실된 자랑/274 활동을 통한 마음열기1/303 활동을 통한 마음열기2/305 구호를 외쳐라/315 내가 알고 있는 당신은/354 닮고 싶은 점/359 마지막 결의와 언약/389 성경 속 인물들/398 성령의 열매/402 좋은 성품/425 하나님께서 돌보신다(그 선하심에 감사하며...)/442 행복 만들기/452 C.E.O/458

일반 정보

괴상한 질문들/50 그룹에 대한 느낌은?/59 그리운 할아버지와 할머니/60 나자신을 어떻게 볼 것인가?/66 나눔을 위한 20가지 질문(4)/74 나는 누구일까요?/78 나의 기질/89 나의 역할/91 나의 첫 경험/94 내 인생의 최고 대상/101 내가 실패하지 않을 것을 전제한다면/106 내가 하는 일은.../110 멋진 우리집/142 무인도 GoGo/151 문답 코너1/152 문답 코너2/155 문제 순위 매기기/158 성장리포트/183 소품을 통해 나를 보여주는 마음열기 활동/192 스며들기/194 오늘은.../219 요즘 나의 생활/221 우선 순위 정하기/230 이상적인 직업.../240 인간 빙고/247 자기 광고/252 좋은 사장(상관)과 선생님/259 좋은 직원과 학생들/261 진실게임/273 총 합계/276 최고의 직업/279 추억의 오솔길/283 축구로 나를 소개합니다/285 크리스마스의 추억2/289 토크쇼 : 어린시절 우리집 식사시간/290

추억

가족의 추억/38 과거, 현재, 미래/45 귓속말/53 그리운 할아버지와 할머니/60 나눔을 위한 20가지 질문(4)/74 나의 기념관/88 나의 첫 경험/94 나이가 들수록...(1)/95 나이가 들수록...(2)/97 내 인생의 최고 대상/101 내가 다니는 학교는.../103 마법의 보물상자/140 상승기와 침체기/175 소품을 통해 나를 보여주는 마음열기/192 어린 시절에.../211 우정/232 인생 차트/249 자기 광고/252 장난감/255 좋은 사장(상관)과 선생님/259 좋은 직원과 학생/261 직장과 학교에서의 만족도/271 진실게임/273 추억의 앨범/282 추억의 오솔길/283 퀘이커 교도들의 네 가지 질문/287 크리스마스의 추억1/288 크리스마스의 추억2/289 토크쇼 : 어린시절 우리집 식사시간/290

가족

가정의 특징/35 가족들간의 관계/37 가족의 추억/38 관계개선/47 그리운 할아버지와 할머니/60 나의 가족들/86 서커스 아래에서/178 아버지란 누구인가?/207 우리 가족을 소개합니다/228 이상과 현실/237 중요한 사람들/266 토크쇼 : 어린시절 우리집 식사시간/290

믿음의 기초

도로 표지판/126 로마서 일람표/136 믿음의 기초들(1)/160 믿음의 기초들(2)/162 사랑 지수/171 "서로"/176 성경 설문지/179 영감/213 영성 일람표/214 영적인 여정/216 존 웨슬리의 질문/258 주제 선택하기/264 퀘이커교도들의 네 가지 질문/287 팔복지수/294 감사의 조건/312 기도만들기/331 기도 제목을 나눕시다(1)/333 기도하는 방법들/342 마음의 물병/388 만약 ~이라면/391 소망을 가지세요/406 약속의 말씀/410 영생의 소망/412 영적 처방/414 주기도문/427 찬양하라/431 하나님과 돈/440 하나님의 눈으로 나를 보기/444 하나님의 뜻/446

돈과 성공

100일 후에 죽는다면/32 나의 증권시장/93 돈과 나/127 실직/202 이상과 현실/237 주식투자/262 중요한 사람들/266 하나님과 돈/440

감정

감정 계기판/39 걱정근심/40 관계 성적표/48 국가에 대한 마음/52 당신의 한 주는/118 마법의 보물상자/140 소품을 이용한 마음열기/188 오늘 어땠어요/218 요즘 나의 생활/221 요즘 저의 생활에 대해 말씀드리자면/223 인생차트/249 중요한 사람들/266 지금 내게 필요한 것은/268 특별한 처방전/292 표정 그리기/296 표정 읽기/298 후회와 근심/310

자기 인식

관계 성적표/48 국가에 대한 마음/52 기억, 니은, 디귿/64 나 자신을 어떻게볼 것인가/66 나는 이렇습니다/82 나의 기질/89 나의 역할/91 나의 인간관계/92 나의 증권시장/93 나이가 들수록(1)/95 날씨 어때요?/99 내가 원하는 관계/107 내가 좋아하는 물건/109 내가 하는 일은/110 당신의 한 주는/118 도로 표지판/126 돈과 나/127 듣기 테스트/132 로마서 일람표/136 무인도 GOGO/151 문제 순위 매기기/158 믿음의 기초들(2)/162 바겐세일/164 배우고 싶은 것/166 불안/168 사랑지수/171 살아가는 스타일/173 상승기와 침체기/175 성장리포트/183 소방훈련/185 소품을 이용한 마음열기/188 스트레스 해소법/196 시간과 나/198 실직/202 아버지란 누구인가/207 영성 일람표/214 요즘 나의 생활/221 우리가족을 소개합니다/228 우선순위 정하기/230 음료수/234 이상적인 직업/240 이상적인 학교/242 인생지도/248 인생차트/249 장난감/255 재능과 취미/256 존 웨슬리의 질문/258 주제 선택하기/264 지금 내게 필요한 것은/268 직장과 학교에서의 만족도/271 축구로 나를 소개합니다./285 크리스마스의 추억1/288 크리스마스의 추억2/289 토크쇼 : 어린시절 우리집 식사시간/290 특별한 처방전/292 한달 완성 속성반/302 후회와 근심/310 성경 속 인물들/398

책임

관계 개선/47 기쁨을 찾아봅시다/349 책임감/433

자아긍정

기쁨을 찾아봅시다/349 듣고 싶은 말들/385

성경의 약속

기뻐하기 위해/346 다른 사람 돕기/357 따스한 용서/386 소망을 가지세요/406 영생의 소망/412 하나님의 뜻/446 하나님의 눈으로 나를 보기/444 하나님의 위로/449

타인긍정

마법의 보물상자/140 문제 순위 매기기/158 자기 긍정/254 활동을 통한 마음열기(1)/303 활동을 통한 마음열기(2)/305 구호를 외쳐라/315 내가 알고있는 당신은/354 당신을 보면 떠오르는 것들(1)/362 당신을 보면 떠오르는 것들(2)/367 당신을 위한 선물/372 당신이 새라면/373 당신이 영화라면/375 당신이 항해중에 있다면/377 돌림편지/380 성경 속 인물들/398 성령의 열매/402 우리 그룹은/415 축복하기/438 하나님께서 돌보신다/442 행복 만들기/450 C.E.O/458

모임에 대한 감사

그곳에 참가 할 사람이 누구일까/54 당신은 예수님을 닮은 사람입니다/360 당신을 위한 선물/372 돌아보기/384 우리 소그룹은/417 이별 챙기기/419 일상의 축복/422 좋은 성품/425 축복하기/438 하나님과 돈/440

Ice-Break 백과사전 아이콘 목록

 마음열기
 보살핌
 새그룹
 3개월~1년
 성숙그룹

 모임을 마치기로 결정한 그룹
 새가족모임
 제자훈련그룹
 협력그룹
 스트레스와 시간관리

 관계중심
 일반정보
 추억
 가족
 믿음의 기초

 돈과 성공
 감정
 자기 인식
 책임
 자아 긍정

 기도 유형
 성경의 약속
 타인 긍정
 모임에 대한 감사와 찬양

절취해서 사용하시면 편리합니다.

온라인 소그룹 성경공부 교재 안내 및 샘플

'전인적 성장을 위한 온라인 소그룹 성경공부 교재'를 소개합니다.

'건강한 소그룹, 건강한 교회!'의 기치아래 1994년 이후 꾸준히 소그룹 성경공부교재와 소그룹 사역관련 자료를 연구개발 해 온 한국소그룹목회연구원에서는 출범 이후 현재까지 교회에서 매주 효과적으로 사용하실 수 있는 '소그룹성경공부교재'(단행본)과 '온라인 소그룹 성경공부 교재'를 집필 개발하고 있습니다.

본 연구원의 교재와 인도자 훈련자료는 웨스트민스터신학대학원대학교의 소그룹목회학위과정(Th.M., M.A.)의 학생들과 긴 시간 연구와 임상을 통해서 나온 결정체입니다. 성경공부교재 역시 말씀연구와 공동체 내의 풍성한 교제, 주님의 교회와 하나님 나라를 향한 사역인 전도와 섬김, 소그룹의 세 가지 본질적인 요소를 효과적으로 돕는 임상을 거친 실용적이고 차별화된 성경공부교재입니다. 따라서 기존 성경공부교재와는 달리 'Storytelling'식으로 구성원들의 생각과 삶을 자연스럽게 나누고 적용함으로써 친밀한 교제와 신앙의 성숙을 이루는데 탁월한 적용성을 지닌 교재로 자리매김하고 있습니다.
(*2022년 11월 현재, 소그룹교재의 중요성을 인식한 국내교회와 해외한인교회 및 선교지에서 계속 함께 사용하고 있습니다.)

■ 소그룹 나눔지 구성 및 특징 ■

1. **아이스브레이크**(마음열기)
2. **찬양 나눔**(찬송가 & 복음성가 각 1곡)
3. **말씀 나눔**(본문 및 기본 3~4가지 질문)
    - 도입 및 관찰 질문 → 묵상 및 해석 질문①,②,③ → 적용 질문
    - 각 질문은 모든 구성원들이 말씀에 근거하여 자신의 이야기를 나눌 수 있도록 작성된 열린질문으로 구성되어 있습니다.
    - 풍성한 삶의 나눔과 적용, 구체적인 일상의 기도제목을 나눌수 있도록 되어있는 마무리가 구성되어 있습니다.
4. **보살핌**
    - 풍성한 삶의 나눔과 적용, 구체적인 일상의 기도제목, 소그룹과 영적 공동체의 기도제목을 뜨겁게 나눌 수 있도록 보살핌 지침으로 마무리 되어있습니다.

자세한 사용안내를 받고 싶으시면 본 연구원으로 연락해주시기 바랍니다.
한국소그룹목회연구원 Korea Smallgroup Ministry Institute 대표 : 이상화 목사
☎ 070-7578-2957 팩스: 02-722-5229
전자우편: webmaster@smallgroup.co.kr / 홈페이지: www.smallgroup.co.kr

2022년 11월 현재 소그룹 교재 전체구성 일람표

(각 영역별로 계속 교재가 집필되고 있습니다.)

영적 영역 (총 6주제 134과)
1. 선교 (8과) 2. 예배 (4과)
3. 영적 생활 (69과)
4. 교회 생활 (9과)
5. 전도 (18과)
6. 리더십 (26과)

사회적 영역 (총 6주제 51과)
1. 세상 속의 그리스도인 (12과)
2. 그리스도인의 재물관 (4과)
3. 그리스도인의 사회참여 (13과)
4. 나라와 민족 (5과)
5. 미래세대 (4과)
6. 그리스도인과 직장 (13과)

전인적 그리스도인
균형잡힌 그리스도인
총 517과

지성적 영역 (총 6주제 84과)
1. 복음 (38과)
2. 리더십 (4과)
3. 구원의 확신 (4과)
4. 믿음의 선진들 (4과)
5. 예수님과 나 (17과)
6. 그리스도의 생애 (17과)

인격적 영역 (총 7주제 82과)
1. 그리스도인의 성품 (5과)
2. 일상신앙의 회복 (26과)
3. 일상속의 신앙생활 (9과)
4. 교회 공동체 (20과)
5. 그리스도인의 삶 (8과)
6. 가정 생활 (9과) 7. 소그룹 (5과)

본문중심형 교재 (총 4주제 154과)

창세기 (8과)   여호수아 (28과)   마가복음 (32과)   산상수훈 (9과)
출애굽기 (6과) 사사기 (6과)   누가복음 (4과)   주기도문 (8과)
레위기 (4과)   사무엘상·하 (9과) 요한복음 (4과)
민수기 (5과)   열왕기상·하 (8과) 사도행전 (6과)
             역대상·하 (8과)   고린도전·후 (5과)
                           서신서 (12과)

절기중심형 교재 (총 3주제 43과)

송구영신 (12과)   고난 부활절기 (18과)   종교개혁 (13과)

소그룹 교재 샘플

<월별 인도자모임 Tip 샘플>

"건강한 교회 건강한 소그룹"
행복한 소그룹 리더를 위한 지침서
"소그룹은 함께 가는 것이 특징입니다"

영적 성장에 대한 갈망을 마음에 품고 모인 소그룹 안에서는 놀라운 변화들을 목격할 수 있습니다. 이제 겨우 신앙을 갖게 된 사람도 소그룹 안에서 성장을 거듭하여 다른 영혼을 섬길 수 있는 사람으로 성숙해져 가고, 이미 성숙한 사람은 소그룹 안에서 '철이 철을 날카롭게 하듯' 성숙의 속도에 있어서 더욱 가속도가 붙습니다. 여기에 더하여 건강한 소그룹의 환경 속에서는 개인의 성장만이 아닌 다른 이들의 성장을 돕고 또 스스로 도움을 받는 구성원들의 모습을 쉽게 찾아 볼 수 있습니다. 그래서 건강한 소그룹을 유지하면서 소그룹 구성원들이 '함께' 성장하고 열매 맺는 기쁨을 맛보기 위해서 중요하게 생각해야 할 몇 가지 요소가 있습니다. 우리는 과연 목표를 세우고 이를 이루기 위한 단계적인 목표를 세울 때 이 목표를 어떻게 함께 세우며 나아갈 수 있을까요?

1. '함께'라는 인식을 거두지 마십시오.

소그룹은 한 사람이 독주하는 구조가 근본적으로 아닙니다. 그러므로 한 사람이 말이 많으면 엄밀한 의미에서 그것은 소그룹이라고 말할 수 없습니다. 특히 열린 질문을 가지고 나눔을 위한 소그룹 모임을 지향할 때 인도자가 지나치게 말이 많은 것은 아닌지, 구성원 가운데 한 분이 나눔을 하는 과정에서 자신의 이야기를 하는데 시간을 지나치게 소비하는 것은 아닌지를 리더는 늘 주의 깊게 살펴야 합니다. 소그룹은 말 그대로 원만한 의사소통을 위해 '함께' 모인 현장이기 때문에 모든 구성원들이 "함께 기여하고, 함께 배려 받는 현장"이어야 합니다. 그럴 때 아무도 소외됨이 없이 함께 아름다운 열매를 맺을 수 있습니다.

2. '함께' 변화하고 싶은 실현 가능한 목표를 세우십시오.

말씀을 기준으로 인도자나 한 구성원에게 치우치지 않고 균형 있는 나눔이 이루어지는 소그룹이 더욱 역동성을 띠기 위해서는 매주 모임을 가지는 과정을 통해서 함께 도달할 수 있는 구체적인 목표가 있어야 합니다. 그 누구도 맹목적인 모임을 좋아할 리는 없습니다. 그러므로 소그룹 멤버들 각자에게 "우리가 왜 모였는지" "모여서 무엇을 하려고 하는지" "모임을 통해서 어떤 변화가 있으면 좋은지"를 물어보고 실현가능한 최대공약수를 찾아내는 것이 필요합니다. 임상을 통해서 볼 때 목표가 분명한 공동체에 사람들은 오고 싶어 합니다.

3. 함께 걸어가십시오.

분명한 목표를 세우고, 그 목표달성을 위해 매주 서로를 배려하는 모임을 가지며 주중에도 리더와 구성원들이 서로 영적인 격려와 돌봄을 지속적으로 하면 그 소그룹에는 성숙의 기쁨이 분명하게 나타납니다. 그런데 여기서 한 가지 중요한 것은 서로 끌어주고 밀어주는 모습들 가운데 보다 깊이 있는 기도제목 나눔과 영적인 격려를 위해서 비밀유지에 기초를 둔 리더 보고서 작성을 통해서 교역자들이 '함께' 목회적인 돌봄과 기도를 할 수 있도록 교역자들과의 소통은 필수적입니다. 믿음의 가족들이 서로 격려하고 배려며 함께 걸어갈 때 우리 자신도 믿기 어려운 영적인 성장을 거듭하게 될 것입니다. 분명 목표를 향해 뛰어가는 동안 어려운 시간도 있을 것입니다. 하지만 서로가 있기에 영적인 성장을 향한 여정을 두려움 없이 시작하고, 좌절하여도 일으켜 주는 형제자매가 있기에 끝까지 완주하는 멋진 소그룹이 되길 기도합니다.

월별 인도자모임 광고

1. 소그룹리더 산상 기도회 안내 : 소그룹 리더들과 함께 소그룹 사역과 자신과 맡겨질 영혼들을 위해 기도하는 시간을 갖고자 합니다. 정확한 날짜는 추후 재공지하도록 하겠습니다.

2. 소그룹리더보고서 제출 안내 : 매주 조원들의 근황과 기도제목들을 리더보고서에 작성해 제출해 주시기 바랍니다. (온라인 보고나 서면 보고 중 택일하시면 됩니다.)

※ 교회 별로 소그룹 리더 공지사항 등을 작성하시면 됩니다.

<소그룹 교재 서언 샘플>

■ 교회 생활

교회 내 신앙생활 가이드(1)

오랫동안 신앙생활을 하기는 했지만, 바른 신앙의 자세가 무엇인지, 교회내에서 어떤 모습으로 신앙생활을 해야 할지 알지 못해 고민하는 성도들을 우리 주변에서 어렵지 않게 만날 수가 있습니다. 아니 멀리 갈 것도 없이 바로 내 모습일 수도 있습니다. 그래서 두달 동안 '교회 내 신앙생활 가이드(1,2)'를 통해서 교회 내 신앙 생활의 가장 기본이 되는 몇 가지 영역들을 다루려고 합니다.

1과 "바른 예배를 드리고 있습니까" 하나님께서는 이 땅의 교회들을 통해 영광 받으시기를 원하십니다. 그리고 교회가 하나님께 영광 돌리는 가장 중요한 일이 바로 예배입니다. 그렇기 때문에 교회의 구성원인 성도의 신앙생활에 가장 중요한 것 역시 예배라고 할 수 있습니다. 본 과의 목표는 예배의 중요성을 다시 인식하고 바른 예배 생활을 하게 하는 것입니다.

2과 "성도의 특권, 기도" 기도생활에 대해 이야기하면 많은 사람들이 식상해 합니다. 반복적으로 많이 들었기 때문입니다. 그러나 많이 들었다고 기도를 잘하는 것은 아닙니다. 우리 중에 기도의 중요성에 대해 알기는 하지만, 정작 실천하지 않는 경우가 많습니다. 성도의 특권인 기도의 중요성에 대해 다시 한번 살펴보고 잃어버렸던 기도의 골방을 되찾는 것이 본 과의 목표입니다.

3과 "금보다 사모하는 말씀" 우리의 신앙이 메마르고 결핍되지 않기 위해서는 끊임없는 갱신이 절실하게 요구됩니다. 이를 위해서 우리가 항상 힘쓰지 않으면 안 되는 것이 바로 말씀의 생활화입니다. 그리스도인은 말씀을 듣고, 말씀을 읽고, 말씀의 가르침을 따라 살아가는 사람들입니다. 말씀의 능력을 깨닫고 말씀을 더욱 사모하게 하도록 도전을 주는 것이 본 과의 목표입니다.

4과 "감옥에서 부르는 찬양" 예수를 믿는 모든 사람들은 찬송하며 삽니다.
성경에서 찬양하라는 명령은 수를 셀 수도 없을 만큼 많이 기록되어 있습니다. 왜 찬양해야 하는지, 언제 찬양해야 하는지, 찬양할 때 어떤 역사가 일어나는지 말씀을 통해 살펴보고 하나님이 받으실만한 진정한 찬양을 올려드리기를 결단하는 것이 본 과의 목표입니다.

5과 "성령 안에서 나누는 성도의 교제" 인간은 혼자서 살 수 없는 존재입니다. 우리 모두에게는 마음을 나누고 대화를 나눌 친구가 필요합니다. 다른말로 하면 인간은 교제가 필요한 존재라는 것입니다. 본 과에서는 성도의 삶에 교제가 필요한 이유와 어떻게 그 교제를 누릴 수 있는지에 대해 살펴보도록 하겠습니다.

삶의 매 순간마다 하나님께서 주시는 영육의 강건함 있기를 소원합니다.

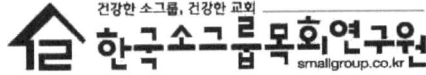

대표 이상화

<소그룹 교재 나눔지 샘플>

■ 교회 내 신앙생활 가이드(1)

바른 예배를 드리고 있습니까

◉ **마음열기 [십자가를 볼 때...]**
십자가에 대해 묵상할 때 마다 내적으로 느끼는 것이 있다면 무엇인지 함께 나누어 보십시오.
☐ 겸손 ☐ 안도감 ☐ 의심 ☐ 감사 ☐ 소망 ☐ 회의
☐ 분노 ☐ 영적인 감동 ☐ 아무 느낌도 없다. ☐ 기타

♬ **함께 찬양**
우리에게 향하신
새찬송가 95장(통82장) 나의 기쁨 나의 소망되시며

◉ **말씀 나눔 [마태복음 4:8~11]**
1. 예수님은 광야에서 사탄으로부터 만일 자신에게 엎드려 경배하면 천하만국의 영광을 주리라는 시험을 받으실 때 "주 너희 하나님께 경배하고 그만 섬기라"고 대답하십니다. 이때 사용된 '경배하다'와 '섬기다'는 단어는 예배의 의미를 담고 있습니다. 즉 예배란 사도신경으로 시작해서 주기도문이나 축도로 끝나는 형식이 아니라 "하나님을 향해 엎드려 최고의 가치로 존귀와 영광을 올려드리는 것"입니다. 이런 예배의 정의에 비추어 볼 때 자신의 예배는 어떠한지 함께 나누어 보십시오.

☐ '하나님께 영광'이라는 예배의 의미를 생각해보지 않고 습관적으로 드리는 경우가 많았다.
☐ 예배를 '드리는 것'이라기보다는 '은혜 받는 것'으로 이해했었던 것 같다.
☐ 예배의 모든 순서에 마음을 담아 올려드리기 위해 노력하고 있다.
☐ 바른 예배생활을 위해 예배 자세와 마음가짐을 다시 바로 잡아야겠다.
☐ 기타

2. 하나님께서 받으실만한 예배가 되기 위해서는 예배자인 우리가 예수 그리스도의 십자가의 공로만 의지하고 하나님께 나아갈 때 가능하다는 사실을 깨달아야 합니다. '예배드릴 때마다 예수 그리스도의 십자가의 은총과 구속의 은혜를 묵상하며 감사와 경배로 하나님께 나아가야 한다'는 말이 어떻게 느껴지는지 함께 나누어 보십시오.

☐ 요즘은 십자가의 은혜에 대한 감격이 사라져 버린 것 같다.
☐ 사실 내가 구원의 은혜를 받았는지 잘 모르겠다.
☐ 구속의 은혜에 감사하며 항상 기뻐하고 있다.
☐ 구원의 확신을 달라고 기도하고 있다.
☐ 기타

3. 바른 예배를 드리기 위해서는 예배를 드리러오기 전부터 준비해야 할 것들(마음가짐, 성경찬송, 헌금, 복장 등)이 있습니다. 그리고 예배 중에는 전심을 다해 집중하는 자세가 필요합니다. 또한 예배 이후 삶의 자리에서도 예배자로 살아가는 것이 필요합니다. 이것을 당신의 삶에 실질적으로 적용해서 함께 나누어 보십시오.

바른 예배를 위해서	내가 실천해야 할 것
예배 전 준비해야 할 것	
예배 중 집중력을 다하는 것	
예배 후 드리는 삶의 예배	

⦿ **보살핌**

하나님께 바른 예배를 드리기 위해서는 먼저 예배가 무엇인지 정확하게 아는 것이 필요합니다. 예배는 우리에게 구원의 은혜를 베푸신 하나님께 최고의 가치로 경배를 드리는 행위입니다. 우리의 예배가 바른 예배가 될 수 있도록 3번에서 결단한 것들을 놓고 서로를 위해 기도하고, 교회의 모든 예배가 '최고이신 하나님께 최고의 가치를 올려드리는 예배'가 되도록 기도하고 마무리 하십시오.

한 주간의 기도제목

교 회	
소그룹 공동체	
개인기도	

| 인.도.자.용 |
1과 바른 예배를 드리고 있습니까

■ 학 습 목 표 ■

하나님께서는 이 땅의 교회들을 통해 영광 받으시기를 원하십니다. 그리고 교회가 하나님께 영광 돌리는 가장 중요한 일이 바로 예배입니다. 그렇기 때문에 교회의 구성원인 성도의 신앙생활에 가장 중요한 것 역시예배라고 할 수 있습니다. 본 과의 목표는 예배의 중요성을 다시 인식하고 바른 예배 생활을 하게 하는 것입니다.

◉ 말씀 나눔을 위한 도입

우리의 신앙생활 가운데 어느 것이 가장 중요할까요? 보통 우리는 예배, 교육, 전도, 기도,교제, 봉사 등 교회 중심의 여러 가지를 합니다. 다 중요합니다. 어느 한 가지도 소홀히 해서는 안됩니다. 그런데 그 중에 굳이 가장 중요한 것을 꼽는다면 예배라고 할 수 있습니다.

그렇기 때문에 우리가 신앙생활 할 때에 예배를 희생하면서 해야 할 것은 아무 것도 없습니다.

혹시 교회 봉사하는 일에 바빠서 예배를 소홀히 하고 있지는 않습니까?
선교회나 전도회 모임 때문에 예배를 가볍게 여기고 있지는 않습니까?

바른 예배 생활을 하기 위해서 예배가 무엇인지, 또 어떻게 드려야 하는지 함께 말씀을 통해 살펴보도록 하겠습니다.

■ 소그룹 마침기도 ■

"우리를 예배자로 불러주신 하나님"

죄인되어서 하나님 앞에 나올 수 없는 우리를 예수 그리스도의 십자가의 공로로 말미암아 자녀삼아 주시고 예배자로 불러주신 은혜에 감사를 드립니다.

우리에게 베풀어주신 구속의 은혜를 묵상할 때, 예수 그리스도의 십자가의 사랑과 희생을 생각할 때에 하나님께 우리의 가장 귀한 것, 모든 것을 내어드려도 아깝지 않음을 고백합니다.

주님, 이 고백이 입술의 고백으로 그치지 않기를 소원합니다. 하나님앞에 나와 예배드릴 때 우리의 몸과 마음을 가다듬어 최고의 것을 최선으로 드리게 하옵소서.

우리 삶의 전부되신 주님께 내 모든 것 내어드리기 소원하오니 기뻐받아 주옵소서.

예수님의 이름으로 기도드립니다. 아멘.

● 상기한 내용을 참고 하셔서 더욱 깊이 기도하시면 더 큰 은혜가 있을 것입니다.

● 참고구절
"그러므로 형제들아 내가 하나님의 모든 자비하심으로 너희를 권하노니 너희몸을 하나님이 기뻐하시는 거룩한 산 제사로 드리라 이는 너희가 드릴영적 예배니라"

(로마서 12:1)

'온라인 소그룹 성경공부 나눔지' 사용 및 신청안내

'한국소그룹목회연구원'으로 연락주시면 친절하게 상담 후
신청서를 메일로 송부해 드리겠습니다.

☎ 070-7578-2957 팩스: 02-722-5229
주소: 서울시 마포구 잔다리로7길 31 교육관 5층 503호
전자우편: webmaster@smallgroup.co.kr
홈페이지: www.smallgroup.co.kr

한국소그룹목회연구원
Korea Smallgroup Ministry Institute

소그룹하우스 출간 성경공부 교재

■ 101 부르심 / 제1권 새로운 시작
제1과 성령을 따르는 삶으로 부르심
제2과 제자로 부르심
제3과 남을 돌볼줄 아는 자로 부르심
제4과 화평케 하는 자로 부르심

■ 101 부르심 / 제2권 믿음의 기초
제1과 겉과 속
제2과 알지 못하는 신에게 고함
제3과 돌아온 아들
제4과 보다 더 소중한 것

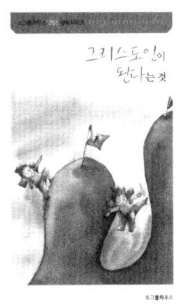

■ 201 성숙 / 그리스도인의 성품
제1과 심령이 가난함
제2과 애통함, 온유함, 의에 주림
제3과 긍휼히 여김
제4과 마음이 청결함
제5과 화평케함
제6과 의를 위해 핍박받음
제7과 겸손
제8과 사랑

■ 201 성숙 / 그리스도인의 인간관계
제1과 먼저 나를 알아볼까요
제2과 나의 역할
제3과 하나님의 요구수준
제4과 부담스러운 만남
제5과 선하게 대함
제6과 주도권 잡기
제7과 견해차이
제8과 탁월한 화해자

■ 201 성숙 / 그리스도인이 된다는 것
제1과 출발하기
제2과 전환점
제3과 성장의 고통
제4과 투쟁
제5과 사랑하기
제6과 버티기
제7과 다음 단계